Die Fahndung nach dem Ich

GEORG NORTHOFF

Die Fahndung nach dem Ich

Eine neurophilosophische Kriminalgeschichte

IRISIANA

Impressum

1. Auflage

Umschlaggestaltung und -konzeption:
Reinhard Soll, München, unter Verwendung einer Illustration
von Getty Images/Alberto Ruggieri
Illustrationen für das Daumenkino im Innenteil:
Bettina Kammerer, München
Druck und Bindung:
GGP Media GmbH, Pößneck

Printed in Germany

ISBN 978-3-424-15034-6

817 2635 4453 6271

FSC
Mix
Produktgruppe aus vorbildlich
bewirtschafteten Wäldern und
anderen kontrollierten Herkünften

Zert.-Nr. SGS-COC-1940
www.fsc.org
© 1996 Forest Stewardship Council

Das für dieses Buch verwendete
FSC-zertifizierte Papier *Munken Premium*
liefert Arctic Paper Munkedals AB, Schweden.

Inhalt

Prolog:
Die Bedrohung

Schweißgebadet wacht er auf. Noch immer hört er das düstere, von einem Donnern begleitete Lachen aus seinem Traum: „Glaubst du wirklich, alles wissen zu können? Du und dein Gehirn? Die Allwissenden! Dass ich nicht lache!“ An Schlaf ist nicht mehr zu denken, so sehr hat ihn der Schreck im Griff.

Und schon setzen auch wieder die quälenden Gedanken ein: Ob dieser Verrückte noch an ihm dran ist? Das ICH! Oder hat er es endlich aufgegeben, nachdem bereits seit gut sechs Tagen Funkstille herrscht? Bis jetzt hat er die Sache für sich behalten, um seine Familie nicht zu beunruhigen. Doch das schafft das Problem nicht aus der Welt.

Er wirft einen Blick auf die Digitalanzeige seines Weckers. Es ist 2:31 Uhr. Mit einem leisen Seufzer setzt er sich auf die Bettkante und starrt einige Momente ins Dunkel. Dann stiehlt er sich auf Zehenspitzen aus dem Schlafzimmer und tastet sich zwei Türen weiter in sein Arbeitszimmer. Er knipst das Deckenlicht an und wartet einen Moment, bis sich seine Augen an die plötzliche Helligkeit gewöhnt haben. Sein Laptop liegt startbereit auf dem aufgeräumten Schreibtisch. Mit leicht zitternden Händen klappt er ihn auf, er zögert noch einen Augenblick und drückt schließlich energisch den Startknopf.

Nach einer halben Ewigkeit erscheinen drei neue Nachrichten. Zwei sind für den Moment belanglos. Die dritte jedoch verursacht bei ihm einen beschleunigten Herzschlag. Er atmet einmal tief durch, bevor er sie öffnet. Dann liest er mit leicht zusammengekniffenen Augen:

Sehr geehrter Herr Professor,

ja, ich bin es wieder. Und das passt Ihnen nicht! Es passt Ihnen ganz und gar nicht! Es macht Ihnen sogar Angst? Was für ein Unsinn! Schließlich meinen Sie doch bewiesen zu haben, dass es mich gar nicht gibt. Dass es kein Ich gibt. Alles nur Gehirnaktivitäten, die ein Ich vorgaukeln.
Doch wer jammert da: „Ich will das nicht! Der soll mich in Ruhe lassen!" Wer? Wenn es Ihr Ich genauso wenig gibt? Es ist doch nur ein bestimmter Gehirnzustand, eine Aktivität der Neuronen Ihres Gehirns. Bewusstsein ist Gehirnaktivität. Das Ich eine Illusion. Nicht existent. Ihrer Meinung nach. Wozu also jammern?
Wie aber können Sie behaupten, dass es kein Ich gibt? Sind Sie kein lebendiger Mensch, der erlebt und spürt, plant und forscht, liebt und lacht? Jedes Ich nimmt seine Umwelt wahr, es empfindet, es ordnet, es gestaltet. Es kann Freude erleben, Angst, einen Sonnenaufgang oder ein Gewitter. Nichts als Neuronengewitter im Gehirn? Sind Sie selbst nichts als Ihr Gehirn, Herr Professor?
Sie setzen das Gehirn einfach über das Ich. Sie lassen das Ich zur bloßen Illusion verkommen, der die Menschen jahrtausendelang anheimfielen. Damit stellen Sie aber auch die Philosophie, die sich jahrtausendelang mit dem Ich beschäftigt hat, in die Ecke. Die alte Herrscherin über das Ich, die Philosophie, stoßen Sie vom Thron. Die alte Königin ist tot. Es lebe die neue Königin, die Neurowissenschaft, Herrscherin über das Gehirn. Doch das ist Ihre Königin! Ihre allein! Meine Königin ist es nicht!
Werter Herr Professor, Sie kennen das Ich nicht. Sie unterschätzen es und wissen scheinbar nicht, wozu es in der Lage ist. Ich fordere Sie noch einmal ausdrücklich auf, sich mit mir in einen Dialog zu begeben. Sie dürfen Ihre Meinung, dass es kein Ich gibt, nicht mehr

als die einzig richtige verkaufen! Melden Sie sich! Wenn Sie mich weiter zu ignorieren versuchen, werden Sie und Ihre Familie das Ich noch kennenlernen. Nicht als Neuronengewitter, sondern als Donnergewitter!

Mit besten Grüßen
Das ICH

Den Professor schaudert es. Schon wieder! Das ist bereits die fünfte Mail dieser Art! Und immer wird er aufgefordert, mit dem Absender die Natur des Ich zu diskutieren und letztlich seine Auffassung zurückzunehmen. Als ob er sonst nichts zu tun hätte, als sich mit einem Verrückten abzugeben!
Wer steckt da bloß dahinter? „Das ICH." Er muss unwillkürlich lachen. Schon ein gewitztes Kerlchen, sich ihm als ICH vorzustellen. Wo er doch dafür bekannt ist, dass er das Ich als Täuschung enttarnt hat. Er hat Aktivitäten in bestimmten Zellen und Regionen des Gehirns gemessen, die immer genau bei solchen Stimuli auftraten, zu denen der Proband einen starken persönlichen Bezug hatte, wie zum Beispiel ein Klavier bei einem Pianisten. Wenn hingegen die Stimuli keinerlei persönlichen Bezug hatten, trat keinerlei Aktivität in diesen Hirnregionen auf. Daraus schloss der Professor, dass das Ich im Gehirn lokalisiert und somit rein neuronaler Natur sein muss.
Doch was, wenn diese Mails kein Witz sind? Das ICH bedroht ihn. Der Professor muss sich eingestehen, dass er Angst hat. Schon seit Wochen spürt er jedes Mal ein Zögern, wenn er um ein Interview für eine große Zeitung gebeten wird. Und wenn er zu öffentlichen Vorträgen geht, schaut er sich immer zuerst sorgsam im Saal um … Allmählich reicht es! Das ist ein Fall für die Polizei.

Frühe Spuren des Ich im Bewusstsein

„Dezernat für Diebstahl, Personenschaden und Mord. Kriminalhauptkommissar …"
Mehr ein Nuscheln als ein Sprechen, nicht mal den Namen habe ich verstanden, denkt sich der Professor, während er sich meldet und gleich zur Sache kommt: „Mein Leben wird bedroht. Ich erhalte Mails von jemandem, der sich ‚Das ICH' nennt."
„Wie bitte?", fragt der Kommissar nun schon auffallend deutlicher.
„Ich erhalte seit mehreren Wochen Drohmails mit dem Absender ‚Das ICH'. Ich bin Professor der Neurowissenschaften und soll meine Äußerungen, die Ergebnisse meiner jahrzehntelangen Forschungen zurücknehmen. Das ist doch Irrsinn."
„Kennen Sie den Absender?" Der Kommissar klingt wieder sehr gelassen.
„Nein. Unterzeichnet sind alle Schreiben wie gesagt mit ‚Das ICH'".
„Keine konkreteren Angaben? Ein Name?"
„Nein, mein Herr! Würde ich mich dann bei Ihnen melden?!"
„Nun mal ganz ruhig: Haben Sie eine Idee? Eine Vermutung? Irgendjemand, der Ihnen einen Streich spielen will? Was haben Sie denn mit einem ‚ICH' zu schaffen. Da muss es doch eine Spur geben."
„Oje, da werden Sie nicht weit kommen. Ich vertrete die Ansicht, dass es kein Ich gibt. Und das ist beinahe jeden Monat in irgendeiner großen Illustrierten zu lesen."
„Aha, kein Ich?" Der Kommissar ist für einen Moment still. „Sie gehen also davon aus, dass es kein Ich, also überhaupt kein Ich gibt? Wie soll ich … ähm, wenn Sie erlauben, dass ich dieses Wort benutze, das denn verstehen?"
„An dieser These arbeite ich seit Jahren. Streng wissenschaftlich. Für den Augenblick müssen Sie das nicht verstehen. Ihre Aufgabe ist es, diesen Kerl ausfindig zu machen!"

„Also ein Kerl?", entgegnet der Kommissar etwas schnippisch.
„Ich weiß doch nicht, wer es ist! Würde ich meinen Vormittag sonst mit Ihnen am Telefon verbringen!? Es kann sonstwer sein!"
„Fahndung nach unbekannt. Vielleicht ein Phantom? Na, wie auch immer. Ich nehme den Fall mal auf. Sie hören von mir, bitte geben Sie mir noch Ihre Telefonnummer."

Beim Mittagessen bespricht sich der Kommissar mit seiner Kollegin, der Kriminalpsychologin des Kommissariats.
„Echt? Wirklich der? Das ist ein großer Fisch. Er ist ständig in den Medien. Na, das ist doch mal ein Fall! Da lernst du sogar noch was", grinst sie ihren Kollegen an.
„Ich kenne deinen Professor nicht, ich fand ihn nur unfreundlich. Und seltsam. Kein Ich! Was soll das? Lass uns doch so was nicht ernst nehmen! Wegen ein paar E-Mails ..."
„Der Mann hat die Funktion von bestimmten Zellen des Gehirns und ihren Zusammenhang mit dem Bewusstsein und dem Ich erforscht. Er hat dabei ziemlich aufsehenerregende Entdeckungen gemacht. Er gilt sogar als Kandidat für den Nobelpreis! Diesem ICH kommen wir auf die Spur! Das wäre ja wohl gelacht!"
Der Kommissar schüttelt den Kopf: „Wir gehen also auf die Suche nach dem ICH? Und du meinst nicht, dass das eher was für die Psychiatrie ist?"
„Warum sperrst du dich so? Das klingt nach einer wichtigen und außerdem unkomplizierten Sache. Unsere Computerfreaks haben den Absender doch eins fix drei raus. Und ich schau mir diese Mails mal an."

Zwei Tage später.
„Leider Fehlanzeige. Auf dem technischen Weg kriegen wir ihn nicht. Er macht das sehr gewieft, sagen die Computerexperten,

hinterlässt keine Spur. Dann jagen wir jetzt also wirklich ein Phantom."

„Da lob ich mir doch meine Mörder und Tagediebe", wirft der Kommissar ein. „Was machen wir jetzt?"

Die Psychologin überlegt nicht lange. „Wir kriegen ihn auf dem wissenschaftlichen, dem inhaltlichen Weg. Der Typ klingt nicht blöd, also hat er sich etwas dabei gedacht. Vielleicht ein Konkurrent? Ein Vertreter einer anderen These, die gerade nicht so gut ankommt?"

„Was hast du vor? Ich kapier's nicht. Willst du mich an der Uni einschleusen? Als Nachwuchstalent?"

„Wir bitten den Professor, mit dem Ich in Kontakt zu treten. Wir überwachen ihn, und er soll mal mit ihm plaudern. Die Computerexperten bleiben dran. Derweil kann er als Fachmann sein Umfeld abfragen, ihn einkreisen. Und wir beschäftigen uns in der Zeit auch mit diesem letzten großen Geheimnis der Menschheit. Was ist das Ich? Neurowissenschaftler wie der Professor meinen, den Schlüssel zum Ich gefunden zu haben – sie sagen, dass es das gar nicht gibt, es ist nur eine Illusion, die uns das Gehirn vorgaukelt. Der Typ, der den Professor bedroht, ist da offenbar anderer Meinung. Er meint: Nicht das Ich ist eine Illusion, sondern dass man denkt, das Ich im Gehirn finden zu können … Hallo, Herr Kollege?"

„Jaja, ich hör dir zu. Da muss ich jetzt wohl durch. Womit sich manche so beschäftigen!"

„Wir müssen dranbleiben", sagt die Kriminalpsychologin. „Der Professor ist viel zu bekannt, wenn dem was passiert … Außerdem ist es spannend. Die Frage nach dem Ich hat die Menschheit schon immer beschäftigt. Bereits im alten Griechenland, in der Antike, hat man sich gefragt, wer und was das Ich sei. Damals bereits wurde das in der Philosophie, die jahrhundertelang die Wissenschaften regierte, diskutiert." Mit einem Augenzwinkern fügt sie an: „Und, was uns ja auch brennend interessiert, es ging den Philosophen immer auch darum, genau herauszufinden, wo sich das Ich versteckt hält. Die unterschiedlichsten Ideen sind dazu entwickelt worden."

Mögliche Aufenthaltsorte des Ich

An dieser Stelle möchte ich mich in die Fahndung nach dem Ich einbringen und Ihnen als Autor dieses Buches gewissermaßen den Aufenthaltsort meines wissenschaftlichen Ich bekannt geben. Als Neurowissenschaftler, Psychiater und gleichermaßen Philosoph sehe ich die Zusammenhänge um Ich und Bewusstsein immer auch aus einem philosophischen Blickwinkel, der in der reinen Neurowissenschaft, so wie sie heute Hochkonjunktur hat, häufig außer Acht gelassen wird. Letztlich kann man die Neurowissenschaft auch als das bislang erreichte, vorläufige Ende einer wissenschaftlichen Linie betrachten, die lange Zeit entscheidend von der Philosophie geprägt und bestimmt wurde. Daher beginnt dieses Buch zur Fahndung nach dem Ich auch bei der altgriechischen Philosophie.
Damit dürfte Ihnen schon klar geworden sein, dass mein Blick auf die Neurowissenschaft ein etwas anderer als der heute gängige ist. Auch indem ich die Ergebnisse der Hirnforschung in einen größeren Kontext stelle, präsentiere ich Ihnen eine Form der praktizierten Neurophilosophie in genau diesem Wortsinne. Ich lade Sie ein, in den folgenden Kapiteln noch sehr viel mehr über diese Verbindung von Neurowissenschaft und Philosophie, wie sie sich in einem kritischen und erweiterten Sinne darstellt, zu erfahren.

Eine Höhle als Gefängnis

Beginnen wir also im antiken Griechenland, 400 Jahre vor Christus: Platon zeichnet sich dort als ein Liebhaber der Weisheit, als sogenannter Philosoph aus. Als Schüler von Sokrates lässt er den Altmeister immer wieder in seinen Dialogen auftreten. Und die führen uns, wenn wir das Ich verfolgen, in eine dunkle Höhle.

Die Menschen, die dort in Platons Gedankenexperiment vom ersten Tag an leben, kennen nichts anderes als diesen abgeschlossenen Raum. Sie nehmen in dem spärlichen Licht, das die Höhle notdürftig erhellt, einige Schatten wahr. Diese kommen und gehen, sie wechseln. Immer neue Gebilde tauchen auf. Warum die Schatten dort sind, wie sie erzeugt werden, was ihnen zugrunde liegt, das können diese Menschen nicht erfassen. Sie sind inmitten der Schatten in der Höhle gefangen. Diese Schatten, das ist für sie die Welt.

In diesem Sinne beschreibt Platon in seinem wohl berühmtesten Werk *Der Staat* unsere Wahrnehmung der Welt. Das viel zitierte „Höhlengleichnis“ besagt, dass wir die Welt und unsere Umgebung nur mittels unserer Sinne wahrnehmen können. Natürlich können Sie verschiedene Objekte, wie zum Beispiel den Tisch vor sich, wahrnehmen. Oder Sie nehmen das Ereignis eines Autounfalls mit den entsprechenden Geräuschen wahr. Ihre Sinne filtern die Eindrücke, Sie nehmen diese auf und schlussfolgern, dass in Ihrer Umgebung die entsprechenden physikalischen Objekte, eben der Tisch oder das verunfallende Auto, existieren. Genau dies ist aber, laut Platon, eine Täuschung. Was Sie mittels Ihrer Sinne wahrnehmen, sind nur die Schatten der Objekte. Die Objekte selbst, so wie sie sind, unabhängig von Ihrer Wahrnehmung, bleiben Ihnen verborgen, denn Sie können sie außerhalb Ihrer eigenen Wahrnehmung nicht erfassen. Sie sind gefangen in der Höhle Ihrer

Beobachtung, aus deren Schatten Sie nicht entkommen können.
Was aber steckt hinter den Schatten in der Wahrnehmung und dem Bewusstsein? Platon spricht von Ideen oder Urformen, auf die alle Objekte, die wir sehen, fühlen und riechen können, zurückgehen. Diese Urformen können wir als Gefangene unserer Wahrnehmung natürlich nicht erfassen, sie bleiben jenseits der Erkenntnis, die uns möglich ist. Sie bleiben reine Spekulation und damit, wie es gern heißt, Sache der Philosophie.
Platon meint, dass wir uns in einer Höhle der Ignoranz befinden. Wir nehmen an, dass das, was uns unsere Sinneswahrnehmungen als physikalische Objekte zeigen, real und existierend ist. Es sind aber nur die Schatten der Ideen und Urformen, die diese physikalischen Objekte erzeugen. Nur die Philosophie, so auch Platon, kann uns aus der Höhle der Schatten herausführen. Die Philosophie als „Liebe zur Weisheit" geleitet uns aus dem Dunkel heraus zur Weisheit, zur Sonne. Dann wird uns klar, dass wir nichts als Schatten wahrgenommen und unsere Sinne uns betrogen haben – mehr Schein als Sein.
Wie steht es nun in diesem Zusammenhang um das Ich? Ist es auch in dieser platonischen Höhle gefangen? Platon sagt, dass unsere Wahrnehmung des eigenen Ich genauso „verschattet" ist wie unsere Auffassung der Welt. Auch unser eigenes Ich können wir nur als Schatten erkennen, die Idee oder Urform des Ich bleibt uns hingegen verborgen. Die Schatten in unserer Wahrnehmung der Welt fallen auf uns selbst zurück, wir – und unser Ich – können ihnen nicht entkommen. Unser Ich ist in seiner eigenen Wahrnehmung gefangen. Kein Entrinnen ist möglich, kein Ausbruch aus den Schatten unserer Wahrnehmung, die unser Ich wie in ein Gefängnis einmauern.

Das von Platon so lebendig beschriebene Höhlengleichnis ist bis heute Gegenstand heftiger Debatten. Erlauben uns unsere

Sinnesorgane wirklich nur Schatten zu erkennen und nicht die Objekte selbst, so wie sie unabhängig von unserer Wahrnehmung und dem Bewusstsein sind? Wenn das so wäre, wären die Objekte, die wir heutzutage auf der Grundlage der Physik definieren, lediglich Schatten von dem, was Platon als Idee oder Urform bezeichnet hat. Das wäre für sich genommen noch nicht so schlimm. Viel schlimmer wäre, dass unser Ich dann lebenslang in der Höhle der eigenen Wahrnehmung und des Bewusstseins gefangen wäre. Und was wir meinen, erkennen und als Welt und Ich wahrnehmen zu können, wären dann wirklich nichts als bloße Schatten. Wir hätten keine Chance, uns persönlich, unser eigenes Ich kennenzulernen. Jede wahre direkte Begegnung mit unserem eigenen Ich wäre ausgeschlossen.

Befreiung von höchster Instanz

Kein Entrinnen aus der Gefangenschaft unserer Wahrnehmung und des eigenen Ich? So trostlos muss es nicht bleiben. Machen wir eine kleine Reise von Griechenland nach Italien zu Thomas von Aquin. Dieser Philosoph wird 1225 in der Nähe von Aquino geboren und stimmt ganz und gar nicht mit Platons Meinung überein. Gegen den Willen seiner Familie tritt er im Alter von 19 Jahren dem Dominikanerorden in Neapel bei. Daraufhin nehmen ihn seine Verwandten in einem Schlossturm gefangen. Selbst eine hübsche junge Dame, die ihm zur Ablenkung gebracht wird, kann ihn nicht von seiner für ihn einzig wesentlichen Orientierung auf Gott abbringen. Nach einem Jahr entflieht er dem Schlossturm schließlich. In der Folgezeit schreibt er viele Abhandlungen über den Menschen und sein Verhältnis zu Gott. Und er würde wohl noch sehr viel mehr erarbeiten, würde er nicht 1274 auf einer Reise sterben. Gerüchte besagen, dass ihn sein Arzt mit süßem, aber giftigem Konfekt tötete.

Dieser Thomas von Aquin nun verwirft die Annahme der Platon'schen Ideen oder Urformen als einer Art Superexistenz hinter der für uns wahrnehmbaren Existenz. Er sagt, dass wir diese Grundideen an sich durchaus erkennen können. Wie ist das möglich, da wir doch scheinbar in den Schatten unserer Wahrnehmung gefangen sind? „Benutze Verstand und Vernunft!", sagt uns Thomas von Aquin. Er geht davon aus, dass wir von den Dingen in unserer Wahrnehmung abstrahieren können. Durch zunehmende Abstraktion vermögen wir schließlich die Dinge selbst, ihr Sein, das wirkliche So-Sein zu begreifen. Wir können also mehr als nur die bloßen Schatten der Dinge erkennen, wir haben Zugang zu den Dingen selbst.

Die letzte Ursache, die hinter den Dingen steht, ist die höchste Abstraktion – und das ist kein Geringerer als Gott. Gott lässt sich so als die letzte Ursache der Dinge erkennen, er ist der Ursprung aller Ideen und Urformen, die er in sich beherbergt. Der menschliche Geist aber kann Gott erkennen, er ist keinesfalls in der Schattenhöhle gefangen. Gott selbst sendet die Sonnenstrahlen, so Aquin, die uns mittels Vernunft und Verstand alles erkennen lassen. Wir können Gott als den Ursprung der Welt erfassen und somit auch unser Ich auf Gott zurückführen. Der geistige Teil unseres Ich ist somit ein Sonnenstrahl Gottes.

Thomas von Aquin kennzeichnet das Ich durch Geist, Seele und Körper. Der Geist ist die Kraft, die uns das Erkennen der Formen und die zunehmende Abstraktion von den Dingen unserer Wahrnehmung ermöglicht. Der Geist kann somit durch Denken und Wollen charakterisiert werden. Er konstituiert Verstand und Vernunft und einen von der Materie freien Willen. Der Geist selbst kann nach Aquin weder zerstört werden noch sterben – er muss daher immateriell sein. Er, der Sonnenstrahl Gottes, ist dem Allmächtigen somit am nächsten.

Der nicht-physische Geist ist mit dem physischen Körper verknüpft. Um so verschiedene Dinge wie Geist und Körper miteinander zu verbinden, braucht es eine bestimmte Form, die beide zusammenhält. Diese Form ist das, was Thomas von Aquin als Seele bezeichnet. Wie die Backform die verschiedenen Schichten und Bestandteile eines Kuchens zusammenhält, hält die Seele Geist und Körper zusammen. Der Körper ist ein bloßes materielles Objekt, das zerstört werden kann und sterblich ist. Nach dem Tod des Körpers ist der Geist befreit und unabhängig. Wenn das Stoffliche zerfallen ist, wird auch die Seele als Form nicht mehr benötigt und entlässt den Geist von den Fesseln des Physischen.

Mit Thomas von Aquin schwingt sich das Ich zu ungeahnten Höhen auf. Durch seine geistigen Anteile wird es von Gott aus der Höhle befreit und selbst zu einem göttlichen Sonnenstrahl. Das Ich verlässt die schattige Höhle, wo es nur indirekt einige Sonnenstrahlen, die Schatten, zu sehen bekam. Nun blickt es direkt in die Sonne. Dort sieht es Gott als Ursprung der Welt, zu dem es auch selbst gehört. Das Ich ist nicht mehr nur ein Schatten, der gefangen in einer Höhle dahinvegetiert, sondern ein göttlicher Sonnenstrahl vom Schöpfer des Universums. Unser Ich hat eine direkte, freigeschaltete Leitung zu Gott. Der Mensch, der sich durch ein solches Ich auszeichnet, muss, wie Thomas von Aquin sagt, zwischen Tieren und Engeln angesiedelt werden. Doch die geisteswissenschaftliche Entwicklung bleibt dabei natürlich nicht stehen.

Der Dualismus von Geist und Körper

Descartes ist ein berühmter Philosoph und Mathematiker, der 1596 in Frankreich geboren wird. Er lebt viele Jahre in Holland und wechselt dabei die Städte fast wie seine Hemden. Leiden, Amsterdam, Dortrecht und viele andere Orte beherbergen ihn. Bereits 1650 stirbt er, als er in Schweden die dortige Königin, Christine von Schweden, unterrichtet. Es wird gesagt, dass

Descartes normalerweise immer bis mittags im Bett bleibe und dort arbeite. Die Königin von Schweden will ihn aber stets schon früh am Morgen sprechen, und dies hat offenbar seine Immunfunktion so geschwächt, dass er schließlich einer Lungenentzündung erliegt.

Descartes interessiert sich vor allem für die Frage, was wir als Menschen wissen und was wir nicht wissen können. Was können wir überhaupt mit Sicherheit behaupten? Descartes zweifelt an allem, was er wissen kann. Diese Denkweise wird auch als der kartesianische oder methodische Zweifel beschrieben. Der Philosoph geht dabei folgende Gedankenkette durch: Alle Zweifel führen zu Gewissheit. Im Denken werde ich mir meiner selbst als Ich bewusst. Und wenn ich mir meiner selbst bewusst bin, dann muss das Ich auch existieren, denn es muss ja jemand den Gedanken denken. So kommt Descartes zu seinem berühmten Satz „Ich denke, also bin ich" (*Cogito ergo sum*).

Spinnen wir den Faden weiter: Wenn ich denke, selbst wenn ich an meinem Denken zweifle, dann muss jemand da sein, der zweifelt, da ansonsten das Zweifeln selbst nicht möglich ist. Durch mein Denken kann ich mir somit also sicher sein, dass ich selbst existiere. Die Existenz des Ich ist über jeden Zweifel erhaben. Da für Descartes das Denken und die Wahrnehmung des Denkens selbst mit dem Bewusstsein verknüpft sind, ermöglicht dem Menschen somit das Bewusstsein einen Zugang zu sich selbst und somit zu seiner Existenz als Ich. Ich ist Bewusstsein und Bewusstsein ist Ich – so die Schlussfolgerung.

Das Denken, mittels dessen wir uns unserer eigenen Existenz bewusst werden können, unterscheidet sich grundlegend von der Wahrnehmung über die Sinne. Denn unsere fünf Sinne können uns täuschen und bloße Illusionen suggerieren. Sie gehören zum Bereich des Körpers. Das Denken bzw. Verstand und Vernunft lassen sich auf den menschlichen Geist zurückführen, der wiederum mit dem Körper verknüpft ist. Descartes nun beschreibt den Körper als eine materielle Substanz, als eine bloße Maschine, die durch Ausdehnung, Bewegung und die Gesetze der Physik charakterisiert werden kann. Im Unterschied dazu ist der Geist eine nicht-materielle Substanz, die weder ausgedehnt ist noch sich bewegt und dementsprechend auch nicht den Gesetzen der Physik unterliegt. Descartes zufolge haben nur Menschen einen Geist. Tiere hingegen weisen einen Körper als materielle Substanz auf, nicht aber den Geist als nicht-materielle Substanz.

Descartes vermutet, dass Geist und Körper miteinander mittels einer bestimmten Struktur im Gehirn, der Zirbeldrüse, interagieren können. Die Zirbeldrüse ist genau der Punkt, an dem sich Geist und Körper im Gehirn begegnen und von dem aus der Geist dem Körper Anweisungen geben kann. Das Gehirn wird bei Descartes somit zu einer Begegnungsstätte zwischen Körper und Geist, und die Zirbeldrüse fungiert als Pförtner.

Descartes' Theorie über Körper und Geist ist als Dualismus benannt worden. Der Geist ist eine nicht-materielle Substanz, wohingegen der Körper materiell ist. Beide Substanzen existieren dualistisch oder parallel nebeneinander, können aber mittels der beschriebenen Zirbeldrüse im Gehirn interagieren. Es wird daher auch von einem interaktionistischen Dualismus gesprochen.

Wie aber kann ein solcher Dualismus konkret realisiert werden? Wie kann ein nicht-materieller Geist mit dem materiellen Körper über die Zirbeldrüse des Gehirns interagieren? Was ermöglicht uns den doppelten Zugang, über Wahrnehmung einerseits und Verstand und Vernunft andererseits, zur Welt und unserem eigenen Ich? Dies sind Fragen, die seit Descartes immer wieder diskutiert werden – als das Leib-Seele- oder Geist-Körper-Problem.

Was bedeutet das alles für das Ich? Descartes zufolge ist das Ich nicht im Körper, sondern im Geist lokalisiert. Die Existenz des Ich ist eine denkende oder mentale Existenz. Genauer: Das Ich ist durch mentale Aktivitäten definiert. Diese wiederum umfassen das Denken, den freien Willen sowie Verstand und Vernunft. Zentral für mentale Aktivitäten ist das Bewusstsein, da wir mittels dessen unsere denkende Aktivität, unseren freien Willen, unsere Vernunft als solche wahrnehmen können.
Der Dualismus von Geist und Körper muss nun auch mit dem Gehirn, das in der modernen Wissenschaft so wesentlich ist, verbunden werden. Ganz leicht machen es sich hierbei die heutigen Neurophilosophen: Sie sagen, Descartes habe fälschlicherweise den Geist außerhalb von Gehirn und Körper lokalisiert, der Geist aber gehört in das Gehirn, Geist ist Gehirn. Descartes' These des Dualismus von Geist und Körper wird hier in einen Monismus aufgelöst: Es gibt keinen vom Gehirn getrennten Geist. Da dieser Monismus auf dem Körper und seiner materiellen Substanz beruht, wird hier auch von einem Materialismus gesprochen. Was gegenwärtig als Neurophilosophie bezeichnet wird, kann so als (meines Erachtens bislang unvollständige) Antwort auf Descartes und seine Frage nach der Lokalisation des Geistes gesehen werden. Der Geist ist nach Ansicht dieser Neurophilosophen im Gehirn, das Gehirn ist das Haus und die Residenz des Geistes und somit auch des Bewusstseins samt Ich.

Visuelle Schattenspiele

„Was treiben wir hier eigentlich, Frau Kollegin?", fragt der Kriminalkommissar.
„Wir machen unsere Arbeit."

„Aha, dann schlage ich vor, dass ich jetzt mal aktiv werde, statt hier herumzuphilosophieren."
Die Kriminalpsychologin antwortet fast mütterlich: „Erst mal brauchen wir mehr Fakten. Das ist doch immer so, in jedem Fall. Wenn der Gesuchte sich mit dem Ich identifiziert, müssen wir mehr über das Ich wissen, wir müssen erst einmal herausfinden, wo und was das Ich ist. Ganz einfach."
„Mein Ich sitzt hier am Schreibtisch. Es ist ein Kaffeegenießer und ein helles Köpfchen, allerdings momentan ohne echte Herausforderung." Auf den missbilligenden Blick der Psychologin hin richtet sich der Kommissar kerzengerade auf, legt die rechte Hand in Denkerpose an die Stirn und sagt: „Also, ich rekapituliere: Das Bewusstsein ist im Gehirn. Wie auch immer es dorthin gekommen sein mag. Das Gehirn ist schließlich nichts als eine Ansammlung von grauen Zellen. Von einem Bewusstsein dürfte da nichts zu sehen sein. Und von einem Ich auch nicht."
„Gar nicht so schlecht, Herr Kriminalhauptkommissar", meint die Kriminalpsychologin. „Allerdings könnte das Bewusstsein eine Spur sein, die das Ich hinterlässt. Folgen wir also dieser nicht ganz uninteressanten Fährte. Wenn wir verstehen, wie das Gehirn Bewusstsein erzeugt, könnten wir vielleicht auch dem Ich auf die Spur kommen. Mein Vorschlag ist daher, mal unseren Herrn Professor Neurowissenschaftler ein bisschen erzählen zu lassen."

Neuronale Korrelate des Bewusstseins

Ein Neurowissenschaftler hat in der Tat einiges zu erzählen, wenn es um die Frage nach Ich und Bewusstsein geht. Lassen Sie mich also an seiner Stelle referieren: Sich seiner selbst bewusst zu sein ist im Alltag nicht unbedingt eine Selbstverständlichkeit. Stellen Sie sich vor, Sie seien ein engagierter Tennisspieler, haben allerdings seit Monaten nicht mehr gespielt. Der Job forderte jede Minute Ihrer Zeit und Sie fühlten sich bei dem nicht enden wollenden Stress nicht gut. Jetzt aber ist ein großes Projekt vom Tisch, es ist Samstag, Sie gehen das erste Mal seit Monaten wieder auf den Tennisplatz und spielen ein Match. Alle Last fällt von Ihnen ab, Sie fühlen sich frei und gut – und endlich spüren Sie es wieder: Sie spüren sich selbst. Sie sagen sich: Ja, das bin ich, das habe ich so vermisst! So bin ich, das ist mein Ich! Sie nehmen sich selbst wieder wahr und werden sich Ihrer selbst, Ihres Ich, bewusst.

Dieses kleine Beispiel zeigt, dass das Bewusstsein die Tür zum Ich ist. Ohne Bewusstsein haben wir scheinbar keinen Zugang zu unserem Ich. Wenn wir also das Ich erforschen wollen, müssen wir zunächst einmal das Bewusstsein erfassen. Dabei können wir bei einem berühmten Forscher beginnen, Francis Crick, der gemeinsam mit James Watson den Kern des Lebens identifiziert hat, die Desoxyribonucleinsäure, kurz DNA, das Haus unserer Gene. Später hat er sich dem Gehirn zugewandt, das als Haus des Bewusstseins angesehen wird.

Ähnlich wie bei der Erforschung der DNA hat Crick sich auch hier mit einem weiteren Experten zusammengetan, denn auch in der Wissenschaft führt häufig erst der Dialog zu guten Ideen und bestenfalls zu Lösungen. Crick hat das Bewusstsein gemeinsam mit Christoph Koch, einem deutschstämmigen Amerikaner in Kalifornien, erforscht. Auf der Basis der Pionierarbeit von Crick und Koch hat sich inzwischen die Annahme durchgesetzt, dass das Bewusstsein durch bestimmte neuronale Mechanismen im Gehirn erzeugt wird. Man geht davon aus, dass es ein Set von Neuronen gibt, das aktiviert werden muss, um ausreichend Bewusstsein zu erzeugen. Crick und Koch nennen dieses die „neuronalen Korrelate des Bewusstseins", die sogenannten *neural correlates of consciousness*, kurz NCC. NCC ist heute ein international gängiger Begriff in der Erforschung der neuronalen Mechanismen des Bewusstseins.

Korrelat heißt hier, dass ein bestimmter Prozess oder eine bestimmte Eigenschaft einem spezifischen Merkmal zugrunde liegt. Sie sehen nur die Oberfläche, können aber nicht sehen, was darunter ist und die Oberfläche zur Oberfläche werden lässt. Sie sehen beispielsweise nur die rote Lackfarbe eines VW, nicht aber den Motor, der das Auto antreibt und Ihnen einen schönen Ausflug erlaubt. Genauso ist es mit dem Bewusstsein und dem Gehirn. Das Bewusstsein ist die nach außen hin sichtbare Oberfläche, und das Gehirn das, was dahinter ist und von außen nicht sichtbar ist. Das Gehirn ist quasi der Motor des Bewusstseins, das Bewusstsein als solches ist das Auto, das uns in der Umwelt umherfahren lässt, und der Lack des Autos entspricht den Inhalten des Bewusstseins und somit dem, was wir in der Umwelt wahrnehmen und erkennen.

Nun sind aber möglicherweise nicht das ganze Gehirn und all seine neuronalen Zustände an der Konstitution seiner nach außen hin sichtbaren Oberfläche, des Bewusstseins, beteiligt, sondern nur bestimmte neuronale Zustände und Regionen. Genau diese sind es, die als die neuronalen Korrelate des Bewusstseins bezeichnet werden.

Crick und Koch nehmen nun weiter an, dass die Neuronen, die bei der Erzeugung von Bewusstsein beteiligt sind, nicht immer die gleichen sein müssen. Es sind vielmehr wechselnde Konstellationen von verschiedenen Neuronen, die sich zusammenschließen und, wie Crick und Koch sagen, eine dynamische Koalition bilden.

Das lässt sich am besten mit der Politik vergleichen. Dort werden Koalitionen durch gemeinsame Interessen, wie zum Beispiel durch gleiche Programminhalte oder allgemein den Wunsch nach Macht, geschmiedet. Genauso im Gehirn: Hier schließen sich verschiedene Neuronen zusammen, wenn sie gemeinsame Programminhalte haben, das heißt ähnliche Informationen prozessieren. Das Neuron, das für den Henkel der Tasse zuständig ist, schließt sich mit dem Neuron zusammen, welches die Form der Tasse repräsentiert. Beide bilden dann eine Koalition mit dem Ziel, die Tasse als Tasse erkennbar zu machen.

Nun aber ändert sich der Kontext. Ein Freund von Ihnen bringt einen Blumenstrauß vorbei und Sie holen eine Vase aus dem Schrank. Jetzt schauen Sie nicht mehr auf die Tasse, sondern auf die Vase. Auch sie hat einen Henkel. Im Gehirn muss umgeschaltet werden. Henkel an der Tasse, Henkel an der Vase, verblüffend ähnlich, aber doch verschieden. Die alte neuronale Koalition, nennen wir sie „Tassenkoalition", löst sich auf und wird durch eine andere ersetzt, die „Vasenkoalition". Die Neuronen haben sich den wechselnden Umständen, dem neuen Kontext, der durch den Blumenstrauß entstanden ist, angepasst. Es wurden andere Neuronen als bei der Tassenkoalition miteinbezogen, andere Parteien gelangten von der Opposition auf die Regierungsbank, während einige Neuronen wie altgediente Parteien ausgewechselt und in der neuen Koalition, der Vasenkoalition, nicht mehr berücksichtigt wurden.

Nun aber fragt man sich, wodurch eine solche dynamische Koalition von Neuronen zusammengehalten werden kann. Koalitionen zwischen Parteien zerbrechen leicht, wie wir wissen. Und auch in der Neurowissenschaft stellt sich die dringende Frage nach dem Klebstoff, der die verschiedenen Neuronen zusammenschweißt, die Frage nach dem neuronalen Koalitionsvertrag. Die Antwort liegt in einem bestimmten Verhalten der Beteiligten: Die Neuronen lassen sich darauf ein, ihre Schwingungen zu koordinieren bzw. innerhalb der Koalition zu synchronisieren. Die unterschiedlichen Neuronen passen ihre Aktivität im zeitlichen Verlauf, ihre Oszillationen, wie man im Fachjargon sagt, einander an. Die Aktivitäten der Neuronen werden mittels solcher Synchronisationen verknüpft. Die verschiedenen Neuronen verbünden sich für eine kurze Zeit in einer Koalition miteinander. Wie das geschieht und welche Mechanismen hierfür notwendig sind, wird als Bindungsproblem beschrieben. Das Koalitionsproblem der Parteien spiegelt sich auf der Ebene des Gehirns somit im Bindungsproblem der Neuronen wider.

Ein deutscher Neurophysiologe, Wolf Singer, der in Frankfurt am Main am Max-Planck-Institut lehrt und forscht, hat entscheidende Beiträge zur Aufklärung des Bindungsproblems geliefert. Er hat nachgewiesen, dass sich Neuronen in der Tat spontan miteinander verbinden, indem sie dazu übergehen, in einem gemeinsamen Frequenzbereich zu schwingen. Hierdurch kommt es zur Synchronisation der Aktivitäten von verschiedenen Neuronen über verschiedene Regionen des Gehirns hinweg. Es wird also ein kurzfristiger neuronaler Koalitionsvertrag geschlossen, der allerdings ebenso schnell wieder aufgekündigt werden kann.

Die verschiedenen Neuronen im Gehirn müssen nach diesen Erkenntnissen in der Lage sein, ihre Aktivität an die anderer Neuronen anzupassen. Sie können ihre Aktivität einander gleichschalten bzw. sie miteinander korrelieren, wie Crick und Koch sagen. Dies entspricht mehr oder weniger der Etablierung von gleichen Programminhalten in verschiedenen Parteien. Man könnte auch sagen: Die Neuronen können sich austauschen und Informanten zueinander senden, wie stille Boten, die jeweils die aktuellen Informationen zum Stand der Diskussion um die entsprechenden Parteiprogramme zwischen den verschiedenen Parteien übermitteln.

Solche Informanten sind zum Beispiel bestimmte Überträgerstoffe. Sie übertragen Informationen zwischen den Neuronen über einen Spalt hinweg, den sogenannten synaptischen Spalt. Es sind bestimmte Eiweiße, wie Dopamin, Glutamat, Serotonin oder Gammaaminobuttersäure (GABA). Wenn die Aktivität zwischen zwei verschiedenen Neuronen miteinander verknüpft und synchronisiert werden soll, kann dies dem Überträgerstoff mitgeteilt werden. Er überbringt dann die entsprechende Nachricht der anderen Seite, dem anderen Neuron.

Wenn jedes einzelne Neuron eine bestimmte Information enthält und die verschiedenen Neuronen somit durch unterschiedliche Informationen charakterisiert sind, könnte man denken, dass das Gehirn einem Baukasten gleicht. Man kann die Einzelteile dieses Baukastens, die Neuronen oder die Hirnregionen, auseinandernehmen und dann einfach wieder zusammenfügen, ohne dass sich etwas ändert. Aber ist es wirklich so einfach? Versteckt oder offen – viele hängen letztendlich einer solchen Theorie der Funktion des Gehirns an, wenn auch in einer komplexeren Gestalt der Koalitionen wie zum Beispiel bei der eben erläuterten Theorie des NCC.

Die Neuronen, die das NCC bilden und somit Bewusstsein erzeugen, können sich in ihrer Zusammensetzung ständig ändern. Die dynamischen Koalitionen zwischen den verschiedenen Neuronen wechseln also rasch. Mal koaliert die eine Partei mit jener Partei und eine andere geht in die Opposition. Und morgen koaliert die eine Regierungspartei mit der Oppositionspartei, je nachdem, was die Umstände erfordern. Flexible Koalitionen und multiple Koalitionsoptionen, davon träumt jeder Politiker, der regieren möchte. Im Gehirn ist es Realität. Es weist keine fest etablierten Koalitionsmuster auf. Mal ist die eine Koalition die Grundlage des NCC, mal eine andere, und die vorherige löst sich auf oder wird von der neuen zur Seite gedrängt. Es besteht also ein ständiger Wechsel und ein Wettbewerb zwischen verschiedenen Koalitionen. Ein neuronaler Koalitionswettbewerb sozusagen.

Das klingt schon nicht ganz einfach. Doch all das ist noch viel komplexer. Die Regierungskoalition beeinflusst zutiefst das, was in der Opposition passiert. Das kennen wir bestens aus der Politik. Genauso im Gehirn: Die Neuronen, die das aktuelle NCC bilden, üben einen starken Einfluss auf die übrigen Neuronen, die Nicht-NCC-Neuronen, aus – Crick und Koch nennen das Penumbra.

Ist das Ich nichts als Gehirn und Neuronen?

Wie kommen nun über solche Koalitionen zwischen verschiedenen Neuronen psychologische Funktionen und Bewusstsein in die Welt? Bislang haben wir nichts als Neuronen betrachtet, allein oder im komplexen Zusammenspiel. Von Bewusstsein war bisher noch nicht die Rede, von einem Ich ebenso wenig. Fahnden wir also intensiv weiter und versuchen wir, uns dem Ich anzunähern.

Man könnte vereinfacht gesagt denken, dass die Neuronen genau das machen, was wir bewusst wahrnehmen: Wenn wir zum Beispiel visuell eine Bewegung als solche wahrnehmen, werden die Neuronen selbst auch aktiv und bewegen sich in einem metaphorischen Sinne. Die Änderung der Richtung der Bewegung geht dann auch mit einer Veränderung der Aktivität der Neuronen einher. Was wir bewusst wahrnehmen, Bewegung und Richtungsänderung, wird also auf das Gehirn und die Aktivität seiner Neuronen übertragen. Das Ziel ist die Herstellung einer gewissen Korrespondenz zwischen dem Bewusstsein, der phänomenalen Ebene, und dem Gehirn, der neuronalen Ebene.

Aber: So einfach ist es nicht, sagen Crick und Koch. Es kann durchaus sein, dass die Neuronen genau das Gegenteil von dem tun, was wir bewusst wahrnehmen. Statt ständig ihre Aktivitätsintensität zu wechseln, zeigen die Neuronen möglicherweise eine kontinuierlich und beständig anhaltend hohe Aktivität. Crick und Koch nennen das den Snapshot-Effekt. Die Wahrnehmung unseres Bewusstseins kann sich also von den Mechanismen im Gehirn, die das Bewusstsein hervorbringen, unterscheiden.

Stellen Sie sich zum Verständnis dessen eine gestreifte Oberfläche vor. Muss die Wand, die dafür die Basis bildet, oder die verwendete Farbe selbst auch gestreift sein? Nein, Wand und Farbe müssen nicht genau dieselben Eigenschaften aufweisen, um Streifen zu erzeugen. Das, was wir als Streifen an der Oberfläche wahrnehmen, muss nicht auf Streifen in der Wand selbst zurückgeführt werden, denn was wir als Streifen wahrnehmen, kann auch durch andere Mechanismen, „nicht-streifige", erzeugt und konstituiert werden. Wir können also von der Art und Weise, wie wir die Wand wahrnehmen, nicht auf die Wand selbst schließen.

Können wir also entsprechend von der Art und Weise, wie und was wir über unser Bewusstsein wahrnehmen, auch nicht auf das Gehirn und die Aktivität seiner Neuronen schließen? Wir müssen zwischen unserer eigenen Erkenntnis und Wahrnehmung des Bewusstseins auf der einen Seite und der Funktion des Gehirns selbst auf der anderen unterscheiden. Die Erkenntnis unseres eigenen Bewusstseins setzt uns nämlich möglicherweise auf eine falsche Fährte. Genauso wenig, wie wir von Farbe und Form eines Autos auf seinen Motor schließen können oder von der Färbung einer Wand auf die Wand selbst, können wir auch von der Wahrnehmung des Bewusstseins die Funktion des Gehirns ableiten.

Sie werden sich vielleicht fragen, ob dies nicht eher philosophische Belange sind, Fragen, die unsere Fähigkeit zur Erkenntnis von Bewusstsein und Gehirn betreffen, nicht aber das Gehirn und seine Funktionen. Doch die Neurowissenschaftler sagen, es ist das Gehirn selbst und seine Art und Weise, neuronale Koalitionen zu bilden, die unser Bewusstsein und unsere Erkenntnis desselben bestimmen. Die philosophischen Fragen sind auf diese Weise plötzlich zu neurowissenschaftlichen Fragen geworden.

Ist also das Gehirn der Schlüssel zum Bewusstsein und somit auch zum Ich? Wir haben einen Zugang zum Ich im Bewusstsein, wie Descartes schon gesagt hat. Wenn das Bewusstsein im Gehirn ist und durch es erzeugt wird, dann muss auch das Ich im Gehirn zu finden sein. Sind die neuronalen Korrelate des Bewusstseins, die NCC, also der Schlüssel zur Lösung des Falles Ich, wie ihn die Wissenschaftler seit Jahrhunderten untersuchen? Bestimmte Neuronen werden als genau der Schlüssel angesehen, dann heißt es: In den NCC ist das Bewusstsein lokalisiert. Dort muss dann auch das Ich sitzen, denn ohne Bewusstsein kein Ich.

Angesichts solch komplexer Zusammenhänge können einem schon mal die Gedanken rasen. Oder sind es gar keine Gedanken, sondern nur Neuronenströme, wie ein Neurowissenschaftler sagen würde? Und er würde auch sagen: Die einzelnen Neuronenzellen bringen Bewusstsein hervor. Es gibt also eigentlich kein Bewusstsein. Es gibt nur einzelne Neuronen und deren verschiedenartige Aktivität.

Wenn es in diesem Sinne aber kein Bewusstsein gibt, kann es auch kein Ich geben. Ist das Ich also eine Illusion? Neurowissenschaftler gehen genau davon aus: Es gab niemals ein Ich. Das, was wir Ich nennen, hat niemals existiert. Das Ich war virtuell, es existierte gar nicht, es hat immer nur den Schein erweckt, dass es existieren würde. Was hier zu Grabe getragen wird, ist somit nicht das Ich selbst, sondern unsere Illusion eines Ich. Die Neurowissenschaften haben das Ich als Täuschung entlarvt. Es gibt kein Ich, es gibt nur Neuronen im Gehirn. Nichts anderes als Neuronen.

Aber ist es wirklich so einfach? Aus meiner neurophilosophischen Sicht kann ein Konzept wie das Ich nicht einfach durch empirische Befunde ersetzt werden. Selbst wenn wir korrespondierende neuronale Befunde zum Ich haben, heißt das noch nicht, dass es das Ich als solches nicht gibt. Wie aber stellt sich dann der Zusammenhang zwischen Ich und Gehirn aus neurophilosophischer Sicht dar? Bringen wir diese komplizierten Zusammenhänge im Fall Ich auf den Punkt: Das Bewusstsein ist eine Spur, die das Ich hinterlässt, es ist das Gewand, das Kostüm oder die Tarnung des Ich, in der es uns erscheint. Dieses Kostüm, das Bewusstsein, soll laut Ansicht der Neurowissenschaftler nichts als ein Koalitionsvertrag zwischen verschiedenen Neuronen des Gehirns sein. Nun muss man davon ausgehen, dass es einen Rest des Gehirns gibt, die anderen Neuronen, die Opposition, die damit nichts zu schaffen hat, die Regierungsbank des Bewusstseins ist für sie verschlossen. Man würde denken, dass die ausgeschlossenen Zellen unabhängig vom Bewusstsein und somit auch vom Ich operieren.

Haben wir also auch ein Nicht-Ich im Gehirn? Dann aber würden Ich und Nicht-Ich parallel nebeneinander operieren, vielleicht in verschiedenen Regionen des Gehirns, sodass wir dann gewissermaßen zwei verschiedene Gehirne hätten. Das klingt absurd, scheint aber eine logische Folge unserer bisherigen Erörterungen zu sein. Wie kommen wir nun aus diesem Dilemma wieder heraus?

Vielleicht sind das Ich und das Bewusstsein vom Ich ja nicht nur in bestimmten Hirnregionen lokalisiert, wie von Crick und Koch behauptet, sondern verwenden das ganze Gehirn. Alle Neuronen hätten somit einen Zugang zu den sich ständig neu bildenden und auflösenden Koalitionen. Wenn das Bewusstsein des Ich das ganze Gehirn nutzt, wäre es gewissermaßen neuronal globalisiert.

Neuronale Globalisierung

Gehirnschlaufen mit Feedback

Gerald Edelman ist ursprünglich Immunologe und beschäftigt sich mit der Abwehr von fremden Stoffen im Körper. Dies tut er sehr erfolgreich, er kann sogar einen Nobelpreis für seine Arbeiten auf diesem Gebiet entgegennehmen. Dann aber wechselt Edelman von Abwehr zu Angriff über, von der Immunologie zur Neurowissenschaft. Er wird selbst zum Angreifer, gegen das Ich und das Bewusstsein. Damals, in den 1970er-Jahren, fängt die Revolution zum Sturz des Ich gerade an. Man beginnt, das Bewusstsein mit dem Gehirn in Verbindung zu bringen, damals allerdings ist es eher ein Außenseitergebiet, das viele Neurowissenschaftler für fehlgeleitet halten. Bewusstsein sei subjektiv, heißt es, und Subjektivität habe nichts in der Hirnforschung, die rein objektiv ist, zu suchen.
Edelman stellt sich die Frage, wie die verschiedenen Hirnregionen miteinander interagieren. Was koordiniert und organisiert die Aktivität über die verschiedenen Bereiche hinweg? Um seine Gedankengänge zu erläutern, bietet es sich an, wieder ein Beispiel zu bemühen: Stellen Sie sich eine Bühne in der Oper vor. Jeder der Sänger geht während der Vorstellung bestimmte Wege und vollführt Handlungen, entsprechend den in den Proben erarbeiteten Anweisungen des Regisseurs. Während der Aufführung ist der Regisseur nicht zu sehen, er ist vielleicht nicht einmal im Haus – und dennoch ist er immer präsent: in den Handlungen der Sänger. Denn ohne den Regisseur würde alles im Chaos enden oder schlichtweg langweilig werden, da jeder Sänger dann machen würde, was ihm gerade einfällt, oder nur still stehend seinen Part absingt.
Wer ist nun im Falle des Gehirns der Regisseur? Und ist er es, der das Bewusstsein hervorbringt? Die Philosophen haben lan-

ge behauptet, dass es der Geist ist, der unsere mentalen Aktivitäten koordiniert, und die Theologen führen die Koordination auf göttliche Einfügungen zurück. Der Philosoph Descartes löst den Geist von Gott und macht ihn selbstständig, zu einem selbstständigen Unternehmer sozusagen. Die gegenwärtige Hirnforschung nun führt Descartes' Ansichten fort, radikalisiert sie und verlegt den Geist als selbstständigen Unternehmer in das Gehirn. Das Gehirn selbst kann nun als Vorstandsvorsitzender den Rest der Belegschaft, Körper und Welt, koordinieren und organisieren.

Die Aktivität der Neuronen im Gehirn muss auch koordiniert und organisiert werden, auch hier braucht es einen Regisseur. Viele Neurowissenschaftler nahmen und nehmen zum Teil noch heute an, dass eine bestimmte Region im Gehirn, die frontale Hirnrinde, der sogenannte Frontalkortex, die höchste und letzte Instanz im Gehirn ist. Was der Papst für die katholische Kirche ist, ist ihrer Ansicht nach der Frontalkortex als organisierende und koordinierende neuronale Instanz für das Gehirn. Der Frontalkortex als Papst des Gehirns?

Edelman beschreitet einen anderen Weg. Er macht sich frei von höchsten und letzten Instanzen. Er schafft den Papst des Gehirns kurzerhand ab, mit dem Argument, dass die Natur selbst, speziell die Evolution der Natur und somit auch die Evolution des Gehirns, keine Päpste produziert. Stattdessen organisiert und koordiniert das Gehirn sich selbst – wie es auch die Natur im Allgemeinen tut. Es gibt sich Informationen über seinen eigenen Zustand, und wer Informationen hat, kann sich organisieren und koordinieren.

Wie aber kann das Gehirn sich Information über sich selbst verschaffen? Wie kann es selbst erfahren, welche neuronalen Aktivitäten in bestimmten Neuronen und Hirnregionen vorliegen? Ganz einfach, sagt Gerald Edelman: Das Gehirn hat verschiedene Bahnen zwischen den Hirnregionen, sogenannte

Assoziationsfasern, und die machen einen Großteil der internen Wege des Gehirns aus. Solche Fasern führen Informationen aus den einzelnen Hirnregionen zusammen. Sie sind quasi die Autobahnen des Gehirns. Unterschiedliche Menschen, korrespondierend zu den einzelnen Neuronen, aus den verschiedensten Ländern und Städten, die den Hirnregionen entsprechen, kommen zusammen, reisen ein Stück gemeinsam und fahren dann wieder getrennte Wege.

Edelman betont nun bestimmte Autobahnen im Gehirn. Er hebt genau diese hervor, die wieder zum Ursprungsort zurückführen. Aber, und das ist das Spezielle der Edelman'schen Autobahnen, sie führen auf einem anderen Weg zurück zum Ausgangspunkt. Dadurch können die Informationen, die auf dem Weg liegen, aufgesammelt und für den Ursprungsort selbst verwendet werden. Auf diese Weise bekommt er zum Beispiel Aussagen darüber, was sich auf dem Weg getan hat, über Ereignisse und Veränderungen, die eventuell auch für ihn relevant sein könnten. So bleibt er ständig up to date, und dafür sind solche *reentrant circuits* oder *reentrant loops*, also Feedbackschlaufen, das beste Mittel. Sie sind das Handwerkszeug des Ursprungsortes, um zu erfahren, wie sich die von ihm initiierten Veränderungen auf den Rest des Gehirns, auf die anderen Autobahnen und Orte, auswirken. Das ist wichtig, um die zukünftigen Aktivitäten des Ursprungsortes den Auswirkungen auf andere Regionen entsprechend anpassen zu können.

Gehen wir beispielhaft vom Autobahnnetz in Deutschland aus. Die Ursprungsregion ist Berlin, sie wird mit Informationen von den anderen Hirnregionen versorgt, die ein von ihr losgeschicktes Fahrzeug passiert. Es fährt über Leipzig und Nürnberg nach München, dann aber zurück über Stuttgart, Frankfurt und Hannover nach Berlin. Berlin bekommt so ein Feedback mit den Informationen, die sich seit der Abfahrt von dort ergeben haben. Diese Informationen kann Berlin wiederum nutzen, um sich besser an die Situation in den anderen Städten anzupassen. Und ebenso bekommen Leipzig, Nürnberg, München, Stuttgart, Frankfurt und Hannover wiederum ein Feedback, um sich der veränderten Situation in Berlin besser anpassen zu können. Und so geht es Schlaufe um Schlaufe, Feedback um Feedback.

Jetzt werden Sie vielleicht fragen, was denn der Ursprungsort im Gehirn ist. Herr Edelman wird Ihnen antworten, dass es einen solchen nicht direkt gibt, es gibt keine Urregion im Gehirn, die die Quelle aller Aktivität ist. Das Modell hat aber dennoch seine Berechtigung: Denn durch die verschiedenen Feedbackschlaufen kann jede Region zur Ursprungsregion für die anderen werden. Dadurch kann letztendlich nicht mehr eindeutig zwischen Ursprungsregion und anderen Regionen unterschieden werden. Es entsteht ein dichtes Netz an Bahnen und Feedbackschlaufen, so wie man das Autobahnbeispiel ja auch mit allen anderen Städten durchspielen kann. Genau dadurch, so Edelman, hält das Gehirn seine umfassende Aktivität aufrecht.

Edelman muss sich nun den Einwurf gefallen lassen, dass auch diese *reentrant circuits* koordiniert und organisiert werden müssen. Von wem? Doch wieder eine einzige Ursprungsregion als die Quelle aller Aktivität, wo alles zusammenfließt und seinen Ursprung hat, eine sogenannte Masterregion oder Mastermind? Nur diesmal eine im Gehirn selbst? Edelman verneint und verweist auf die Evolution: Sie brauchte kein Mastermind, um verschiedene Arten von Pflanzen und Tieren hervorzubringen. Versuch und Irrtum, gepaart mit Selektion durch die Umwelt, das reichte aus. Genauso im Gehirn: Kein Mastermind entscheidet, ob und wann welche Feedbackschlaufen gebraucht werden. Sie bilden sich selbstständig aus, je nach den Erfordernissen, mit denen man sich an die Umwelt anpassen muss, um bestmöglich zu überleben.

Im Falle der Autobahnfahrt von Berlin nach München war es offenbar wichtig für Berlin, Informationen von Leipzig und Stuttgart zu eruieren. So konnte Berlin das eigene Gleichgewicht erhalten und bestmöglich im Wettkampf der Städte überleben. Hamburg und Bielefeld waren momentan nicht wichtig. Genauso im Gehirn: Die Funktionen, die im gegenwärtigen Kontext der Umwelt viel gebraucht werden, erhalten mehr Informationen und benötigen somit stärkere Schlaufen als solche, die zu dem Zeitpunkt eher ein Schattendasein führen. Da die Koordination und Organisation der Schlaufen auf die Grundprinzipien der Evolution nach Darwin zurückgehen, spricht Edelman von einem „neuronalen Darwinismus".

Nun stellt sich aber die Frage, wie die Feedbackschlaufen mit dem Bewusstsein zusammenhängen. Bewusstsein kann als eine Multiplikation, Integration und Koordination von verschiedenen Informationen verstanden werden. Damit wir Bewusstsein von zum Beispiel dem vor uns stehenden Tisch erlangen, fließen verschiedenste Informationen ein: der Tisch als solcher, unsere Erfahrungen mit Tischen, Farbe, Form, Größe, Geruch des Tisches, die Personen und Stühle um den Tisch etc. All diese Informationen werden in Hinsicht auf die eigene Person integriert. Bewusstsein ist somit Integration, Koordination und Organisation.

Wenn das Bewusstsein als Integration durch die Neuronen des Gehirns hervorgebracht wird, müssen diese verschiedene Informationen integrieren. Integration setzt Verteilung von Informationen voraus, bevor sie anschließend wieder neu zusammengefügt werden. Genau an dieser Stelle kommen die Feedbackschlaufen ins Spiel. Sie sind in der Lage, die Informationen der verschiedenen Regionen und Neuronen im Gehirn wieder zusammenzufügen. Sie geben jeder Region die neuesten Infos über die Veränderungen der jeweils anderen und umgekehrt. Verändert sich die Information zum Beispiel in der Hirn-

region X, dann wird dies der Hirnregion Y sofort mitgeteilt. Die Reaktion der Hirnregion Y auf die neue Information wird dann in eben dieser Feedbackschlaufe wiederum der Hirnregion X übermittelt.
Es herrscht also ein reger Informationsfluss im Gehirn. Information über Information. Nichts bleibt verborgen, die Feedbackschlaufen teilen die Infos der verschiedenen Hirnregionen und führen sie wieder zusammen. So herrscht ein ständiger Austausch zwischen den Arealen. Und genau dieses unentwegte Feedback der Hirnregionen unter- und übereinander bildet, so Edelman, das Bewusstsein.
Vor allem die Feedbackschlaufen zwischen verschiedenen Regionen der Hirnrinde sind nach Edelman zentral für die Konstitution des Bewusstseins. Es gibt direkte Wege von einer Hirnrindenregion zur anderen, sogenannte kortiko-kortikale Verbindungen. Neben solchen direkten Autobahnen sind auch indirekte Wege vorhanden. Von einem Hirnrindenareal geht es dann über die darunterliegenden Regionen, die subkortikalen Regionen, zurück zur Hirnrinde – kortiko-subkortikal-kortikale Feedbackschlaufen.
Dabei spielt vor allem eine bestimmte subkortikale Region, der Thalamus, eine zentrale Rolle. Er ist offenbar der Knotenpunkt, an dem sich viele verschiedene kortikale Autobahnen treffen. Da diese Verschaltungen mit den kortiko-subkortikal-kortikalen Feedbackschlaufen offenbar wesentlich für das Bewusstsein sind, nennt Edelman sie den dynamischen Kern des Bewusstseins, den *dynamic core*.

Die Feedbackschlaufen beschreiben in klarer Weise den Fluss der Information, die sogenannte Informationsprozessierung. Sie geben aber keine Antwort auf die Frage nach der notwendigen Formatierung oder Codierung der Information. Es ist wie beim Computer: Information muss stets in einer bestimmten Art und Weise formatiert sein, damit sie im PC aufgenommen und verarbeitet werden kann. Im Computer muss jede Information nach 0 oder 1 kodiert werden, damit sie weiter prozessiert werden kann. Genauso muss auch die Information im Gehirn ein bestimmtes Format aufweisen, um überhaupt in die Feedbackschlaufen eintreten zu können. Diese *reentrant circuits* beschreiben nur eine Hälfte des Bewusstseins, die Prozesse, die erfolgen, wenn Information bewusst wird. Die andere Hälfte des Bewusstseins, die dem vorangeht, betrifft die Formatierung oder Codierung, die die Information aufweisen muss, um in der entsprechenden Art und Weise prozessiert werden zu können. Wenn Sie eine CD-ROM mit Informationen erhalten, die Sie weiterbearbeiten wollen, sind Sie darauf angewiesen, dass Ihr Computer das entsprechende Format erkennt und das notwendige Programm installiert hat. Ist das nicht der Fall, nützen Ihnen die Daten auf der silbernen Scheibe gar nichts.

Die Codierung oder Formatierung betrifft alle Informationen, die im Gehirn eintreffen und dort auf verschiedene Regionen verteilt werden – also alle Regionen, das ganze Gehirn. Wenn nun dieses Codieren in der Tat zentral für die Entstehung von Bewusstsein ist, müsste man dann nicht davon ausgehen, dass das Bewusstsein nicht nur in bestimmten Regionen oder Schlaufen, sondern ebenfalls im ganzen Gehirn lokalisiert ist? Dies ist genau das, was ein anderer Hirnforscher, Bernhard Baars, behauptet, der von einem globalen Arbeitsbereich spricht.

Globaler Arbeitsbereich

Es geht wieder um Information. Bernhard Baars zufolge ist Bewusstsein ein hochkomplexer Informationszustand, der sich am ehesten dadurch konstituieren lässt, dass allen Hirnre-

gionen möglichst viele Informationen zur Verfügung gestellt werden. Je mehr Informationen im Gehirn und seinen verschiedenen Regionen unterwegs sind, desto besser. Dann aber stellt sich die Frage nach der Rekrutierung und Integration der Daten.
Man würde annehmen, dass die größte Zahl an Informationen gewonnen werden kann, wenn möglichst viele Hirnregionen einbezogen und aktiviert werden. Am besten das ganze Gehirn, die erwähnte globale Aktivierung. Das Gehirn als Ganzes wäre dann ein globaler Arbeitsbereich, ein *global workspace*, wie es der Neurowissenschaftler Bernhard Baars nennt.
Auch das lässt sich am besten mit einem Beispiel aus dem Alltag erläutern: Sie sind beruflich in einer schwierigen Lage und müssen handeln. Aber, und das ist das Problem, Sie haben noch nicht genügend Informationen, um entsprechend aktiv werden zu können. Was machen Sie? Sie besorgen sich die nötigen Daten, indem Sie verschiedene Kollegen und auch neue Quellen kontaktieren, Sie weiten also Ihr Informationsnetz aus. Sie sammeln nicht nur Informationen von Kollegen aus dem Büro, sondern auch von Kollegen aus anderen Firmen und schließlich auch aus anderen Ländern. Sie globalisieren Ihr Informationsnetz und weiten so Ihren Arbeitsbereich aus. Sie schaffen sich damit genau das, was nach Baars das Gehirn auch macht: einen *global workspace*, um effizienter und zielgerichteter handeln zu können.
Nach Baars arbeitet das Gehirn genauso, indem es viele Regionen aktiviert. Und je mehr Regionen für eine Aufgabe rekrutiert werden können, desto besser kann die Integration von verschiedenen Informationen funktionieren und desto höher ist die Wahrscheinlichkeit, dass Bewusstsein konstituiert wird. Das geschieht beispielsweise dadurch, dass die Aktivität verschiedener Gehirnbereiche synchronisiert wird. Genauso wie die körperlichen und psychischen Aktivitäten zwischen zwei

Partnern im Tanz oder beim Liebesspiel synchron sein können, kann auch die Aktivität zwischen zwei Hirnregionen, die räumlich voneinander entfernt sind, synchronisiert werden. Diese zwei Hirnregionen schwingen dann im gleichen Takt, ihre neuronalen Oszillationen sind gleichgeschaltet. Je mehr emotionale Schwingung bei den Liebespartnern, desto stärker die Verliebtheit. Je mehr neuronale Schwingungen, desto mehr Bewusstsein. Das Bewusstsein spiegelt dann also gewissermaßen die Verliebtheit innerhalb des Gehirns wider. Das Gehirn ist in sich selbst verliebt, es erfreut sich an den gemeinsamen Schwingungen seiner verschiedenen Regionen. Der Ausdruck dieser Freude und Verliebtheit ist das Bewusstsein.

Aber das ist nicht alles. Nach Baars trennt das Gehirn zwischen Inhalt und Umgebung, zwischen *content* und *context*. Der Forscher nimmt verschiedene neuronale Systeme im Gehirn an: Das eine ist für den Inhalt verantwortlich, das andere zeichnet den Kontext nach. Nehmen wir ein bestimmtes Objekt, den Tisch vor uns, wahr, ist er der Inhalt unserer Wahrnehmung. Wir nehmen aber auch die Umgebung des Tisches wahr, die Personen, die um ihn herumstehen, die verlockende Schwarzwälder Kirschtorte und den duftenden Kaffee, die auf ihm stehen. Das ist der Kontext, die Umgebung.

Baars projiziert diese Unterscheidung zwischen Inhalt und Kontext direkt auf das Gehirn selbst. Er nimmt an, dass die Informationen des Inhalts in anderen Hirnregionen prozessiert werden als die des Kontexts. Nun wird man sich fragen, wie dann beide wieder zusammengefügt werden können, denn in unserem Bewusstsein sind beide nicht voneinander getrennt. Diese Zusammenführung wird über den globalen Arbeitsbereich des Gehirns, Baars *global workspace*, ermöglicht. Die Informationen von Inhalt und Umgebung werden in diesem umfassenden Raum wieder zusammengebracht – und genau dabei entsteht Bewusstsein.

Etwas detaillierter: Die Wahrnehmung und das Bewusstsein von äußeren Objekten wie zum Beispiel des Tisches vor Ihnen kommt nach Baars also durch eine Integration zwischen Inhalt und Kontext zustande. Das Gehirn prozessiert die verschiedenen Informationen über den Tisch selbst, die Platte, die Beine, die Farbe, getrennt von den Informationen, die sein Umfeld, den Boden, die Stühle, den Raum etc. betreffen. Zu diesem Zeitpunkt haben Sie noch keinerlei Bewusstsein vom Tisch, denn Sie können den Inhalt nicht getrennt vom Kontext wahrnehmen. Wie aber kommt es dann zur bewussten Wahrnehmung des Tisches, bei der Inhalt und Kontext eng und untrennbar miteinander verwoben sind? Hierzu ist die neuronale Integration der Regionen notwendig, die beide separat prozessieren. Genau diese Integration und somit letztendlich Bewusstsein wird nach Baars in dem von ihm postulierten globalen Arbeitsbereich ermöglicht. Das lässt Sie schließlich einen Tisch mit einer Glasplatte und vier schwarzen Tischbeinen in einer bestimmten Umgebung, auf einem braunen Teppich in einem großen Raum mit grünen Pflanzen, wahrnehmen.

Irrungen und Wirrungen

„Ich will gar nicht darüber reden, ob ich das jetzt alles verstanden habe." Der Kommissar macht eine Kunstpause. „Und auch nicht darüber, ob ich einen Bezug zu unserem Fall herstellen kann. Aber ich finde, dass wir den Professor jetzt in die Spur schicken sollten, mit dem ICH zu plaudern."
„Gute Idee, wird veranlasst", entgegnet die Kriminalpsychologin. „Er soll ein bisschen nachbohren, vor allem Vertrauen aufbauen – vielleicht stellt sich der Kerl ja."
„Oder die Lady!", wirft der Kommissar grinsend ein.
„Bitte?"
„Na, wenn man uns beide ansieht, kommt man nach wissenschaftlicher Wahrscheinlichkeitsrechnung darauf, dass Frauen solches abstrakte Zeug besser verstehen als Männer."
„Und wenn wir den Professor in deine Statistik mit hineinrechnen würden?"
„Ach, dann wird es total unwissenschaftlich, weil er ja Wissenschaftler ist."
Die beiden schauen sich an und lachen.

Das Mittellinien-Ich

Steckdosen und Gehirne

@

Hallo,
ich habe mich entschlossen, Ihnen zu antworten. Aber ich werde Sie erstens nicht mit „ICH" ansprechen. Wenn Sie Ihren wahren Namen weiterhin für sich behalten und sich feige scheuen, eine echte Auseinandersetzung mit mir einzugehen, ist das Ihre Sache. Zweitens wer-

den Sie mich nicht dazu bringen, meine jahrzehntelang gesammelten Erkenntnisse über Bord zu werfen. So viel sollte Ihnen klar sein.
Ich begebe mich mit Ihnen in einen Austausch, da mir Ihre Mails auf die Nerven gehen. Sie versuchen mich einzuschüchtern, was für Sie nicht ohne Folgen bleiben wird, das verspreche ich Ihnen. Was wollen Sie von mir?
Mit bestmöglichen Grüßen.

Sehr geehrter Herr Professor,
ich danke Ihnen für Ihre Antwort. Ich möchte nur den Austausch, da ich glaube, dass Sie in Ihrer Arbeit wesentliche Dinge übersehen. Lassen Sie uns doch bitte die unangenehmen Begleitumstände dieses Kontakts beiseitestellen und fachlich werden. Von Ihnen als hoch angesehenem Fachmann zu mir als einem interessierten, informierten und sich betroffen fühlenden Menschen. Lassen Sie uns mailen, chatten, lassen Sie uns ein paar Dinge besprechen. Mehr möchte ich nicht.
Das ICH.

Professor: Sie kritisieren meine Schlussfolgerungen, die auf der Grundlage von objektiven und somit für jeden nachvollziehbaren Daten beruhen. Und dann bedrohten Sie mich mehrfach. Jetzt plötzlich tun Sie ganz sanft und meinen, wir würden mal ein bisschen miteinander plaudern!

ICH: Sie sprechen den wunden Punkt selbst an: Sie glauben, dass Ihre objektiven Befunde diese von mir kritisierten Schlussfolgerungen erlauben.

Professor: Das müssen Sie schon etwas konkreter machen.

ICH: Sie sagen, dass das Bewusstsein in bestimmten Regionen und Neuronen im Gehirn zu finden ist, wenn Sie mit Crick und Koch von den neural correlates of consciousness *(NCC) sprechen.*

Professor: Darum geht es also. Na, das ist doch einfach. Ich bin kein Anhänger der Theorie von Crick und Koch. Ich glaube nicht, dass man das Bewusstsein in einzelnen Neuronen oder Regionen des Gehirns „lokalisieren“ kann.

ICH: Sie nehmen aber doch trotzdem an, dass das Bewusstsein im Gehirn ist, oder?

Professor: Hören Sie mal! Daran besteht doch überhaupt kein Zweifel! Das belegen meine Befunde eindeutig, und auch die von meinen Kollegen sagen es. Bewusstsein ist eine Gehirnfunktion.

ICH: Wie aber soll das funktionieren, wenn nicht bestimmte Zellen oder Regionen im Gehirn beteiligt werden?

Professor: Wieso fachsimple ich hier eigentlich mit jemandem, der sich ein bisschen auszukennen scheint und es dennoch vermeidet, mit offenem Visier zu kämpfen?!

ICH: Lenken Sie nicht ab! Das tut doch nichts zur Sache. Wissenschaftler sagen doch immer, dass es nur um die Wahrheit geht – oder das, was sie dafür halten – um nichts anderes. Wie ist das mit den Regionen im Gehirn?

Professor: Das wird von Edelman und Baars beschrieben. Das ganze Gehirn ist an der Konstitution des Bewusstseins beteiligt. Verschiedene Untersuchungen haben eindeutig gezeigt, wie eine solche Beteiligung des ganzen Gehirns möglich ist und welche Mechanismen dabei im Spiel sind. Neuronale Synchronisation, Feedbackschlaufen und globaler Arbeitsbereich. Basta.

ICH: Das heißt also, dass Bewusstsein nicht nur in einzelnen Neuronen zu finden ist, sondern im ganzen Gehirn?

Professor: Ja, so kann man es sagen, aber das ändert nichts an der Tatsache, dass es Bewusstsein selbst eigentlich nicht gibt. Das Gehirn mit seinen verschiedenen Neuronen ist das einzige, was existiert.

ICH: Wir sprechen nicht von Existenz, wir sprechen nur von Bewusstsein und Gehirn. Existenz steht auf einem anderen Blatt.

Professor: Wollen Sie jetzt auch noch philosophisch werden?! Das ist typisch! Immer wenn bestimmte Leute etwas ausdrücken wollen, was man gar nicht ausdrücken kann beziehungsweise was nicht existiert, ziehen sie die Philosophie heran. Entweder wir bleiben auf einem wissenschaftlichen Niveau oder wir lassen das Ganze bleiben! Ich möchte Sie nicht erst wieder daran erinnern, dass ich mich hier auf eine höchst heikle Diskussion einlasse: mit jemandem, der ein falsches Spiel spielt!

ICH: Beruhigen Sie sich. Ich will Sie nur auf bestimmte konzeptuelle Probleme aufmerksam machen. Die Tatsache, dass Bewusstsein durch Mechanismen des Gehirns, seien es einzelne Neuronen, seien es die Schlaufen von Edelman oder der globale Arbeitsbereich von Baars, vermittelt wird, heißt noch nicht, dass dieselben Mechanismen, Zellen oder Hirnregionen für die Existenz des Bewusstseins verantwortlich zeichnen müssen.

Professor: Das verstehe ich nicht. Sie sprechen einerseits von neuronalen Mechanismen, die dem Bewusstsein unterliegen, und andererseits von der Existenz des Bewusstseins. Wollen Sie das trennen?

ICH: Ja, genau. Die Neurowissenschaftler beobachten verschiedene Prozesse im Gehirn, zum Beispiel die Aktivität von bestimmten Neuronen bei bewussten Zuständen, bestimmte Schlaufen im Gehirn oder eine globale Ausweitung der Aktivität. Das heißt doch aber nicht zwingend, dass diese Prozesse auch wirklich für die Konstitution des Bewusstseins verantwortlich sind. Sie leiten die Existenz des Bewusstseins aus Ihren Beobachtungen vom Gehirn ab. Das aber ist nicht zulässig! Stellen Sie sich eine Küchenmaschine vor. Eine Küchenmaschine, die ein Messer aufweist, mit dem Gurken geschnitten werden. Das Messer schneidet die Gurken – aber nur, wenn Strom anliegt. Sie könnten noch so viele Messer in die Küchenmaschine hineinbasteln, wenn kein Strom da ist, wird die Gurke nicht geschnitten.

Professor: Na, Sie sind lustig! Sie vergleichen das Gehirn mit einer Küchenmaschine, oder wie soll ich das verstehen?

ICH: Ja, wieso nicht? In diesem Gedankenexperiment ist das Gehirn die Küchenmaschine, das Bewusstsein, das Sie ja damit gleichsetzen, ist die Küchenmaschine.

Professor: Sie meinen also dann, dass die verschiedenen Messer, die die Gurke schneiden, den Neuronen entsprechen. Wohingegen der Strom, die „Steckdose" des Gehirns bislang im Dunkeln bleibt. Ist es das, was Sie meinen?

ICH: Ja, so kann man es sagen. Meiner Meinung nach müssten wir mehr auf die Steckdose achten als auf die Küchenmaschine selbst und ihre verschiedenen Messer. Die blitzen und strahlen – und lenken unseren Blick vom Wesentlichen weg: von der Steckdose, die den Strom liefert.

Professor: Und ich darf jetzt schlussfolgern, dass Sie vermuten, dass die Steckdose die Quelle des Bewusstseins ist?

ICH: So muss man es wohl annehmen. Die Art des Stroms bestimmt, wie und ob die Küchenmaschine funktioniert. Eine europä-

ische Küchenmaschine funktioniert in den USA nicht, weil dort ein anderes Stromsystem vorherrscht. Ihr schönes, in Deutschland gekauftes Exemplar ist dort trotz seiner herrlich scharfen Messer völlig wertlos. Und im Gehirn: Wir sehen gegenwärtig nur die Neuronen, die Schlaufen, den Arbeitsbereich, wohingegen wir das, was Bewusstsein selbst überhaupt erst in die Welt bringt, vernachlässigen. Die Quelle des Bewusstseins ist die Steckdose des Gehirns.

Professor: Na, das klingt nicht völlig dumm. Was glauben Sie denn, was und wo die Steckdose des Gehirns ist? Nehmen Sie etwa wieder einen Geist an, wie noch Descartes? Oder etwa die göttliche Inspiration im Sinne von Thomas von Aquin? Was haben Sie, das unbekannte Wesen, denn in Ihrer Trickkiste, um mich zu überzeugen?

ICH: Ich weiß nicht, was die Quelle des Bewusstseins ist. Vielleicht die Umwelt? Für mich scheint das irgendwie stimmig. Das Gehirn verarbeitet Informationen der Umwelt, kann dies aber nur auf der Grundlage einer innigen Beziehung zu ihr tun. Das Gehirn wäre dann nicht nur ein bloßes Informationsorgan, wie in den Feedbackschlaufen und dem erweiterten Arbeitsbereich vorausgesetzt, sondern eher ein Beziehungsorgan, das in engster Beziehung zur Umwelt steht. So wie sich zwei Partner in ihren Bewegungen und Äußerungen an- und miteinander anpassen, so scheint auch das Gehirn in einer engen Beziehung zur Umwelt zu stehen, sie zu beeinflussen und sich beeinflussen zu lassen.

Professor: Erst Küchenmaschinen und Gurken. Jetzt liebende Paare und Umwelt. Wo soll das noch hinführen! Der Fall ist doch klar: Die Quelle des Bewusstseins ist im Gehirn selbst zu finden. Nur dort und nirgendwo anders.

ICH: Wie Sie das sehen, müssen Sie selbst wissen. Ich will nur sagen, dass es nicht ausgeschlossen ist, dass Sie am falschen Ort nach der Quelle des Bewusstseins suchen. Vielleicht ist die Quelle nicht im Gehirn selbst zu verorten, sondern außerhalb des Gehirns, in seiner Beziehung zur Umwelt.

Professor: Die Quelle des Bewusstseins außerhalb des Gehirns? Das halte ich für Unsinn. Die Quelle des Bewusstseins ist unser Ich. Und wenn Sie unbedingt von Strom reden wollen, erkläre ich es mal so: Das Ich liefert die Energie, den Strom, der die neuronale Synchronisation, die Feedbackschlaufen und den globalen Arbeitsplatz unterhält. Neueste Untersuchungen zeigen, dass das Ich seinen Sitz in der Mitte des Gehirns hat. Ja, im wahrsten Sinne des Wortes in der Mitte des Gehirns, denn das Ich ist in den mittleren Regionen des Gehirns, den sogenannten Mittellinienstrukturen, zu finden. Aber da müssen Sie sich genauer informieren …

Mittellinienstrukturen als die Steckdose des Gehirns

Untersuchungen mit bildgebenden Verfahren wie der funktionellen Magnetresonanztomographie (fMRT) haben gezeigt, dass bestimmte Regionen im Gehirn speziell mit dem Ich in Zusammenhang stehen. Bei der genannten Methode werden die Probanden in eine Röhre geschoben, wo sie flach auf dem Rücken liegend auf einen Bildschirm schauen, der ihnen bestimmte Stimuli präsentiert. In den uns hier interessierenden Experimenten mussten sie entscheiden, als wie stark ich-bezogen sie diese Reize wahrnehmen. Es wurden visuelle und auch akustische Impulse gegeben, Wörter, Sätze, Gesichter und anderes. Entscheidend war der Grad ihres Zusammenhangs mit der beurteilenden Person. Wenn zum Beispiel Wörter aus dem Umkreis des Klavierspielens wie „Pedal“ und „Noten“ einem Pianisten präsentiert wurden, wurden sie als stark ich-bezogen beurteilt. Wenn dieselben Wörter hingegen einem Autoschlosser gezeigt wurden, wurden sie als niedrig ich-bezogen eingestuft. Während die Probanden die Stimuli erleben und beurteilen, werden die damit einhergehenden neuronalen Veränderungen im Gehirn gemessen. In welchen Hirnregionen sie wie stark auftreten, lässt dann Rückschlüsse auf die Funktion der entsprechenden Region, eben beispielsweise in Hinsicht auf die Selbstbezüglichkeit, zu.

Tests dieser Art wurden häufig unternommen. Viele Untersuchungen verwendeten Wörter, andere Gesichter, es wurden das eigene Gesicht und die Gesichter von anderen Personen, von Freunden und Unbekannten, präsentiert. Oder es wurden Episoden aus dem Leben der zu untersuchenden Person gezeigt und die Reaktionen darauf mit denen auf Episoden von anderen Menschen verglichen.

All diese Untersuchungen zeigten, dass die stark ich-bezogenen Stimuli mit einer intensiveren Aktivierung in der Mittellinie des Gehirns verknüpft waren als die niedrig ich-bezogenen Stimuli. Regionen im Gehirn, die nicht in der Mitte bzw. medial liegen, wurden nicht so stark angesprochen, also Regionen, die an der linken und rechten Seite des Gehirns, das heißt lateral, liegen. Betrachtet man diese eindrucksvollen Befunde, lokalisiert man das Ich in der Tat in der Mittellinie des Gehirns, in den sogenannten medialen kortikalen Regionen. Aufgrund dieser Ergebnisse werden diese Regionen als funktionelle Einheit betrachtet und als sogenannte Mittellinienstrukturen, als *cortical midline structures*, und als das „Haus des Ich" angesehen.

Wenn wir bei diesem Bild bleiben wollen, müssen wir ein paar praktische Fragen stellen: Ein Haus muss geheizt werden, vor allem im Winter, wenn es kalt ist. Dafür wird in irgendeiner Form Energie benötigt. Gehen wir hier der Einfachheit halber mal von einer Elektroheizung aus. Im Winter wird sie auf Hochtouren laufen. Aber auch im Sommer braucht es Strom, denn vielleicht wird es abends mal empfindlich kühl, und bevor die Sommergrippe zuschlägt, möchte man ein bisschen heizen. Mal wird also mehr, mal weniger oder auch gar keine Energie benötigt. Also ständig an- und abschalten? Das könnte sogar noch zusätzlichen Strom kosten.

Das Gehirn und speziell seine Mittellinienstrukturen haben eine andere Lösung für das Energieproblem: Die medialen Strukturen scheinen immer aktiv zu sein. Denn sie weisen auch im Ruhezustand, ohne eine externe Stimulation, eine starke Aktivität auf. Wenn wir gar nichts machen, einfach nur daliegen, die Augen schließen und keinerlei sensorische Stimuli empfangen, sind diese Regionen immer noch stark aktiv. Der Strom im Haus des Ich ist niemals abgeschaltet. Die Steckdose im realen Haus ist ja auch zu jeder Zeit bereit, Ihnen Strom zu liefern, unabhängig davon, ob Sie ihn gerade benötigen und verwenden. Auch wenn Sie die Heizung ausmachen, ist immer noch Strom da. Genauso scheint es mit dem Gehirn zu sein. Es scheint ständig unter Strom zu stehen, diesen Schluss legt die dauernd hohe Aktivität speziell in den Mittellinienstrukturen nahe.

Wenn dann tatsächlich Strom benötigt wird, ist er sofort da. Wenn man fröstelt, stellt man die Heizung an – und es wird warm. Wenn ein Stimulus von der Umwelt auf das Gehirn trifft, ist das Gehirn bereit, entsprechend zu reagieren. Es muss also nicht erst den Strom erzeugen, der die Reaktion ermöglicht. Das Gehirn ist allzeit bereit, unmittelbar auf Veränderungen in der Umwelt zu reagieren. Sind also die Mittellinienstrukturen die Steckdose des Gehirns? Bis hierhin können wir diese Frage bejahen.

Mittellinienstrukturen und das Ich

Was passiert mit der einmal angeschalteten Heizung, wenn es warm wird? Läuft sie dann immer noch auf Hochtouren? Nein,

unsere moderne Heizung hat einen Thermostaten, der die äußere Temperatur erfasst und seine eigene danach ausrichtet. Äußere Hitze führt also zu einer Herunterregulierung der Temperatur im Haus.
Das müsste im Haus des Ich ähnlich sein. Wie aber sieht dort diese Herunterregulierung aus? Die Mittellinienstrukturen zeigen ja selbst im Ruhezustand eine hohe Aktivität. Wenn jetzt ein Stimulus von außen kommt, könnte dieser die Aktivität nur noch minimal steigern, er könnte sie aber sehr viel stärker minimieren. Und genau das tut er: Der Stimulus induziert weniger eine Steigerung der Aktivität, eine Aktivierung, als vielmehr eine Verminderung der Aktivität, eine sogenannte Deaktivierung, wie die Fachleute, die Bildgeber, sagen. Vor allem die vorderen Mittellinienstrukturen, die hinter der Stirn liegen, modulieren ihre Aktivität sehr viel stärker über verschiedene Grade der Deaktivierung. Dementsprechend zeigen sie kaum Aktivierung, wenn sie mit äußeren Stimuli, Reizen der Umwelt, konfrontiert sind. Verglichen mit dem Haus heißt das, dass wir wohl davon ausgehen müssen, dass es in Alaska steht: Es wird ununterbrochen gut geheizt, und wenn es mal etwas wärmer ist, wenn also Wärmereize kommen, dann reguliert sich die Temperatur herunter.
Nun aber fragt man sich, wie die verschiedenen Grade der Deaktivierung im Gehirn mit dem Ich zusammenhängen. Man könnte Folgendes annehmen: Wenn die Mittellinienstrukturen das Haus des Ich sind und die Aktivität in diesen Regionen die Heizintensität darstellt, sollten die verschiedenen Temperaturgrade dann verschiedenen Stärken des Ich entsprechen. Die Grade der Deaktivierung sollten verschiedene Grade des Ich-Bezugs verschiedener Stimuli darstellen.
Genau das ist der Fall, wie eine kürzliche Untersuchung unserer Forschungsgruppe zeigen konnte: Das Ausmaß der Deaktivierung in den Mittellinienstrukturen steht in einem direkten Zusammenhang mit dem Grad des Ich-Bezugs, den die

Probanden angaben. Je stärker der Stimulus auf das eigene Ich bezogen ist, desto geringer ist das Ausmaß der Deaktivierung, es gibt also bei stärkerem Ich-Bezug einen höheren Aktivitätsgrad in den Mittellinienstrukturen als bei Reizen ohne Ich-Bezug. Ist der Stimulus nur wenig auf das eigene Ich bezogen, zeigt sich ein höheres Ausmaß der Deaktivierung in den Mittellinienstrukturen, die dann einen geringeren Aktivitätslevel aufweisen. Aus diesen Befunden kann man schließen, dass der stärkste Ich-Bezug offenbar im Ruhezustand gegeben sein muss, da dann zumindest einige Mittellinienstrukturen den höchsten Grad der Aktivität aufweisen.

Ganz schön clever, das Ich! Da verbirgt es sich in den Mittellinienstrukturen des Gehirns und evaluiert alle Stimuli der Umwelt in Bezug auf sich selbst. Weisen die Stimuli einen hohen Ich-Bezug auf, denken die Mittellinienstrukturen gar nicht daran, ihre Betriebstemperatur und somit ihre Aktivität zu ändern. Nur wenn die Stimuli aus der Umwelt mal nicht so relevant für das Ich sein sollten, ändert sich die Aktivität in den Mittellinienstrukturen. Das Ich nimmt somit die Umwelt und ihre Stimuli nur in Hinsicht auf sich selbst wahr, nicht aber unabhängig davon.

Da das Ich in den Mittellinienstrukturen offenbar alle Stimuli in Hinsicht auf sich selbst evaluiert, hat es seine Finger überall im Spiel, ohne selbst erscheinen zu müssen. Es ist immer schon da, doch nirgendwo selbst zu finden. Das Ich steht ständig unter Strom, und es verbreitet diesen Strom im ganzen Gehirn. Eine kürzliche Untersuchung konnte zeigen, dass die Stärke des Stroms, der Grad der Aktivität in den Mittellinienregionen im Ruhezustand, die Aktivität von anderen Regionen während der Stimulation durch die Umwelt beeinflusst. Je höher die Ruhezustandsaktivität in den Mittellinienstrukturen, desto weniger Aktivierung lösten die externen Stimuli in den anderen Regionen aus.

Die Mittelllinienstrukturen spielen also überall im Gehirn mit. Nichts geht ohne sie, da sie die Stromlieferanten sind. Die Mittellinienstrukturen sind quasi die Steckdose des Gehirns, die die Energie liefert, die das Gehirn aktiv werden lässt. Durch diese ständige Stromzufuhr kann das Gehirn schnell und flexibel auf Veränderungen in der Umwelt reagieren. Und dies tut es vor allem dann, wenn Diskrepanzen zwischen Ich und Umwelt auftauchen.

Die Kostüme des Ich

„Da ich mich selbst ja auch gern Ich nenne“, der Kriminalkommissar schmunzelt über seinen genialen Einfall, „habe ich mir grad Folgendes vorgestellt: Ich würde hier den ganzen Tag wie wild auf und ab laufen, und nur wenn der Chef reinkommt und mal sagt, hier ist ein Fall, der dich ganz und gar nichts angeht, dann würde ich mich mal kurz ruhig hinsetzen, um dann aber gleich wieder meine hohe Grundaktivität aufzunehmen. Und du würdest das auch so machen. Wir alle. Na, prost! Zum Glück sind wir kein Ich.“
„Gute Zusammenfassung, Herr Kollege!“ Die Psychologin denkt nach. „So richtig wissen wir immer noch nicht, wo dieses ICH steckt, weder das eine noch das andere, weder dieser Schreiberling noch das im Gehirn.“
„Dann suchen wir noch ein bisschen weiter – und täuschen dabei hohe Aktivität vor.“

Eine Mittellinienillusion

Inzwischen haben wir eine ganze „Häuserkolonie“ für das Ich angesammelt. Im alten Griechenland wird das Ich in einer

Höhle lokalisiert, im Mittelalter in einem göttlichen Strahl, und Descartes glaubt das Ich im Geist zu finden. Heutzutage vermutet man es im Gehirn, einige Forscher wie Crick und Koch lokalisieren es in bestimmten Neuronen und Regionen. Andere wie Edelman und Baars bringen es mit dem ganzen Gehirn in Verbindung. Und nun sollen die Mittellinienstrukturen die ultimative Lösung bringen?

Skepsis ist hierbei durchaus gesund. Haben wir nicht vielleicht nur verschiedene Kostüme des Ich gesehen, die es sich im Laufe der Geschichte wie Tarnanzüge übergezogen hatte? Natürlich könnte man einwenden, dass es immer die Forscher waren, die ihm diese Kostüme verpasst haben. Aber letztlich war es das Ich der Forscher – deren Ich legte dem Ich, im Versuch es zu erkennen, ein Kostüm an und machte es damit weiter unkenntlich. Das aber heißt: Das Ich maskiert sich selbst und verbirgt sich daher vor sich selbst, sodass es sich nur in der Form des Kostüms erkennen kann. Ohne eine entsprechende Verhüllung kann es sich offenbar nicht wahrnehmen.

Gegenwärtig bevorzugt das Ich das Kostüm des Gehirns. Sind also die Mittellinienstrukturen nichts als ein weiteres Kostüm des Ich? Und was heißt überhaupt Mittellinie? Auch das muss genauer untersucht werden. Die erwähnten Ergebnisse zeigen nur, dass das Ich verschiedene Regionen im Gehirn aktiviert. Dabei handelt es sich auffallend häufig um Regionen in der Mittellinie, in den medialen Regionen. Und die Bildgebung zeigt weiterhin, dass Ich-Bezüge vor allem Regionen in der Hirnrinde aktivieren, im medialen Kortex.

Aber da liegt schon das erste Problem, und zwar auf der Seite der Untersucher, also der Neurowissenschaftler. Die Techniken der funktionellen Bildgebung wie fMRT und PET können uns nämlich vor allem Regionen der Hirnrinde, des Kortex, zeigen. Hingegen haben sie große Schwierigkeiten, Bereiche unterhalb der Hirnrinde in den sogenannten subkortikalen Regionen zu identifizieren. Die Aktivität in diesen Regionen kann längst nicht so differenziert und komplex dargestellt und in Beziehung zu einzelnen Funktionen gebracht werden wie die der Hirnrinde. Die Techniken der Bildgebung weisen also einen Bias auf, einen kortikalen Bias, das heißt, sie stellen allein die kortikalen Regionen stark dar und suggerieren uns, dass die subkortikalen Regionen keine Rolle spielen. Das aber hat möglicherweise mehr mit den technischen Limitationen als mit dem Gehirn und seinen Prozessen selbst zu tun. Darauf haben schon berühmte Neurowissenschaftler wie zum Beispiel Jaak Panksepp, der Begründer der Neurowissenschaft der Emotionen, der sogenannten affektiven Neurowissenschaft, hingewiesen.

Was bedeutet das für die Mittellinien? Wir können nicht ausschließen, dass die Lokalisation des Ich in den kortikalen Mittellinien eher durch die Begrenzungen in der funktionellen Bildgebung als durch seine wirkliche Lage bedingt ist. Was also bedeuten kann, dass das Ich möglicherweise auch in den subkortikalen Regionen heimisch ist. Wenn wir einen Fisch in der obersten Ebene des Ozeans beobachten, heißt das noch lange nicht, dass er nicht in den Tiefen des Ozeans, dort, wo wir nicht hinschauen können, zu Hause ist. Genau mit dieser Situation sind wir in der Bildgebung konfrontiert. Die vielmals postulierte Lokalisation des Ich in den medialen kortikalen Regionen ist möglicherweise eine Illusion, die auf uns selbst, die Untersucher, und unsere limitierten technischen Methoden zurückzuführen ist.

Jetzt aber wird es interessant. Wir können nicht ausschließen, dass generell das, was wir in unseren Bildern des Gehirns sehen, eher auf unsere Methoden und Techniken als auf das Ich selbst und das Gehirn zurückführen ist. Also könnte man etwas bösartig folgern, dass das Ich in den Mittellinien ein bloßer Artefakt unserer Methoden ist. Aber, und jetzt wird es richtig spannend: Wir, die wir diese Methoden erfunden haben, konnten dies nur auf der Grundlage eines Ich, unseres Ich, tun. Stellen Sie sich vor, Sie erfinden eine Maschine, die Ihnen das Ich zu hundert Prozent sicher sichtbar macht, nennen wir sie Ich-Maschine. Sie schließen die Maschine an sich selbst an und testen: Sie sehen Ihr eigenes Ich. Oder, wenn das Ich eine bloße Illusion ist, dann sehen Sie eben nichts. Kein Ich, nichts als Dunkelheit und Leere. Es gibt also kein Ich, das können Sie dann sicher schlussfolgern. Doch „Halt!", werden Sie denken. Ich habe die Ich-Maschine doch selbst erfunden. Wenn mein Ich nun laut Ich-Maschine nichts als eine Illusion ist, dann stellt sich die Frage, wer die Ich-Maschine erfunden hat. Hat sie sich selbst erfunden? Nein, das ist unmöglich, denn jemand, irgendein Ich muss sie erfunden haben. Wenn das so ist, dann outet sich das Ich selbst als Illusion bzw. Artefakt. Es erfindet etwas, das zeigt, dass es gar nicht existiert. Das bedeutet aber, dass das Ich sich selbst als Artefakt outet. Das wäre doch eine Pointe, oder? Eine Ironie des Ich? Ist das Ich also nichts anderes als ein Artefakt seiner selbst?

Man darf Folgendes schlussfolgern: Wir finden keinen direkten Zugang zum Ich, zu unserem eigenen Ich. Unser Ich kann also seine eigene Eingangstür nicht öffnen, da es offenbar keinen Schlüssel zu sich selbst besitzt. Alles, was es von sich selbst sehen und wahrnehmen kann, sind Verhüllungen oder Kostüme, die die wesentliche Tür, die zum Ich selbst, unsichtbar machen. Das Ich scheint also mit Kostümen umhüllt zu sein, sei es das Kostüm der Höhle, das des göttlichen Strahles, des Geistes, des Gehirns und seiner Mittellinienstrukturen. Es ist nicht anders möglich, als dass diese Kostümierung geschieht, während das Ich das Ich sucht. Jede Suche nach dem Ich geht also unweigerlich mit der Kreation eines neuen Kostüms einher, das Ich ist gewissermaßen ständig auf dem Laufsteg unterwegs. Daher können wir nicht ausschließen, dass auch der Neurowissenschaftler der Illusion eines Kostüms aufliegt, dass er gefangen in dem Kostüm des Ich ist, das sich Gehirn nennt. Das Mittellinien-Ich muss als ebensolche Illusion wie alle vorherigen Kostüme auch angesehen werden. Keine Chance also, hinter dem Kostüm das Ich selbst zu entdecken?

Erneutes Staunen

Das Ich zieht sich also immer wieder neue Tarnanzüge an. Solche Kostüme mögen für den Karneval passend sein, der Erforschung des Ich aber stehen sie im Weg. Denn sobald wir das Ich selbst unabhängig von seinen Kostümen erfassen wollen, sobald wir hinter eines seiner Kostüme schauen wollen, hat es bereits ein neues an. Kein Ausgang aus dem Karneval des Ich.

Aber es geht noch viel weiter. Die Neurowissenschaftler sagen, dass das Ich spezifisch und exklusiv die medialen kortikalen Regionen des Gehirns bewohnt. Nichts anderes soll dort zu finden sein, keine weiteren Bewohner. Nur das Ich. Kein Wunder, wird man sich denken, dass es so viel Platz braucht, bei dem Kostümfundus! Die gesamte Mittellinie des Gehirns scheint vom Ich beansprucht zu werden.

Hat das Ich also einen Exklusiv-Mietvertrag mit den Mittellinienstrukturen? Die Bildgebung zeigt uns, dass es nicht so einfach ist. Auch andere Funktionen des Gehirns, wie zum Beispiel Kurzzeitgedächtnis, Aufmerksamkeit, Emotionen, soziale Kognition, Empathie und vieles andere werden mit genau denselben Regionen in Verbindung gebracht, den medialen kortikalen Bereichen. Und das kann kein technischer Artefakt der Bildgebung sein, da es sich hier um kortikale Regionen handelt, die gut dargestellt werden können. Das Ich ist somit lediglich einer von vielen Bewohnern dieser Regionen. Ist das Ich also doch nicht so besonders und speziell, wie immer behauptet wird?

Richtig ist, dass das Ich kein Inhalt ist, der exklusiv mit den medialen kortikalen Regionen verbunden ist. Diese haben offenbar Verträge mit vielen verschiedenen Hirnfunktionen. Die Mittellinienstrukturen scheinen beinahe jeden zu beherbergen, der das wünscht. Ist das Ich also lediglich einer von vielen Mietern der Mittellinienstrukturen?

Doch das Ich ist viel geschickter. Es agiert ja im Hintergrund, und es bleibt immer dort verborgen. Die verschiedenen Verträge, die die medialen kortikalen Regionen mit den einzelnen psychischen Funktionen haben, beruhen letztendlich auf einem bestimmten Mustervertrag. Und das Ich ist das Muster, das Vertragsmuster, das all diesen Verträgen zugrunde liegt.

Was heißt in diesem Zusammenhang Muster? Lassen Sie mich folgendes Beispiel aus der Psychologie geben: Sie wünschen sich nichts sehnlicher als eine langfristige und sichere Beziehung. Aber jedes Mal scheitern Ihre Kontakte nach einem halben bis ganzem Jahr, wenn Sie auf Heirat und Kinder zu sprechen kommen. Obwohl Sie sich nichts so sehr wünschen wie eine langfristige Beziehung, kommt es doch immer wieder zum Bruch. Sie fragen sich, ob das möglicherweise an den Beziehungspartnern liegen könnte. Nein, die waren so verschieden, dass das eher ausgeschlossen ist. Also hat es möglicherweise etwas mit Ihnen selbst zu tun. Ihr Charakter und Ihre Eigenschaften lassen Sie immer wieder in das gleiche Muster von Verhalten fallen: Sie ziehen sich zurück, sobald es „ernst" wird. Genau diese Organisation Ihres Verhaltens nach immer wieder dem gleichen Schemata ist möglicherweise genau das, was Ihr Ich ausmacht. Ein solches Grundmuster liegt dem Ich zugrunde, und es könnte die Ausrichtung der anderen Funktionen in anderen Regionen des Gehirns, die von den Mittellinienregionen und ihrer hohen Ruhezustandsaktivität abhängig sind, bestimmen.

Das Ich wäre dann nichts anderes als ein Muster, eine bestimmte Form der Organisation. Wenn das Ich offenbar einen Mustervertrag mit den medialen kortikalen Regionen hat, sollte die Aktivität in diesen Regionen immer, auch bei anderen Funktionen, durch das Ich bestimmt sein. Wenn also andere Mieter wie Emotionen, soziale Kognitionen oder Empathie die Aktivität in den medialen kortikalen Regionen initiieren, sollte dies letztendlich auf den Grad der Involvierung des Ich zurückführbar sein. Je mehr zum Beispiel das Ich von Empathie und Sympathie betroffen ist, desto stärker müssten beide die Aktivität in den medialen kortikalen Regionen beeinflussen.

Genau dies zeigen die neuesten Forschungsergebnisse. Die neuronale Aktivität während des empathischen Empfindens gegenüber anderen Menschen hängt sehr stark davon ab, inwieweit die Probanden in einer Beziehung zu dem anderen stehen. Das Team um Tanja Singer hat genau das in bildgebenden Experimenten 2006 bestätigt. Sie zeigte Probanden Fotos von Personen, mit denen sie entweder stark oder schwach verknüpft waren. Darüber hinaus wurden die Personen in einem schmerzhaften Zustand gezeigt. Es zeigte sich, dass gerade die kortikalen (und soweit messbar auch die subkortikalen) medialen Regionen im Gehirn dann stärker aktiviert waren, wenn die vorgelegten Fotos Menschen zeigten, die in einem engen persönlichen Verhältnis zum Probanden standen.

Eine Untersuchung unserer Gruppe zeigte ebenfalls, dass ein positiver Zusammenhang zwischen Empathie und Selbstbezug besteht. Je stärker der Ich-Bezug bei der Wahrnehmung von Gesichtern anderer Personen war, desto stärker war auch die Fähigkeit ausgebildet, Mitgefühl und Empathie gegenüber diesen anderen zu zeigen. Vermittelt wurde das eindeutig durch die kortikalen Mittelinienregionen. Das Ich ist also sehr sozial. Es verschanzt sich nicht autistisch hinter der Mauer der kortikalen Mittellinienstrukturen. Stattdessen scheinen die Befunde nahezulegen, dass diese Regionen dafür prädisponiert sind, auf soziale Stimuli der Umwelt zu reagieren.

Sie sind also, wenn man es so sagen will, auf soziale Stimuli „getunt".

Das Ich ist aber nicht nur in der Empathie präsent. Es ist auch mit den Emotionen, mit den Reaktionen auf Belohnungen, mit dem Kurz- und Langzeitgedächtnis und vielen anderen Funktionen verbunden. Dies konnten Untersuchungen zeigen. Das Ich scheint omnipräsent, es strukturiert und organisiert all diese Funktionen und bestimmt dadurch, welche Hirnaktivitäten Stimuli der Umwelt hervorrufen.

Wenn das Ich wirklich ein Vertragsmuster ist, eine spezifische Form der Organisation, dann sollte es auch Funktionen in anderen Regionen, außerhalb der Mittellinienstrukturen, beeinflussen, zum Beispiel das Sehen. Das Sehen wird über die Sehrinde im Gehirn vermittelt. Alles, was wir sehen, wird über unsere Augen und den Sehnerv zur Sehrinde des Gehirns, den sogenannten okzipitalen Kortex, geleitet. Beeinflusst das Ich nun auch die Aktivität dort? In kürzlich durchgeführten Experimenten einer chinesischen Arbeitsgruppe zeigte sich, dass auch die Aktivierung im visuellen Kortex vom Grad der Ich-Bezogenheit der jeweiligen Stimuli abhängt. Je stärker die Stimuli auf das eigene Ich bezogen waren, desto stärker war die Aktivität im visuellen Kortex.

Das Ich scheint also ganz schön wichtig zu sein. Es beeinflusst sogar die Aktivität in unseren sensorischen Hirnregionen. Alles scheint nach der Pfeife des Ich zu tanzen. Das Ich scheint seine Hände überall im Spiel zu haben, ohne dass wir, als Untersuchende, diese Hände als solche erkennen könnten. Das Ich ist überall und nirgends.

Das scheint offenbar auch für das Gehirn zu gelten. Das Gehirn ist natürlich rein physisch im Kopf und nirgendwo anders. Aber das, was wir als graue Masse des Gehirns wahrnehmen, ist scheinbar nicht mit der Funktion des Gehirns gleichzusetzen. Die Funktion des Gehirns reicht weit über die Schädelkalotte hinaus, es macht seinen Einfluss in unserer Wahrnehmung der Umwelt geltend. Darum sage ich, dass das Gehirn (bzw. seine Funktionen) offenbar überall und nirgends ist.

Ein alternatives Kostüm des Ich

„Alles Vortäuschung falscher Tatsachen."
„Ja, ganz schön geschickt, das Ich."
„Wir suchen immer nur im Kopf, ist dir das mal aufgefallen?" Der Kommissar tippt mit dem Zeigefinger an die Stirn. „Nicht gerade sinnvoll für eine Fahndung, wenn ich mir diese Bemerkung erlauben darf. Der Drohmailschreiber schlägt bestimmt nicht aus einem Hinterhalt *im* Kopf des Professors zu."
„Ja, vielleicht hast du recht", gibt die Kriminalpsychologin zu verstehen. „Wir müssen es ausweiten. Ich habe schon einen Immunologen bestellt, der uns da mal einiges klarmachen soll."
„Einen Immunologen?!" Der Kommissar klingt enttäuscht. „Ich dachte, wir arbeiten jetzt mal wieder richtig. Immunologe. Und was soll der uns erklären?"
„Vergessen wir mal kurz, dass wir einen Ort suchen, an dem das Ich ist. Damit kamen wir nicht weit, sondern wurden nur durch Höhlen und Gehirnregionen geführt. Wir müssen das Umfeld beleuchten."
„Mit einem Immunologen?"
„Ja, es geht um die Auseinandersetzung zwischen Ich und Umwelt. Biologie und speziell Immunologie beschäftigen sich ja genau damit: Organismus und Umwelt."
„Na, dann mal los." Der Kommissar wirkt belustigt. „Ich übe mich derweil im Vertrauen auf deinen Spürsinn."

Das immunologische Ich

Die Immunologie untersucht, wie der Körper fremde, für ihn möglicherweise gefährliche Stoffe von anderen Körpern abwehrt. Wesentlich für diese Aufgabe ist das Immunsystem, speziell darin die weißen Blutkörperchen. Zu diesen gehören die Lymphozyten, die Antikörper produzieren, deren Aufgabe es ist, fremde Stoffe als solche zu erkennen und kenntlich zu machen. Da die Lymphozyten die fremden Zellen als bösartige Eindringlinge töten können, wird auch von Killer-Lymphozyten gesprochen. Abwehren durch Töten ist hier die Devise. Wenn der Feind ins eigene Territorium vordringt, bleibt nur noch seine Vernichtung, um den Körper zu schützen.
Die Immunologie sagt, dass für die Identifikation der Zellen ihre Proteine entscheidend sind. Bestimmte Proteine erkennt das System als zu fremden Zellen, andere als zu eigenen Zellen gehörig. Die Proteine, die eine Zelle als körpereigen oder körperfremd kennzeichnen, werden Antigene genannt. Die Antikörper, die die Lymphozyten erzeugen, erkennen die körpereigenen Antigene als solche und lassen sie daher am Leben. Im Unterschied dazu werden die körperfremden Antigene als feindlich erkannt und vernichtet.
Auf der Grundlage dieser Erkenntnisse wird in den 40er- und 50er-Jahren des letzten Jahrhunderts von einem „immunologischen Ich“ gesprochen. Die Antigene, auf die die Antikörper nicht reagieren, sind körpereigen, sie gehören zu diesem Ich. Das immunologische Ich wurde somit durch ein bestimmtes Set von Antigenen definiert, den Major-Histokompatibilitäts-Komplex (MHC). Diese Definition des immunologischen Ich wurde später noch unterfüttert durch biochemische, molekulare und genetische Charakterisierungen. Dieses Ich zeigt nämlich nicht nur spezifische Antigene, sondern auch spezifische Gene (DNR, RBS) und biochemische Peptide.

Diese Antigene müssen von denen unterschieden werden, auf die die Antikörper reagieren: Sie sind körperfremd und gehören nicht zum immunologischen Ich, sondern gewissermaßen zum immunologischen Nicht-Ich. Beide werden im Sinne eines Entweder-oder-Prinzips unterschieden. Bei der Begegnung heißt es: „Entweder du weist die entsprechenden Antigene, Peptide und Gene auf und gehörst damit zu mir, oder du hast andere Antigene und Peptide und ich erkenne daran, dass du fremd bist und getötet werden musst.“ Die Definition des immunologischen Ich geht somit mit einer klaren Abgrenzung zum immunologischen Nicht-Ich einher.

Das Nicht-Ich ist hier nichts als ein böser Eindringling. Alles Fremde wird als gefährlich eingestuft und muss vernichtet werden. Tod dem Feind, Tod dem Eindringling, Tod dem immunologischen Nicht-Ich. Das bedeutet auch, dass das immunologische Ich nur dann aktiv werden muss, wenn ein immunologisches Nicht-Ich auf dem Radar erscheint. Das Ich setzt seine Killerzellen nur dann in Gang, wenn ein Nicht-Ich naht. Ansonsten können seine Maschinen in der Ecke stehen. Sein Normalzustand ist also ein Ruhezustand ohne Aktivität. Aktiv werden muss dieses Ich nur, wenn ein Eindringling naht, ein immunologisches Nicht-Ich. Nur dann produziert das Ich die entsprechenden Antikörper und tötet den Fremden. Die Armee der Killerzellen wird also nur aktiviert, wenn eine fremde Armee einmarschieren will.

Wollen wir das vom Bereich des immunologischen Ich auf das allgemein menschliche Ich übertragen, bekommt die These gleich Schieflage. Oder ist ein anderer Mensch, ein Nicht-Ich automatisch böse, ein Eindringling, der vernichtet werden muss? Wohl kaum. Das Nicht-Ich kann uns auch neutral gesinnt sein, und es kann uns nützen, indem es uns beispielsweise Gemüse und Fisch verkauft. Es kann sogar zum guten Freund, zum Partner und Verbündeten werden. Damit erleichtert es uns das Leben in der Umwelt und gibt uns ein zusätzliches Wohlgefühl. Das Nicht-Ich ist somit nicht nur ein böser Eindringling in unsere Sphäre, sondern eine wichtige soziale Stabilisierung für das Ich. Das Ich koaliert mit dem Nicht-Ich. Das biologische Freund-Feind-Schema mag auf der immunologischen Ebene funktionieren, aber nur dort. Von Ich zu Nicht-Ich gesehen geht es vielmehr um ein Beziehungsgeflecht.

Fremder Eindringling oder hilfreicher Freund?

Nicht immer funktioniert das Immunsystem nach unseren Wünschen. So beobachtet Jerne 1974 beispielsweise, dass sich das immunologische Ich unter Umständen auch gegen sich selbst wendet. Die Killerzellen töten dann nicht nur körperfremde Zellen, sondern auch körpereigene. Das aber bedeutet, dass sich die scheinbar so eindeutigen Grenzen zwischen immunologischen Ich und Nicht-Ich aufweichen und zerfließen. Man kann dann nicht mehr von einer strikten Unterscheidung zwischen beiden sprechen. Ich und Nicht-Ich können nicht mehr nach dem Entweder-oder-Prinzip voneinander getrennt werden.

Wenn es wahr ist, dass körperfremde Zellen stets nur böse Eindringlinge sind, die gefährlich sind und getötet werden müssen, dann müsste dies letztlich zum Tod der körpereigenen Zellen führen. Denn kollabieren muss ein System, wie zum Beispiel eine Zelle oder ein Organismus, wenn es innerlich instabil ist. Wann aber ist das der Fall? Wenn die Zelle sklerotisch, rigide, eingefroren und nicht mehr offen für Neues ist, wenn sie sich allem Fremden verschließt. Ein immunologisches Ich, das körperfremde Proteine ausschließlich als böse Eindringlinge betrachtet, die es zu vernichten gilt, wird also zwangsläufig innerlich instabil werden. Es hat dann keinen Zufluss mehr von außen und wird innerlich im wahrsten Sinne des Wortes aus-

trocknen – wie ein Mensch, der sich weigert, irgendwelche Nahrung aufzunehmen. Körperfremde Proteine sind somit teilweise auch überlebensnotwendig. Sie sind nicht nur böse Eindringlinge, sondern bringen hilfreiches Material mit, von dem der Körper profitieren kann. Dazu aber muss er eine Beziehung zu diesen Zellen eingehen, auch wenn das ein gewisses Risiko darstellt. Die Unterscheidung, wann ein Eindringling hilfreich oder gefährlich ist, muss jedes Mal genau getroffen werden. Hineinlassen oder vernichten, lautet dann die Frage.
A. I. Tauber betont, dass hierbei das innere immunologische Gleichgewicht eine zentrale Rolle spielt. Je nachdem, in welchem immunologischen Aktivitätszustand sich der Organismus befindet, wird das körperfremde Protein als „gut“ oder „böse“ beurteilt. Braucht der Organismus Energiezufuhr von außen, um sein immunologisches Gleichgewicht zu erhalten, wiederherzustellen oder zu stabilisieren, wird ein fremder Eindringling nicht getötet, sondern genutzt, je nachdem, ob er über für den jeweiligen Organismus hilfreiche Proteine und Energie verfügt. Ist der Organismus dagegen hinreichend energetisch gesättigt, wird er das körperfremde Protein nicht benötigen und es vernichten.
Zentral für das immunologische Ich ist also nicht so sehr die Abgrenzung von einem Nicht-Ich, sondern die Erhaltung des eigenen Gleichgewichts und der inneren Stabilität. Und hierbei können körperfremde Proteine einen wertvollen Dienst leisten. Es wäre Verschwendung, jedes körperfremde Protein sofort zu töten. Es wäre ein schmerzlicher Verlust von hilfreichen Ressourcen. Also, sagt sich das immunologische Ich, stabilisiere ich mich und meine Zellen und Proteine doch lieber mit Hilfe der anderen Proteine und Zellen, der Nicht-Ichs, dann kann ich meine innere Stabilität gut – und noch dazu billig – bewahren.
Wenn es um Proteine geht, denken wir natürlich vorrangig ans Essen – dort begegnen sich in besonders augenfälliger Weise

Ich und Nicht-Ich. Stellen Sie sich dazu also Folgendes vor: Sie haben gerade ein vorzügliches und üppiges Drei-Gänge-Menü verspeist und fühlen sich rundum wohl, aber auch ziemlich voll, als der Kellner an Ihren Tisch kommt und fragt, ob Sie nun noch einmal von vorn beginnen wollen, er könnte gleich noch einmal die Vorspeise servieren, und dann noch einmal den Hauptgang ... Hätten Sie Lust darauf? Wohl kaum. Sie würden es ablehnen, genauso wie das immunologische Ich das Nicht-Ich abweist, wenn der Bedarf gedeckt ist.
Was hier beschrieben ist, dies noch einmal zur Verdeutlichung, bezieht sich auf das einwandfreie und gesunde Funktionieren des Organismus und seines Immunsystems. Wenn diese Gesundheit eingeschränkt ist, kann es zu den heute weitreichend bekannten Phänomenen der Allergien kommen. Dann wird ein Nicht-Ich abgewiesen, obwohl es vielleicht dennoch eine wertvolle und benötigte Ressource darstellt.
Um seine eigene innere Stabilität zu bewahren, muss das immunologische Ich ständig aktiv sein. Es darf sich keinen wirklichen Ruhezustand erlauben. Dieser Aktivitätszustand ist ein komplexes Geflecht von Beziehungen zwischen körpereigenen und körperfremden Proteinen. Beide sind möglicherweise so eng miteinander verflochten, dass es für den äußeren Beobachter unübersichtlich wird, wer körpereigen und wer körperfremd ist. Das komplexe Beziehungsgeflecht zwischen Ich und Nicht-Ich setzt also Grenzen für den Beobachter, für uns als Untersucher.
Wenn wir das Ich nicht genau vom Nicht-Ich abgrenzen können, werden wir nicht in der Lage sein, das Ich zu identifizieren. Das aber verurteilt die Suche nach dem Ich zum Scheitern. Wenn in Hinsicht auf die immunologischen Proteine und Zellen nicht genau zwischen Ich und Nicht-Ich unterschieden werden kann, stellt sich die Frage, woher diese Unterscheidung überhaupt kommt. Lässt sich diese Unterscheidung möglicher-

weise auf uns selbst, die Untersucher zurückführen? Dann aber stellt sich die Frage nach Möglichkeiten und Grenzen der Erkenntnis durch die Forscher. Hat die Unterscheidung zwischen Ich und Nicht-Ich dann mehr mit dem Untersucher, also mit uns selbst und unseren Erkenntnisgrenzen zu tun als mit den immunologischen Proteinen und Zellen selbst? Wenn dies so ist, existiert das Ich selbst möglicherweise gar nicht real, also unabhängig von uns selbst und unserer Erkenntnis. Dieser Gedanke wird uns über das Immunologische hinaus weiter beschäftigen, daher noch einmal genauer: Ich kann etwas erkennen, dann ist es abhängig von mir und existiert möglicherweise nicht unabhängig von meiner Erkenntnis. Wenn es unabhängig von mir existiert, ist es in seiner Existenz unabhängig von meiner Erkenntnis – dann kann ich es aber nicht erkennen, da ich mich ganz raushalten muss. Das heißt auch, dass das, was wir als Ich erkennen, nicht notwendig auch unabhängig von unserer Erkenntnis existieren muss. Ist das Ich also nichts als ein Artefakt unserer Erkenntnis und seiner Grenzen?

Das Ich und sein Überleben

Wenn man all die Überlegungen in diesem Buch bis hierhin zusammenfassen will, dann kommt man noch nicht unbedingt zu schlüssigen Ergebnissen. Vielmehr könnte man meinen, das Ich lachen zu hören: „Haltet ruhig das, was ihr da selbst ein- und abgegrenzt habt, für mich, für das Ich. Glaubt ihr wirklich, dass ich mich so leicht fangen lasse? Wäre ich so naiv, hätte ich längst mein inneres Gleichgewicht verloren. Ich wäre tot und begraben. Aber ich lebe noch, und ich lebe schon lange. Meine Strategie, die Priorität auf das innere Gleichgewicht zu setzen und zudem die Nutzung fremder Ressourcen zuzulassen, kann also nicht so schlecht gewesen sein. Was ihr da als Artefakte in die

Welt und neuerdings ins Gehirn setzt, das sind doch alles Eintagsfliegen im Gegensatz zu mir."

Es muss also weiter gesucht werden. Vielleicht könnte das, was uns die Immunologie gezeigt hat, ein Weg sein: Das Ich ist nicht ein bestimmter Inhalt, der von einem Nicht-Ich klar und eindeutig abgegrenzt werden kann, sondern vielmehr eine Beziehung, die Beziehung zwischen körpereigenen und körperfremden Stoffen, zwischen Organismus und Umwelt.

Warum aber benötigt ein Organismus eine solch komplexe Beziehung zur Umwelt? Die biologische Realität ist hart und unerbittlich, denn es geht ums Überleben in einem Universum, das, wie der Neurophilosoph Thomas Metzinger, der das Ich als Illusion auffasst, sagt, „kalt und leer" ist. In einem solchen „kalten und leeren" Universum kann nur überleben, wer sich am besten an die Gegebenheiten seiner jeweiligen Umwelt anpasst. Dazu ist eine enge Beziehung zur Umwelt notwendig. Wie jeder weiß, lernt man einen anderen am besten durch eine enge Beziehung kennen. So auch der Organismus, der durch seine Beziehung zur Umwelt lernt, wie er sie möglichst gewinnbringend nutzen kann. Ein Organismus ist da nicht altruistisch, sondern – übertrieben dargestellt – eher wie ein Bankräuber. Je besser der Bankräuber die Gegebenheiten in und die Gegend um die Bank herum kennt, desto wahrscheinlicher ist es, dass er unbehelligt ein paar Tausender entwenden kann. Je enger und besser der Organismus seine Umwelt kennt, desto besser kann er die für ihn notwendigen Dinge aus ihr ziehen, und desto besser kann er überleben.

Aber, und das vergisst Metzinger, wo Kälte ist, muss auch Wärme sein. Ohne Wärme können wir die Kälte als solche weder wahrnehmen noch erkennen. Wir, unser Ich, bekommen Wärme von unserem komplexen Beziehungsgeflecht mit anderen Personen, dem Nicht-Ich. Andere Menschen können einerseits eine Bedrohung sein und das Gefühl der Kälte in uns auslösen.

Andererseits können sie uns aber auch helfen, uns selbst zu stabilisieren, und ein Gefühl der Wärme in uns auslösen. Unsere Beziehung zum anderen ist also sowohl durch Kälte als auch Wärme bestimmt. Unsere Beziehung zur Umwelt ist komplex. Was wir beim sozialen Menschen Interaktion und Sozialverhalten nennen, ist aus der Sicht des Organismus möglicherweise nichts anderes als Selbsterhaltung und Überleben.

Jetzt werden Sie fragen, ob das Ich dann überhaupt noch in einem bestimmten Ort lokalisiert werden kann. Wenn sich das Ich wirklich durch die Beziehung mit dem Nicht-Ich stabilisiert und sein Gleichgewicht erhält, muss es möglicherweise als Beziehung charakterisiert werden. Ist das Ich also einfach nur eine Beziehung? Wenn wir das jetzt einmal annehmen, dann sollten wir es nicht mehr ausschließlich im Gehirn suchen, sondern in der Beziehung des Gehirns zur Umwelt. Beziehungsanalyse statt Bewusstseins- und Gehirnanalyse! Bis zu diesem Punkt hat uns die Immunologie geholfen.

Spuren und Fährten des Ich diesseits des Bewusstseins

Die anfangs so heiße Spur erwies sich als Irrweg. Das Ich steckt einfach nicht wirklich lokalisierbar im Gehirn. Eine Täuschung des Ich, das sich immer wieder verschiedene Kostüme anzieht. Immer wieder wurden Kostüm und Ich verwechselt.
„Da geht es der Polizei nicht anders als der Wissenschaft", sagt die Kriminalpsychologin. „Alle jagen wir dem Ich nach."
„Dabei ist das Ich möglicherweise nichts weiter als eine Beziehung. Eine, die Kraft und Energie gibt. Das habe ich kapiert", antwortet der Kommissar. „Die Beziehung zur Umwelt ist die Steckdose des Gehirns. Super. Und nun?"
„Back to the roots", entgegnet die Kriminalpsychologin. „Jetzt muss ich wohl ran und mal wieder in der Psychologie-Kiste kramen. Ich denke, wir müssen die Spuren und Fährten des Ich in genau den Bereichen suchen, die unserer Wahrnehmung und unserem Bewusstsein nicht mehr zugänglich sind. Jetzt schauen wir mal, was hinter dem Kostüm des Bewusstseins steckt. Vielleicht finden wir dort Spuren des Ich selbst, unabhängig von seinen Kostümen."

Das Ich und das Unbewusste

Das Unbewusste als Gegenstück zum Bewusstsein

Der berühmte Begründer der Psychoanalyse, Sigmund Freud aus Wien, hat das Unbewusste entdeckt und detailliert beschrieben. Das Unterbewusstsein beinhaltet unsere uns nicht bekannten Wünsche, Assoziationen und sexuellen Triebe. Im Gegensatz zum Bewusstsein ist es nicht rational und folgt nicht der normalen Logik.
Im Unbewussten findet sich all das, was vom Bewusstsein verdrängt wird, weil es dort nicht ertragen werden kann. Wenn jemand starke Hassgefühle gegenüber seiner Mutter hat, kann

er sie nicht äußern, weil sie ja schließlich die eigene Mutter betreffen. Derjenige muss lieb und nett zu seiner Mutter sein, hegt aber gleichzeitig die Hassgefühle – ein klassischer Konflikt. Und um sich dem nicht ständig aussetzen zu müssen, werden die Hassgefühle aus dem Bewusstsein vertrieben, in der Hoffnung, dass sie ein für alle mal verschwinden.
So einfach ist es aber nicht. Die Hassgefühle suchen sich immer wieder einen Eingang: Sie kommen durch die Hintertür des Unterbewusstseins ins Bewusstsein. Dort breiten sie sich aus und verströmen ihr Gift. Das Unterbewusstsein ist bei Freud somit eine Art Mülltonne, in der alles das lagert, was unerwünscht und gefährlich ist: sexuelle Triebe, Emotionen, aggressive Impulse, die blind und ungesteuert sind – Freud selbst sprach auch von einem dynamischen oder unterdrückten Unbewussten.
Freud hat die Zusammenhänge später durch seine berühmte dreifache Struktur gekennzeichnet: Ich, Es und Über-Ich. Das Es kann durch verschiedenartige, beispielsweise sexuelle und aggressive Impulse charakterisiert werden – die Hassgefühle der Mutter gegenüber. Hingegen bezieht sich das Über-Ich auf die eigenen Ideale und Wünsche. Das Ideal-Ich entspricht dem, wie ein Mensch am liebsten sein möchte, zum Beispiel ein die Mutter warmherzig liebender Sohn ohne jegliche Hassgefühle. Wie aber werden nun das Es (mitsamt den Hassgefühlen) und das Über-Ich (mit dem Ideal des liebenden Sohnes) unter einen Hut gebracht? Hier kommt das Ich ins Spiel. Es versucht, eine Brücke zwischen Es und Über-Ich zu bauen und beide zu kontrollieren.

Keine schöne Vorstellung, all der giftige Müll im Unbewussten! Mülleimer sollten ja regelmäßig geleert werden. Wenn das nicht geschieht, fängt es an zu stinken, und das vergiftet irgendwann die ganze Umgebung. Genauso ist es mit dem Unterbewusstsein. Wenn es nicht ab und zu entleert wird, wird es unerträglich. Wenn Sie zum Beispiel den Ärger über die gestrige, endlos lange, bis in die Nacht reichende und letztlich doch ergebnislose Sitzung nicht irgendwie herauslassen, ärgern Sie sich am folgenden Morgen beim Frühstück über Banalitäten, die Sie normalerweise gar nicht registrieren würden. Wenn Ihnen dies immer wieder passiert und deswegen immer wieder Ihre Beziehungen zerbrechen, ist das genau der Moment, wo nach Freud eine Psychoanalyse notwendig ist, denn sie dient der Entleerung des Mülleimers Unterbewusstsein. Die Psychoanalyse ist also gewissermaßen die Müllabfuhr des Menschen.

Wo aber ist die Müllhalde dafür? Die städtische Müllabfuhr schafft den Müll auf eine Halde außerhalb der Stadt. Wohin aber bringt die Psychoanalyse die Inhalte des Unbewussten? Eine Entleerung außerhalb der Person ist nicht möglich. Dieser Müll muss also so verschoben werden, dass er weniger giftig wirkt: Die unbewussten Inhalte werden in das Bewusstsein gebracht und dadurch quasi entgiftet.

Dafür wendet die Psychoanalyse Techniken und Methoden an, die es erlauben, unbewusste Inhalte zugänglich zu machen und in das Bewusstsein zu heben. Die alten früheren Ereignisse werden wieder erlebt, und das macht ihren Transfer in das Bewusstsein möglich. Dadurch wird das, was als gefährlich und giftig im Unterbewusstsein abgelagert wurde, noch einmal thematisiert und auf den Tisch gebracht. Und genau dadurch verliert es seinen giftigen Charakter.

Klappt das auch mit den besagten Hassgefühlen? Die will man sich doch niemals eingestehen. Und ausleben kann man sie schon gar nicht, das hätte desaströse Konsequenzen, die sogar bis zum Mord führen könnten. Will der Psychoanalytiker etwa, dass jemand seine Mutter umbringt? Die Müllabfuhr streikt. Die Müllhalde des Unbewussten ist geschlossen, keine Entladung und Entgiftung möglich. Die Mülltonne bleibt voll. Es fängt an zu stinken, giftiger Rauch steigt auf. Es wird höchst unangenehm. Was tun?

Was hier so plastisch am Beispiel einer Mülltonne beschrieben wird, passiert auch auf der psychischen Ebene, wie Freud sie beschreibt. Wir wehren den Gestank der Tonne ab, wir verteidigen das Terrain des Bewusstseins und setzen alles daran, es durch den Müll des Unbewussten nicht verunreinigen zu lassen. Wir putzen sorgfältig, um jegliche Schmutzspuren im Hof des Bewusstseins zu vermeiden. Gleichzeitig schließen wir die Mülltonne des Unbewussten fest zu, damit nur ja kein Gestank nach außen dringt. Freud spricht hier von Abwehrmechanismen.

Das sind psychische Mechanismen, anhand derer wir versuchen, das Unterbewusstsein abzusperren und vom Bewusstsein zu isolieren. Wir schieben die giftige Mülltonne des Unterbewusstseins einfach beiseite, in eine Ecke des Hofes, wo man sie kaum sehen kann. Verdrängung nennt sich das auch: Von den Hassgefühlen will man nichts wissen, solche Gefühle gibt es nicht, basta. Man kann aber auch radikaler handeln und die Mülltonne des Unbewussten außerhalb des Hofes des Bewusstseins stellen. Das geht über bloße Verdrängung hinaus, was hier geschieht, wird Isolierung genannt. Die Hassgefühle in Bezug auf die Mutter werden von ihrer ursprünglichen Bindung an die Mutter entkoppelt und somit von der Mutter bzw. dem Objekt, wie die Psychoanalyse sagen würde, losgelöst und isoliert. Das ermöglicht es, eine Beziehung zur Mutter aufrechtzuerhalten, was nicht der Fall wäre, wenn man sich die Hassgefühle eingestehen würde.

Eine weitere Möglichkeit ist es, die giftige Mülltonne auf den Hof des Bewusstseins zu stellen und sich einzureden, dass sie nicht schädlich, sondern eher hilfreich ist – die Rationalisierung. Dann redet man sich ein, dass die Hassgefühle eigentlich ein Ausdruck der tiefen Liebe der Mutter gegenüber sind, da jede starke Emotion, egal ob Hass oder Liebe, eigentlich nichts als ein Ausdruck einer starken und innigen Beziehung sei. Man kann die giftige Mülltonne des Unterbewusstseins aber auch dem Bruder unterschieben und sagen, dass er an allem Schuld ist – Projektion: Der Bruder ist Schuld, denn er erzeugt die Hassgefühle, weil er immer schlecht über die Mutter redet, obwohl sie ihn viel mehr geliebt hat … Auch das Gegenteil ist möglich, man schiebt sich selbst die giftige Mülltonne und die Schuld zu – Introjektion: Hassgefühle auf sich selbst, weil man so ein unwürdiger Sohn ist.

Dies sind – etwas salopp dargestellt – nur einige der von Freud und anderen beschriebenen Abwehrmechanismen. Sie sehen bereits hieran, dass unser psychischer Apparat über verschiedenste Möglichkeiten verfügt, den Müll des Unbewussten abzuwehren. Wir weisen also offenbar verschiedenste Mechanismen auf, Müll und Nicht-Müll voneinander zu trennen, ohne die Müllabfuhr kommen lassen zu müssen. Es sind mehr oder weniger gut funktionierende und vor allem uns mehr oder weniger gut tuende Vorgänge. Und manchmal funktioniert diese Trennung einfach nicht mehr. Dann vermischen sich Nicht-Müll und Müll, und das Bewusstsein wird von den giftigen Dämpfen des Unterbewusstseins umhüllt. Dies ist dann spätestens der Zeitpunkt für einen Besuch bei der Müllabfuhr, dem Psychoanalytiker.

Das Unbewusste und das Gehirn

Ich, Es und Über-Ich sowie die verschiedensten Abwehrmechanismen des Unbewussten, all das sind psychische Organisationsformen und Prozesse. Da psychische Instanzen wie Bewusstsein und Ich in der Wissenschaft gegenwärtig auf neuronale Mechanismen im Gehirn zurückgeführt werden, stellt sich auch hier die Frage nach den entsprechenden Gehirnprozessen.

Sigmund Freud selbst kommt aus der Hirnforschung, die sich damals, gegen Ende des 19. Jahrhunderts, noch vorwiegend mit den verschiedenen Hirnregionen und ihrer Gestalt, der Anatomie, beschäftigt. Freud träumt aber davon, mehr als die bloße Anatomie des Gehirns untersuchen zu können. Er arbeitet an einer Anatomie der Funktion des Geistes, die dann ultimativ auch auf das Gehirn und seine Funktionen zurückgeführt werden könnte. Die Entwicklung einer solchen Anatomie des Geistes ist Freuds Lebensleistung. Hingegen kann er sich seinen Traum, die Zurückführung der Anatomie des Geistes auf die Anatomie des Gehirns, nicht erfüllen. Denn dies muss er selbst aufgrund des Stands der Neurowissenschaften zu seiner Zeit für illusorisch halten.

Heute aber sind die Neurowissenschaften weiter fortgeschritten. Wir können nicht nur die Anatomie des Gehirns selbst untersuchen, sondern auch den Bezug der anatomischen Regionen des Gehirns zu höheren kognitiven Funktionen wie Bewusstsein und auch Unterbewusstsein. Somit stellt sich die Frage, ob wir nicht doch die Freud'sche Anatomie des Geistes, die in der Zwischenzeit weiter entwickelt wurde, auf die Anatomie und Funktion des Gehirns zurückführen können. Das Unbewusste wäre dann eine bestimmte neuronale Funktion im Gehirn.

Wie können wir also das von Freud so genial begonnene Projekt einer Anatomie des Geistes vollenden und mit einer Anatomie des Gehirns verknüpfen? Einen entsprechenden Versuch unternimmt Mark Solms, ein Südafrikaner deutscher Abstammung, der in Namibia in einer Kolonie von Diamantensuchern aufwächst. In der Zwischenzeit sind die Diamanten zwar verschwunden, Mark Solms erstrahlt dafür aber in einem umso helleren Licht, denn (neben anderen) begründet er die Neuropsychoanalyse als neuartige Disziplin.

Mark Solms ist zunächst als Psychoanalytiker tätig und führt die psychoanalytische Therapie bei Patienten mit geschädigtem Gehirn durch, zum Beispiel mit Läsionen im Frontalkortex. Er untersucht, wie sich durch diese Läsionen psychodynamische Prozesse verändern. Welchen Einfluss hat eine frontale Läsion auf das Verhältnis zwischen Ich und Über-Ich? Wie werden die Abwehrmechanismen durch Schädigungen in bestimmten Hirnregionen verändert? Solms beobachtet, dass Patienten mit einer Läsion in einer bestimmten Region der Mittellinienstrukturen, dem ventromedialen präfrontalen Kortex, einen Zusammenbruch der Über-Ich-Funktion zeigen. Das Über-Ich kann daher möglicherweise mit genau dieser Hirnregion in Verbindung gebracht werden.

Mark Solms versucht durch solche Untersuchungen, die von Freud postulierte Anatomie des Geistes auf die Anatomie des Gehirns zu übertragen bzw. zu „mappen“, wie man in der Fachsprache sagt. Psychodynamische Prozesse werden neuronalisiert, und die Psychoanalyse wird dadurch zur Neuropsychoanalyse. Diese setzt sich somit zum Ziel, die von Freud und anderen beschriebenen psychodynamischen Prozesse auf neuronale Prozesse im Gehirn zurückzuführen.

Doch können psychodynamische und neuronale Prozesse eins zu eins aufeinander übertragen werden? Mark Solms scheint diese Frage mit Ja zu beantworten. Andere Psychoanalytiker, wie zum Beispiel Peter Fonagy oder Oliver Turnbull aus England, hingegen stehen einem solchen Ansatz eher skeptisch gegenüber. Sie verweisen auf die Notwendigkeit einer vermittelnden Instanz, wie sie zum Beispiel kognitive Prozesse übernehmen können. Kognitive Prozesse umfassen Aufmerksamkeit, Kurzzeitgedächtnis und anderes und werden in der sogenannten Kognitiven Neurowissenschaft untersucht. Die Entwicklung der Neuropsychoanalyse muss nach Ansicht von Fonagy und Turnbull dann Hand in Hand mit den Kognitiven Neurowissenschaften gehen.

Lassen Sie mich dazu das Beispiel des Abwehrmechanismus der Rationalisierung erläutern. Dieser Mechanismus wird in Zusammenhang mit einem Ungleichgewicht in der neuronalen Aktivität zwischen medialem und lateralem präfrontalen Kortex gebracht. Der mediale präfrontale Kortex prozessiert die emotionalen Gehalte von Stimuli, wohingegen der laterale präfrontale Kortex eher mit kognitiven Funktionen wie rationales Denken und Abwägen in Verbindung gebracht wird. Dem Abwehrmechanismus der Rationalisierung liegt möglicherweise ein übertriebener Einsatz genau dieser kognitiven Funktionen zugrunde, der dann mit einer verstärkten Aktivierung im lateralen präfrontalen Kortex einhergeht. Im Gegensatz dazu werden die emotionalen Anteile unterdrückt, was zu einer Minderaktivierung im medialen präfrontalen Kortex führt. Klar ist, dass sich durch solche Interaktionen zwischen emotionalen und kognitiven Funktionen Emotionen verändern und regulieren lassen. Inwieweit sich allerdings dadurch auch die erwähnten Hassgefühle der Mutter gegenüber komplett aus der Welt schaffen und bereinigen lassen, muss hier offen bleiben.

Gehirn und Beziehung

Wie sieht es mit anderen Funktionen aus, die in der Psychoanalyse beschrieben wurden? Ein neuer Bereich, den dieser Zweig der Psychologie nach Freud entdeckt hat, ist die zentrale Bedeutung der Beziehung des Säuglings zur Mutter. Psychoanalytiker wie D. W. Winnicott und D. Stern haben hier Pionierarbeit geleistet und die verschiedenen Aspekte der Mutter-Kind-Beziehung beschrieben. Beide unterscheiden verschiedene Stadien, die alle durchlaufen werden müssen, um eine gesunde Entwicklung beim Kind zu ermöglichen. Dies hat zur Entwicklung der sogenannten Bindungstheorie, der *attach-*

ment theory, geführt. Diese untersucht verschiedene Bindungsstile bei kindlichen und erwachsenen Personen und bringt sie mit frühkindlichen Erfahrungsmustern in Verbindung.

Wenn die Beziehung zur Mutter in der Tat zentral für die Entwicklung des Säuglings ist, stellt sich die Frage, was das Gehirn des Säuglings selbst zu dieser Bindung beiträgt. Man könnte sich vorstellen, dass das Gehirn durch seinen spezifischen Input eine solche Beziehung überhaupt erst ermöglicht. Das Gehirn könnte zum Beispiel die Stimuli von der Mutter in einer bestimmten Art und Weise formatieren, kodieren und organisieren, die es dem Säugling erst erlaubt, sie weiter zu verarbeiten. Format und Code machen diese Prozessierung überhaupt erst möglich.

Nun werden Sie aber einwerfen, dass es genau umgekehrt sein könnte: Nicht das Gehirn macht die Beziehung erst möglich, sondern das Gehirn wird durch die Beziehung selbst verändert. Die Inhalte, die es prozessiert, werden durch die Beziehung zur Umwelt bestimmt, die dann auch die neuronalen Prozesse moduliert und verändert. Das Gehirn ist, so in der Fachsprache, plastisch.

Aber Vorsicht! Modulation der neuronalen Prozessierung von Inhalten ist nicht mit Formatierung und Kodierung gleichzusetzen. Das Format von Daten ist nicht mit den Daten selbst gleichzusetzen, das weiß jeder Computerexperte. Format ungleich Daten. Genauso ist es bezüglich des Gehirns. Das Gehirn legt möglicherweise ein bestimmtes Format an die von der Umwelt kommenden Daten an, die aufgrund dessen dann in einer bestimmten Art und Weise neuronal prozessiert werden. Die Daten und die entsprechenden neuronalen Netzwerke sind veränderbar und somit plastisch, das Format oder der Code hingegen nicht.

Was aber ist das Format oder der Code, den das Gehirn auf alle eintreffenden Stimuli legt? Offenbar ist es ein Beziehungscode.

Das Gehirn bezieht alle eintreffenden Stimuli zunächst einmal auf sich und setzt sie in ein Verhältnis zu sich selbst. Warum tut es das? Man könnte sich auch vorstellen, dass das Gehirn nicht alle Stimuli auf sich bezieht und sie unabhängig von sich selbst betrachtet. Doch der Mensch, am Beispiel des Säuglings am ehesten nachvollziehbar, benötigt die Umwelt und deren Reize für sein Überleben, somit werden dort, insbesondere in der Beziehung zur Mutter, erst einmal alle Möglichkeiten abgeklopft. Genau das macht das Gehirn, denn es braucht die Stimuli der Umwelt, um sich selbst zu konstituieren. Die Beziehung zur Umwelt ist lebensnotwendig für den Menschen, also auch für das Gehirn. So legt es ein Format oder einen Code an, der eine solche Beziehung ermöglicht. Ein Beziehungsformat oder ein Beziehungscode ist also der Input des Gehirns selbst.

Das ist etwas abstrakt, zugegeben. Schauen wir aber noch einmal in die psychoanalytischen Forschungsergebnisse: Schwierige frühkindliche Beziehungen führen zu späteren Problemen im Ich des Erwachsenen. Das wissen wir alle. Folgt man der neuropsychodynamischen Ausprägung der Bindungstheorie, manifestieren sich schwierige frühkindliche Beziehungen auch in den neuronalen Netzwerken im Gehirn. Die Ausprägung des Gehirns wird also durch seine frühen (und auch späteren) Beziehungen zur Umwelt bestimmt. Das, was vom Gehirn durch sein Beziehungsformat überhaupt erst ermöglicht wird, die Beziehung zur Umwelt, prägt und konstituiert also das Gehirn selbst auch.

Das Gehirn sitzt also scheinbar isoliert vom Rest des Körpers und der Umwelt in einer Schädelkalotte? Vielleicht. Das darf aber nicht darüber hinwegtäuschen, dass das Gehirn für und von seinen Beziehungen mit der Umwelt lebt. Es ist ein Beziehungsorgan. Die Beziehungen zur Umwelt sind für unsere grauen Zellen genauso überlebensnotwendig wie die Atmung für den Organismus. Ohne Atmung kein Leben, ohne Beziehung kein(e) Gehirn(funktion). Was aber passiert, wenn die Beziehung zur Umwelt abbricht? Das wird beispielsweise für den Fall angenommen, wenn der Mensch im Koma liegt – Bewusstsein und Umwelt sind voneinander entkoppelt.

Das Ich im Koma

Der Fall Englaro

Eluana Englaro war eine wunderschöne und allseits begehrte junge Frau, die 1970 in Italien geboren wurde. Sie war und sollte etwas Besonderes sein. Daher wollte ihr Vater sie Etrucsa nennen, das aber lehnten die Behörden ab. So wurde sie Eluana. In der Jugend besuchte sie einmal einen Freund im Krankenhaus, der im Koma lag, und sie sagte, dass sie selbst niemals in einem solchen Zustand enden wolle.
Dann aber schlug das Schicksal zu. 1992 erlitt sie einen Autounfall und kam in genau den Zustand, den sie bei ihrem Freund gesehen hatte, ein Koma. Sie hing an einem Beatmungsgerät, diese Maschine war ihre Steckdose, die sie mit Energie versorgte. Und wie ein solches Gerät ohne Strom nicht funktioniert, funktionierte ihr Körper auch nicht ohne diese Steckdose, ohne das Beatmungsgerät. Normalerweise brauchen wir eine solche externe Steckdose nicht. Wir produzieren unseren Strom selbst, und daran ist unser Gehirn ganz entscheidend beteiligt. Wie es das macht, ist unklar. Aber es ist eindeutig, dass bei einem Ausfall des Gehirns auch die innere Stromquelle versiegt, die beispielsweise die Atmung anregt, und wir sie durch eine externe ersetzen müssen. Genau das war der Fall bei Eluana Englaro. Sie hing 17 Jahre lang an der Steckdose, bis das Kabel, das ihre Atmung aufrechterhielt, schließlich nach langen Diskussionen herausgezogen wurde und man sie sterben ließ.

Diese vielen Jahre hindurch stellte sich die Frage: Was sollen wir jetzt machen? Wenn wir den Stecker herausziehen und den Körper der Eluana Englaro sterben lassen: Ist das Mord? Wir wissen es nicht, da Eluana Englaro selbst uns nicht sagen kann, was sie möchte. Sie verfügt nicht mehr über das dafür notwendige Mittel, ein funktionierendes Gehirn, das Bewusstsein, Sprache und Kommunikation erzeugen kann.
Aber, und hier ist der Haken, die Mittel zur Darstellung sollten nicht mit dem, was dargestellt und ausgedrückt werden soll, verwechselt werden. Was Sprache und Kommunikation darstellen und ausdrücken kann, ist unser Ich. Wie können wir erfassen, ob bei Eluana Englaro nur die Mittel zur Darstellung des Ich, das Bewusstsein und die Sprache, fehlen, oder ob das Ich selbst verschwunden ist?
Silvio Berlusconi, der Medienzar und Ministerpräsident Italiens, glaubt, dass das Ich noch erhalten war, daher wollte er die Stecker des Beatmungsgerätes nicht herausziehen lassen. Christen, die glauben, dass das Ich geistig und daher vom Körper unabhängig sei, sahen es ebenfalls nicht durch den Ausfall des Gehirns betroffen. Es war nur das Bewusstsein des Ich geschädigt, nicht aber das Ich selbst. Jedes Herausziehen des Steckers wäre demnach Mord, Mord des Ich.
Der Vater von Eluana Englaro hingegen glaubt, dass das Ich seiner Tochter selbst betroffen und geschädigt war. Der Ausfall des Bewusstseins des Ich geht nach seiner Auffassung mit einem Ausfall des Ich einher. Dann ist das Herausziehen des Steckers des Beatmungsgerätes natürlich kein Mord. Was dann stirbt, ist nicht mehr das Ich, sondern ein bloßer Körper ohne jegliches Ich.
Wie sollte entschieden werden? Was wäre es nun? Mord des Körpers, der ohnehin schon tot ist, wie es ihr Vater annimmt? Oder doch Mord des Ich, wie es vor allem Christen annehmen? Die moderne Medizin ist hier mit einem ethischen und zugleich juristischen Problem konfrontiert.

Gleichzeitig wird aber auch deutlich, dass diese ethischen und juristischen Fragen sich letztendlich auf ein philosophisch-neurowissenschaftliches Problem zurückführen lassen. Wie definieren wir das Ich? Wenn das Ich mit dem Bewusstsein gleichgesetzt wird, wies Eluana Englaro kein Ich mehr auf. Dann konnte abgeschaltet werden, ohne dass es als Mord angesehen werden muss. Wenn aber das Ich unabhängig vom Bewusstsein definiert wird, haben wir ein Problem. Dann wurde nicht nur der Körper von Eluna Englaro „abgeschaltet", sondern auch ihr Ich getötet. Verbirgt sich hinter dem Vorhang des Bewusstseins also ein Ich?
Genau an diesem Punkt kommen die Neurowissenschaft und die Neurophilosophie ins Spiel. Reagiert das Gehirn von Eluana Englaro noch auf ich-bezogene Stimuli und kann es diese noch von nicht ich-bezogenen unterscheiden? Oder ist mit dem Bewusstsein auch die Reagibilität des Gehirns auf ich-bezogene Stimuli verlorengegangen? Während dies rein neurowissenschaftliche Fragen sind, wird es neurophilosophisch interessant, wenn die Frage nach dem Zusammenhang zwischen Ich und Bewusstsein auftaucht.

Koma und Bildgebung

Koma ist ein Verlust des Bewusstseins. Was landläufig Koma genannt wird, ist die extremste Form einer Störung des Bewusstseins. Solche Störungen umfassen drei verschiedene Grade. Der schwerste Grad ist das Koma, bei dem die Patienten weder die Augen öffnen noch einen Schlaf-Wach-Zyklus zeigen. Beides, Augenöffnen und Schlaf-Wach-Zyklus, ist hingegen im zweitschwersten Grad einer Störung des Bewusstseins gegeben, dem vegetativen Zustand. Der drittschwerste Grad ist der minimal bewusste Zustand, in dem die Patienten gewisse, wenn auch inkonsistente Anzeichen von Bewusstsein zeigen und auch in der Lage sind, non-verbal zu kommunizieren. Diese verschiedenen Störungen des Bewusstseins können durch Schädigungen des Gehirns an verschiedensten Orten verursacht werden. Sowohl Schäden im Hirnstamm als auch der Hirnrinde können zu einem Ausfall des Bewusstseins führen, vorzugsweise aber Schäden in subkortikalen Regionen.

Die Diagnose einer Störung des Bewusstseins beruhte bisher auf reiner Beobachtung durch andere, denn der Patient selbst kann sich ja nicht mehr mitteilen. Die funktionelle Bildgebung des Gehirns erlaubt nun einen hiervon unabhängigen Einblick in den Patienten, in sein Gehirn und seine neuronale Reaktion auf Reize der Umwelt, unabhängig von seinem Ausfall des Bewusstseins. Und das hat erstaunliche Resultate hervorgebracht.

Eine Forschergruppe um Adrian Owen aus Cambridge hat das Gehirn einer komatösen Patientin, die in einem vegetativen Zustand war, untersucht, während man ihr suggerierte, sich ein Tennisspiel und ein Herumgehen im eigenen Haus vorzustellen, ganz so, als ob sie es selbst ausführen würde. Interessanterweise führte diese Aufgabe zu Aktivierungen in genau den Regionen, die auch bei gesunden Probanden mit Bewusstsein aktiv wurden. Dies waren beim Tennisspiel vor allem motorische Regionen (supplementär-motorisches Areal), da ja beim Tennis Bewegungen erforderlich sind. Hingegen waren es beim Herumlaufen im Haus, das eine starke räumliche Orientierung erfordert, Regionen, die räumliche Verarbeitung erlauben (Parahippokampus, parietaler Kortex).

Diese Befunde legen nahe, dass die Patientin aus Cambridge durchaus noch einen gewissen Rest an Bewusstsein besessen haben muss, da ihr Gehirn ansonsten nicht hätte auf die beiden Imaginationssituationen reagieren können. Können wir aber von dem Grad der Aktivierung im Gehirn den Grad des Bewusstseins ableiten? Und welches Bewusstsein wurde hier untersucht? Die erste Frage ist eine prinzipielle, die sowohl die Befunde selbst als auch unsere grundsätzlichen erkenntnistheoretischen Fähigkeiten betrifft. Die zweite Frage nach dem untersuchten Bewusstsein ist einfacher zu beantworten. Owen und seine Mitarbeiter haben das Bewusstsein der Umwelt untersucht und, so schließen sie, das muss noch irgendwie intakt gewesen sein.

Im Unterschied zum Bewusstsein der Umwelt wurde hier das Bewusstsein des Ich, das Ich-Bewusstsein oder Selbstbewusstsein, nicht untersucht. Das wurde jedoch von einer chinesischen Arbeitsgruppe unternommen. Hier wurden elf (bei Owen war es nur eine Patientin) Patienten mit einer Störung des Bewusstseins in der Bildgebung des Gehirns mittels der fMRT und dem Elektroenzephalogramm (EEG) untersucht. Den Patienten wurden akustische Stimuli präsentiert, der eigene Name, der Name eines engen Freundes oder Partners und der einer unbekannten Person. Die Stimuli mit dem eigenen Namen wiesen eine hohe Ich-Bezüglichkeit auf und testeten somit direkt die Reaktion des Gehirns auf das Ich.

Was zeigten die Befunde? Auch bei komatösen Patienten löste das Hören des eigenen Namens im akustischen Kortex, der Hirnrinde, wo akustische Signale und Stimuli als erstes im Gehirn verarbeitet werden, eine starke Aktivität aus. Im Unterschied dazu lösten fremde Namen, von einem Nicht-Ich, keinerlei Aktivität aus. Hier unterschieden sich die komatösen Patienten von gesunden Probanden, bei denen auch fremde Namen noch eine gewisse, wenn auch geringere Aktivität induzierten. Das Gehirn der komatösen Patienten reagiert also noch auf das Ich der Person. Die neuronale Reaktion auf das Ich ist bei diesen Patienten noch erhalten, wohingegen keinerlei Reaktion mehr auf ein Nicht-Ich besteht.

Die zentrale Bedeutung der Ich-Bezogenheit bei komatösen Patienten konnte auch noch in einem anderen Fall demonstriert werden. Forscher aus Jülich bei Düsseldorf präsentierten einer komatösen Patientin Wörter wie „Ananas“, „laufen“, „springen“. Dabei wurde die Sprachregion im Gehirn der Patientin aktiviert. Später wurden derselben Patientin Tonaufnahmen mit den Stimmen ihrer eigenen Kindern vorgespielt. Und siehe da, das führte nicht nur zu einer Aktivierung der Sprachregion, des sogenannten Broca-Zentrums, sondern auch des Mandelkerns (Amygdala), der für die emotionale Verarbeitung von Reizen zuständig ist.

Ob die Patientin allerdings die entsprechenden Emotionen beim Hören der Stimmen ihrer Kinder wirklich erlebt hat, muss offen bleiben. Klar ist, dass stark ich-bezogene Stimuli wie die Stimmen der eigenen Kinder zu einer Aktivierung im Gehirn führen, unabhängig davon, ob die Patienten noch Bewusstsein zeigen oder nicht.

Ich und Bewusstsein

Diese Befunde sind spannend, schön und gut. Geben sie aber auch Auskunft über die Frage nach dem Zusammenhang zwischen Ich und Bewusstsein? Die genannte chinesische Arbeitsgruppe hat genau diesen Zusammenhang untersucht. Sie haben, wie eben beschrieben, den Patienten hoch und niedrig ich-bezogene akustische Stimuli präsentiert und den Grad des Bewusstseins mittels einer vom Untersucher ausgefüllten Skala gemessen. Dann haben sie die neuronale Aktivierung während des Ich-Bezugs in einen Zusammenhang mit dem Grad des Bewusstseins gebracht; sie haben, in der Fachsprache, Korrelationen berechnet.

Dabei fand sich ein Zusammenhang zwischen dem Grad der Aktivität in einer bestimmten Region der vorderen Mittellinienstrukturen, dem anterioren cingulären Kortex, und dem Grad des Bewusstseins. Je stärker die Aktivität in diesen Regionen, desto stärker das Bewusstsein. Interessanterweise erholten sich genau die Patienten am besten und erlangten ihr Bewusstsein wieder, die drei Monate vorher die stärkste Aktivierung in den vorderen Mittelinienstrukturen gezeigt hatten. Kurz gesagt, die Wiedererlangung des Bewusstseins konnte durch den Grad der neuronalen Aktivität bei stark ich-bezogenen Stimuli vorhergesagt bzw. prädiziert werden.

Es gibt also einen Zusammenhang zwischen Ich und Bewusstsein. Wie aber gestaltet der sich genau? Lassen Sie uns einen kleinen Exkurs in die Philosophiegeschichte machen. Immanuel Kant, der berühmte deutsche Philosoph aus Königsberg im 18. Jahrhundert, ist der vielleicht größte Philosoph aller Zeiten. Er sieht das Bewusstsein der eigenen Person, das Ich-Bewusstsein oder wie die Philosophen auch sagen: Selbstbewusstsein, als die höchste Form des Bewusstseins an. Das Ich-Bewusstsein oder Selbstbewusstsein ist nicht nur die höchste Form des Bewusstseins, sondern auch die wichtigste, denn wenn sie ausfällt, fallen nach Kant auch alle anderen Formen des Bewusstseins aus. Ohne Ich-Bewusstsein mit seinem Bewusstsein des Selbst kann es kein Bewusstsein der Welt geben.

Kant und viele Philosophen und auch Neurowissenschaftler nach ihm sehen das Bewusstsein als die Basis und Grundlage für ein Ich an. Ohne Bewusstsein kein Ich. Die Befunde der chinesischen Arbeitsgruppe aber können das nicht bestätigen. Sie zeigen eine neuronale Aktivierung während eines Stimuli mit Ich-Bezug bei Patienten ohne Bewusstsein. Wenn das möglich ist, kann das Ich ja nicht vom Bewusstsein abhängig sein. Das Bewusstsein kann dann nicht die Basis oder Grundlage des Ich sein.

Vielleicht umgekehrt? Der Grad der Aktivierung während des Ich-Bezug-Stimulus bestimmt den Grad des Bewusstseins der komatösen Patienten? Man würde nun schließen, dass das Ich

selbst die Basis für das Bewusstsein darstellt. Ohne Ich kein Bewusstsein. Kant und seine Nachfolger in der Philosophenzunft werden sich jetzt im Grabe regen und rufen: Wir können von einem Ich nur sprechen, wenn wir es bewusst wahrnehmen. Ohne Bewusstsein also kein Ich. Die Annahme „Ohne Ich kein Bewusstsein" ist zirkulär und somit logisch widersprüchlich, da sie die Bedingung, das Bewusstsein, mit dem, was sie bedingt, das Ich, verwechselt.
Sind Sie mit einer solchen Antwort zufrieden? Nein, denn Sie werden zu Recht auf die chinesischen Befunde verweisen. Und darauf, dass schon die Psychoanalyse gezeigt hat, dass das Ich nicht bewusst sein muss. Im Gegenteil, die größten Anteile unseres Ich scheinen im Unbewussten zu bleiben. Die von den Philosophen stillschweigend vorausgesetzte Annahme eines bewussten Ich erweist sich somit als nicht haltbar. Die empirischen Befunde und die klinische Realität der komatösen Patienten sprechen eine andere Sprache, die Sprache des Ich und nicht die des Bewusstseins. Das Ich als unbewusstes Ich könnte somit durchaus die Basis und Grundlage des Bewusstseins sein. Also genau umgekehrt im Vergleich zu dem, was Kant und andere Philosophen so lange behauptet haben?
Halt, die Rechnung darf nicht ohne den Wirt gemacht werden, und der Wirt ist nun mal ein Philosoph. Kant wird einwenden, dass die Befunde der chinesischen Arbeitsgruppe lediglich auf einer Korrelation beruhen. Ein gleichzeitiges Auftreten der neuronalen Aktivität beim Ich und der Messung des Bewusstseinsgrades durch äußere Beobachtung. Eine Korrelation gibt aber keinerlei Auskunft über die Richtung der Beziehung; darüber, ob das Ich das Bewusstsein verursacht oder das Bewusstsein das Ich. Aufgrund dessen können die Befunde selbst keine Antwort auf die Frage nach der Beziehung zwischen Ich und Bewusstsein geben.

Ja, das ist bis hierhin richtig. Und es sollte uns Forscher anspornen, in der Zukunft bessere experimentelle Designs zu entwickeln, die nicht auf einer bloßen Korrelation zwischen Ich und Bewusstsein beruhen. Stattdessen sollte die kausale Interaktion zwischen Ich und Bewusstsein direkt getestet werden; das könnte uns einen Schritt in die Richtung der Beziehung zwischen Ich und Bewusstsein führen. Und man könnte sich natürlich auch den umgekehrten klinischen Fall vorstellen, bei dem noch Bewusstsein erhalten, aber kein Ich mehr gegeben ist. Dieser sollte allerdings in der klinischen Realität unmöglich sein, wenn das Ich in der Tat die Grundlage oder Basis des Bewusstseins ist. Die weitere Forschung wird es zeigen.

Nebel und Illusionen

Die Kriminalpsychologin ist perplex: „Meine Güte, das Ich ist aber heimtückisch. Da führt es uns jahrhundertelang auf die Fährte des Bewusstseins, während es selbst hinter seinem Kostüm genüsslich unsere Irrungen und Wirrungen verfolgt."
„Dem kommen wir nicht auf die Spur!", wirft der Kriminalhauptkommissar ein. „Eigentlich gefällt mir die Idee, dass das Ich eine Illusion ist. Wir sollten den Professor in dieser Annahme bestätigen und ihn drauf hinweisen, dass er vor einer Illusion ja keine Angst haben braucht. Und Aktendeckel zu!"
„Das klingt spannend", sagt die Kriminalpsychologin.
„Oh, du bist meiner Meinung, sehr schön!"
„Was? Nein, diese Mail hier. Der gestern angefragte Neurophilosoph bestätigt den Gesprächstermin. Seine Nachricht spricht von einer heißen Spur: Das Ich ist nicht mehr Bewusstsein, sondern ein Modell unseres Gehirns. Diese Spur führt zu Thomas Metzinger, einem deutschen Neurophilosophen, der be-

hauptet, dass das Ich als bloßes Modell an der Grenze zwischen Bewusstsein und Unterbewusstsein liegt."

Der Kommissar schöpft neue Hoffnung: „Ein bloßes Modell, sag ich doch. Das leuchtet zwar nicht ein, beendet aber diesen verflixt komplizierten und viel zu theoretischen Fall. Also her mit dem nächsten Herrn Professor."

Das Ich als Modell und Illusion

Wer ist Thomas Metzinger? Diese Frage ist nicht ganz unwichtig. Denn wenn dieser Mann behauptet, dass das Ich eine Illusion ist, so müsste auch sein eigenes Ich eine Illusion sein. Dies trifft aber glücklicherweise nicht zu, denn Metzinger hat unabhängig von unserem Modell von ihm eine reale Existenz. Er lehrt in Mainz an der dortigen Universität, hat Philosophie studiert und sich schon immer für das Ich und unser Bewusstsein von eben diesem Ich interessiert. Er untersucht daher das Ich in verschiedenen Zuständen, unter Drogen, in Meditation und bei psychiatrischen Erkrankungen.

All diese Untersuchungen lassen ihn zu dem Schluss kommen, dass das Ich eine Illusion ist. Es gibt kein Ich, das hinter all diesen subjektiven Erfahrungen und Erlebnissen steht, es gibt nur ein Gehirn, nichts als Gehirn. Und, das ist die Pointe bei Metzinger, es ist eben dieses Gehirn, das die Illusion eines Ich erzeugt. Wie ist es möglich, dass aus einer Masse an Zellen von Gehirn und Körper die Illusion eines Ich entsteht oder, wie er es nennt, ein Selbst?

Metzinger spricht von einem sogenannten Selbst-Modell. Ein Selbst-Modell ist ein Modell der eigenen Person. Aber, und das ist der Trick, dieses Modell der eigenen Person hat keinen physikalischen Inhalt, der von außen objektiv beobachtet werden kann, zum Beispiel durch einen Neurowissenschaftler. Stattdessen hat dieses Modell der eigenen Person einen subjektiven

Inhalt. Dieser spiegelt mein individuelles persönliches Erleben meiner selbst, meiner Umwelt und meines Körpers wider. Der Inhalt ist somit das, was die Philosophen und auch Metzinger, phänomenal oder bewusst nennen.

Das Modell der eigenen Person ist somit ein phänomenales Selbst-Modell, nicht aber ein physikalisches Modell, es hat also keine reale objektive und physikalische Existenz. Ein solch subjektives und phänomenales Selbst-Modell ist nach Metzinger ein kontinuierlich andauernder dynamischer Prozess. Dieser sollte nicht mit einer Substanz, einer Entität oder einer spezifischen Eigenschaft verwechselt werden, die hinter dem Prozess und dem phänomenalen Selbst-Modell stehen. Es gibt also nichts anderes als den kontinuierlichen Prozess der Bildung eines Selbst-Modells, ohne dass die Existenz eines Ich dahinterstehen würde.

Der Vorhang, hinter dem sich das Ich scheinbar versteckt, ist das Ich selbst. Der Vorhang ist aber nur ein Modell des Ich, da sich das Ich selbst in einem fortlaufenden Prozess konstruiert. Anzunehmen, dass hinter dem Vorhang oder dem Prozess noch ein Ich als Substanz, Entität oder spezielle Eigenschaft auf einem Stuhl sitzt und real existierend auf uns wartet, ist ein Trugschluss. Warum ist es ein Trugschluss? Man würde dann das Modell des Ich, das Selbst-Modell nach Metzinger, mit einem real existierenden Ich verwechseln. Man würde eine virtuelle Realität mit der realen Existenz verwechseln.

Genau das allerdings tun nach Metzinger die Philosophen immer wieder, wenn sie von einem Ich sprechen und seine reale Existenz annehmen. Es gibt kein real existierendes Ich hinter dem Modell des Ich, es gibt nur das Selbst-Modell und mehr nicht. Schluss, aus, Ende der Geschichte. Jede Annahme eines Ich über das Selbst-Modell hinaus bzw. hinter dem Selbst-Modell ist eine bloße Illusion, die das Selbst-Modell selbst erzeugt. Philosophen wie zum Beispiel Descartes sind also einer Illusion aufgesessen, wenn sie ein real existierendes Ich annehmen und es von der Existenz des Körpers unterscheiden.

So weit, so gut. Aber, direkt gefragt: Wie können Sie, lieber Herr Metzinger, ausschließen, dass es sich bei Ihrem Selbst-Modell nicht auch lediglich um eine Illusion handelt? Dann könnte auch dem Selbst-Modell selbst keine Existenz zugesprochen werden.

Metzinger argumentiert, dass er das phänomenale Selbst-Modell von einer höheren Ebene aus, der kognitiven Ebene, einsehen und untersuchen kann. Das phänomenale Selbst-Modell kann durch kognitive Prozesse des Verstandes, wie zum Beispiel Aufmerksamkeit, Sprache und Arbeitsgedächtnis, erfasst werden. Durch die entsprechenden kognitiven Prozesse kann das phänomenale Selbst-Modell als solches erkannt werden. Es kommt ihm somit eine Existenz als phänomenales Selbst-Modell zu, denn ansonsten wäre es nicht mit realen kognitiven Funktionen verknüpft. Allerdings zeigt eine solche Betrachtung eben auch, dass es sich bei dem phänomenalen Selbst-Modell um ein bloßes Modell handelt, hinter dem kein real existierendes Ich steht.

Neben der kognitiven Evidenz für das phänomenale Selbst-Modell sucht Metzinger aber auch noch andere Formen der Bestätigung für seine Annahmen. Er geht auf die Psychologen, Psychiater und Neurowissenschaftler zu und fragt sie, ob ihre Beobachtungen und empirischen Befunde mit seinem Konzept eines phänomenalen Selbst-Modells übereinstimmen oder nicht. So nimmt Metzinger zum Beispiel Störungen des phänomenalen Selbst-Modells bei psychiatrischen Erkrankungen wie der Schizophrenie an. Er postuliert, dass bestimmte Hirnregionen, vor allem solche, die mit dem Gewahrwerden und Bewusstsein des eigenen Körpers zusammenhängen, eine zentrale Rolle bei der Konstitution des phänomenalen Selbst-Modells spielen.

Transparenz und ein unbetretbarer Keller

Sie werden Herrn Metzinger jetzt vielleicht fragen wollen, wie und warum solch ein phänomenales Selbst-Modell überhaupt konstituiert werden kann. Wenn es kein Ich gibt, können wir doch auch kein Modell von einem Ich konstituieren. Ohne Vorlage kein Modell. Und Sie werden fragen, warum und wofür wir solch ein Selbst-Modell überhaupt brauchen. Können wir nicht besser ohne jegliches Selbst-Modell, egal ob physikalisch oder phänomenal, auskommen?

Metzinger spricht hier von Transparenz in einem genau definierten Sinne: Bestimmte Schritte, frühe Schritte des Prozessierens von Informationen, neuronal und psychologisch, sind nicht zugänglich für uns – sie bleiben unbewusst. Da sie unbewusst bleiben, können wir sie als solche nicht erfassen; sie sind wie alte Kisten in einem tiefen dunklen Keller, den wir nicht betreten können. Was aber tun, wenn man weiß, dass dort unten noch ein unheimlicher Keller ist, von dem man aber nicht weiß, was darin ist. Man tut einfach so, als ob der Keller nicht existiert, denn dann kann er das Gefühl der Unheimlichkeit nicht mehr auslösen. Man guckt also quasi durch den Keller hindurch – und dieses Hindurchgucken bezeichnet Metzinger als Transparenz.

Transparenz klingt toll und suggeriert bestimmte Fähigkeiten. Aber eigentlich steht der Begriff für eine Unfähigkeit, die Unfähigkeit, bestimmte Prozesse als solche zu erfassen. Metzinger spricht hier von autoepistemischer Gebundenheit. Wir können die frühen Schritte unserer eigenen neuronalen und psychologischen Prozesse als solche nicht wahrnehmen, denn wir sind unfähig, sie in unseren Fokus der Aufmerksamkeit und konsekutiv in das Bewusstsein zu bringen. Die frühen neuronalen und psychologischen Prozesse stellen also diesen tiefen dunklen Keller dar, der für uns verschlossen bleibt. Die einzige Möglichkeit, mit dem daraus resultierenden Gefühl der Unheimlichkeit umzugehen, ist, den Keller einfach zu ignorieren und durch ihn hindurchzuschauen – der Keller bleibt also transparent für uns.

Diese Transparenz ist nach Metzinger der Grund dafür, dass das Selbst-Modell subjektiv-individuell und phänomenal ist und nicht objektiv und physikalisch. Wenn ich den Keller selbst nicht betreten kann und mir nichts anderes übrig bleibt, als durch ihn hindurchzusehen, kann ich dies nur subjektiv und individuell auf der Grundlage meiner Selbst tun. Ich blicke also durch den Keller hindurch, auf der Grundlage meiner eigenen Position. Ich stehe vielleicht vor der Kellertür, wohingegen andere neben der Seitenwand stehen.

Wodurch aber definiert sich meine Position im Verhältnis zum Keller? Nach Metzinger ist hier der eigene Körper von zentraler Bedeutung. Der Körper verankert mich in einer bestimmten Position im Vergleich zu meinem eigenen Keller, den ich nicht betreten kann. Durch den Körper bin ich in der Welt verankert, der Körper ist das Bindeglied zwischen mir und der Welt. Der Körper trennt mich von der Welt und verbindet mich zugleich mit ihr.

Der mich verankernde Körper dient als Vorlage für die Entwicklung eines ersten Modells meines Selbst. Das Modell meines Körpers ist mein erstes phänomenales Selbst-Modell, auf das noch viele andere folgen werden, die kontinuierlich und dynamisch produziert werden. Die Verkörperung, das sogenannte *embodiment*, ist somit eine zentrale Grundlage der Möglichkeit der Konstitution des Ich in der Form eines phänomenalen Selbst-Modells im Sinne Metzingers.

Jetzt drängen sich weitere Fragen an Herrn Metzinger auf: Sehen Sie den Körper als das Haus oder die Residenz unseres Ich als phänomenales Selbst-Modell an? Wenn das so wäre, würden Sie ja das zum phänomenalen Selbst-Modell degenerierte Ich nicht mehr ausschließlich im Gehirn lokalisieren. Dann aber stellt sich die Frage nach der Rolle des Gehirns. Nach Metzinger stellt das Gehirn die für die Konstitution notwendigen kognitiven Funktionen zur Verfügung. Wenn diese verändert sind, so zum Beispiel bei Hirnläsionen und psychiatrischen Erkrankungen wie der Schizophrenie, ist auch das phänomenale Selbst-Modell verändert. Das Gehirn könnte danach das Mittel zum Zweck sein, der in der Erzeugung eines phänomenalen Selbst-Modells besteht.

Doch Vorsicht! Der eigentliche Zweck ist nicht das phänomenale Selbst-Modell selbst, sondern der Umgang mit unserer Unfähigkeit, unseren eigenen neuronalen und psychologischen Keller zu betreten. Und wir können mit dieser Unfähigkeit nur umgehen, indem wir einfach so tun, als ob wir durch den Keller hindurchschauen, der somit nach Metzinger transparent bleibt.

Warum eigentlich sind wir nicht in der Lage, unseren eigenen neuronalen und psychologischen Keller wahrzunehmen und zu betreten? Wenn das in der Tat so ist, müsste es ja bestimmte Prozesse geben, die einen solchen Zutritt verhindern. Ein Keller ist geschlossen, wenn ein Schloss vor seiner Tür hängt und ihn abriegelt. Wo aber sind Schloss und Riegel in den neuronalen Prozessen unseres Gehirns, die den Keller für uns abschließen und unbetretbar machen?

Metzinger gibt auf diese Frage keine Antwort. Er schweigt sich über die neuronalen und psychologischen Prozesse, die es uns unmöglich machen, unseren eigenen Keller zu betreten, aus. Er beschreibt sehr schön, was wir stattdessen machen, das Hindurchschauen bzw. die Transparenz. Hingegen erklärt er nicht, warum wir gezwungen sind hindurchzuschauen. Philosophisch gesprochen vernachlässigt er somit die (neuronalen und psychologischen) Bedingungen der Transparenz.

Autoepistemische Limitation

Im Kommissariat geht eine Nachricht des Neurowissenschaftlers ein, an die er einen Ausschnitt des neusten Dialogs, den er mit dem ICH geführt hat, angehängt hat. Auch sie dreht sich um die Ergebnisse von Metzinger – dann scheint diese Spur ja wirklich heiß zu sein.

@

ICH: Thomas Metzinger hat durch das Konzept der Transparenz einen faszinierenden Startpunkt gesetzt. Aber, wie üblich, das Ich scheint seine eigenen Spuren sofort wieder zu verwischen. So auch bei Metzinger. Anstatt den Bedingungen der Transparenz auf die Spur zu kommen und zu untersuchen, warum wir nicht in den Keller hineingehen können, folgt Metzinger den Kostümspielen des Ich. Und diesmal hat das Ich ein besonders nettes Kostüm an, nämlich das der virtuellen Realität, das Kostüm Selbst-Modell.

Professor: Was meinen Sie denn damit? Manchmal ist es wirklich schwer, Sie zu verstehen.

ICH: Das Ich scheint eine verführerische Kraft auf alle auszuüben, es bei seiner Kostümschau zu begleiten. Prét-a-porter. Der Vorhang ist offen für die Kostümschau des Ich. Aber wäre es nicht mal viel interessanter zu schauen, warum sich das Ich ständig versteckt? Ich jedenfalls würde mich sehr viel stärker dafür interessieren, mir den verschlossenen Keller einmal genauer anzuschauen, und sei es nur von außen. Dann könnte ich zumindest herausfinden, warum er verschlossen bleibt. Und wir könnten uns vielleicht vorstellen, wie er beschaffen sein muss und was dort drinnen für die

Kostümschau des Ich aufbewahrt wird. Vielleicht liegt ja in dem verschlossenen Keller auch das Geheimnis um die Steckdose unseres Gehirns begraben. Wenn ja, dann wäre der Schlüssel zum verschlossenen Keller vielleicht sogar der Schlüssel zu unserem Ich.

Professor: Ich verstehe immer noch nicht so richtig, was Sie meinen. Sie sprechen in Rätseln. Was meinen Sie bloß immer mit dem verschlossenen Keller? Das bleibt mir auch bei Metzinger und seinem Begriff der Transparenz völlig verschlossen.

ICH: Aber, Herr Professor. Wie kann Ihnen der verschlossene Keller nur verschlossen bleiben?

Professor: Nun werden Sie mal nicht höhnisch! Nix mit verschlossenem Keller! Ich kann alle neuronalen und psychologischen Prozesse im Gehirn selbst wahrnehmen und mittels der Bildgebung des Gehirns nachzeichnen. Das wollen Sie doch wohl nicht bezweifeln. Oder doch?

ICH: Nein, das bezweifle ich nicht. Die Frage ist nur, in Bezug auf welches Gehirn Sie diese Fähigkeit aufweisen.

Professor: Wieso welches? In Bezug auf alle Gehirne natürlich.

ICH: Aha, somit auch in Bezug auf Ihr eigenes. Nehmen Sie also die neuronalen und psychologischen Prozesse in Ihrem eigenen Gehirn als solche war? Dann müssten Sie jetzt nicht diese Zeilen auf Ihrem Bildschirm wahrnehmen, sondern die neuronalen Prozesse in Ihrem Gehirn, die es Ihnen ermöglichen, diese Zeilen wahrzunehmen und zu lesen. Aber selbst wenn Sie während des Lesens dieser Zeilen Ihr eigenes Gehirn und seine neuronale Aktivität mittels der Bildgebung visualisieren könnten, könnten Sie nicht entscheiden, ob die visualisierte Aktivität kausal mit genau dem men-

talen Zustand, den Sie beim Lesen erleben, zusammenhängt. Die Beziehung zwischen dem visualisierten neuronalen Zustand und dem erlebten mentalen Zustand bleibt intuitiv und korrelativ. Das ist es, was ich meine, wenn ich sage, dass Sie Ihr eigenes Gehirn als Gehirn nicht direkt wahrnehmen können, stattdessen erleben Sie das, was Bewusstsein und mentaler Zustand genannt wird.

Professor: Ich weiß noch nicht, ob ich das so akzeptieren kann.

ICH: Aber das ist genau der Punkt. Sie können nicht die neuronalen Prozesse Ihres eigenen Gehirns als neuronale Prozesse wahrnehmen. Ein deutscher, aktuell in Kanada lehrender Neurophilosoph, Georg Northoff, nennt dies autoepistemische Limitation. Es ist eine Limitation, weil Ihnen die neuronalen Prozesse in Ihrem eigenen Gehirn verborgen bleiben. Er spricht von „auto“, weil es Ihr eigenes Gehirn betrifft. Und diese Limitation ist „epistemisch“, da sie Ihre Fähigkeit zur Erkenntnis von sich selbst betrifft.

Professor: Das mag ja schön und gut sein. Aber andere können doch mein Gehirn und seine neuronalen Zustände als neuronale Zustände untersuchen.

ICH: Ja, das ist richtig, aber Sie können nie wissen, ob die von den anderen Personen gemessenen neuronalen Zustände wirklich die von Ihnen erlebten Bewusstseinszustände verursacht haben oder nicht.

Professor: Wenn Sie die autoepistemische Limitation ernst nehmen, müssten Sie auch bezweifeln, dass Sie überhaupt ein Gehirn haben. Denn dann könnten Sie sich nicht sicher sein, dass das Gehirn, was Sie in der Bildgebung sehen, wirklich das Ihrige ist und nicht das einer anderen Person. Sie können nicht sicher sein, dass Sie ein Gehirn haben. Was ich, kleiner Seitenhieb an meinen zugegebenermaßen gar nicht mal so dummen Erpresser, bei Ihnen ja auch nicht einschätzen kann.

ICH: Nein, ich würde nicht bezweifeln, dass das Gehirn existiert. Weder bei mir noch bei Ihnen ☺ . Nur hat es möglicherweise noch Eigenschaften, die wir selbst so nicht wahrnehmen können, möglicherweise aufgrund des Gehirns selbst. Und das Ich? Alles was Metzinger über die Illusion des Ich geschrieben hat, betrifft das Ich, das ist vollkommen richtig. Es betrifft aber nur eine bestimmte Auffassung des Ich, ein bestimmtes Konzept des Ich.

Professor: Wie definiert Metzinger denn das Ich Ihrer Meinung nach?

ICH: Metzinger scheint das Ich als eine Entität, als einen Gegenstand oder ein Objekt vorauszusetzen. Er scheint es als objektives Mastermind anzusehen, das in rein physikalischer Form existieren muss, entweder innerhalb oder außerhalb des Gehirns. Das Ich ist bei Thomas Metzinger eine Art objektiv-subjektive mentale Substanz, wie es schon der franzsösische Philosoph Descartes beschrieben hat.

Professor: Ja, aber Descartes haben wir doch schon längst hinter uns gelassen.

ICH: Seien Sie sich da mal nicht so sicher. Wir sind in der Lage, verschiedene Konzepte und Begriffe des Ich zu bilden. Das Konzept oder der Begriff des Ich als objektiv-subjektives nicht-neuronales Mastermind ist nur eine Möglichkeit. Es können aber auch andere Begriffe des Ich vertreten werden, wie zum Beispiel das Ich als Organisation oder Code wie im Falle des immunologischen Ich. Dann ist das Ich keine Entität oder Substanz mehr im Decartes'schen Sinne. Metzingers Argumente betreffen also lediglich ein bestimmtes Konzept des Ich, das Ich in einem bestimmten Sinne, wo-

hingegen sie nicht für andere Konzepte des Ich, zum Beispiel des Ich als Organisation oder Codierung, gültig sind.

Professor: Sollten wir uns dann nicht besser an das Gehirn selbst wenden und seine neuronalen Prozesse detaillierter untersuchen?

ICH: Nein, wir müssen nicht im Neuronengewitter des Gehirns weitersuchen, sondern wir müssen im Nebel der Konzepte und Begriffe, die wir selbst erzeugen, suchen. Und dann müssen wir sehen, welche dieser Begriffe und Konzepte am besten mit unseren Beobachtungen des Gehirns übereinstimmen.

Professor: Das klingt gut, aber die Ergebnisse der Neurowissenschaften werden doch zeigen, dass keines der Konzepte des Ich mit den Daten des Gehirns übereinstimmt. Das ist doch klar, denn wenn es kein Ich gibt, kann es auch keine übereinstimmenden Daten geben. Sie scheinen immer noch die Existenz eines Ich vorauszusetzen, wenn auch stillschweigend. Aber nochmals: Es gibt kein Ich. Es gibt nur das Gehirn.

ICH: Woher wissen Sie das? Das müssen Sie erst einmal erschöpfend untersuchen. Sie müssen die verschiedensten Konzepte mit den verschiedensten Fakten vergleichen und dann schauen, welche am besten übereinstimmen. Nur wenn keinerlei Konzept mit keinerlei Fakt übereinstimmt, können Sie die Schlussfolgerung ziehen, dass möglicherweise unser Begriff des Ich eine Illusion ist. Sie sprechen von Existenz des Ich und negieren diese. Ich spreche vom Konzept des Ich und seiner Übereinstimmung oder Nicht-Übereinstimmung mit den neuronalen Befunden, den Fakten der Neurowissenschaft.

Professor: Warum der Umweg über die Konzepte des Ich? Fangen Sie doch gleich mit den neuronalen Fakten selbst an.

ICH: Unser Gehirn selbst erzeugt doch unsere Konzepte. Wenn wir ein anderes Gehirn mit einer anderen neuronalen Prozessierung hätten, würden wir auch andere Konzepte und Begriffe haben. Stimmen Sie dem etwa nicht zu? Die Konzepte selbst nicht so ernst zu nehmen hieße, unser Gehirn nicht zu ernst zu nehmen.

Professor: Ich beobachte doch aber Fakten, das sollte doch immun von den Konzepten bleiben.

ICH: Diese Fakten können Sie aber nur in der Form von Konzepten und Begriffen fassen. Sie kommen um die Konzepte nicht herum. Unser Gehirn bietet uns offenbar zwei Zugangsweisen, den begrifflichen, der zur Bildung von Konzepten führt, und den beobachtenden, der uns Fakten gewinnen lässt. Es bleibt Ihnen also nichts anderes übrig, als die beiden Zugangsweisen, die uns unser Gehirn ermöglicht, nämlich Konzepte zu erzeugen und Fakten zu beobachten, direkt miteinander zu vergleichen und zu schauen, inwieweit sie übereinstimmen oder nicht.

Professor: Was bedeutet das in Hinsicht auf Metzinger und sein Konzept des phänomenalen Selbst-Modells?

ICH: Metzinger zeigt uns, dass ein bestimmtes Konzept des Ich, das Konzept des Ich als Substanz oder Entität, nicht zu den Fakten passt. Er schildert sehr eindrücklich, dass die neurowissenschaftlichen Fakten keinerlei Hinweise auf eine von den Neuronen des Gehirns unabhängige nicht-neuronale Substanz oder Entität geben. Dies zeigt also, dass die neurowissenschaftlichen Fakten, zum Beispiel die Aktivität in bestimmten Hirnregionen bei hohem Ich-Bezug, nicht zu dem Begriff oder Konzept des Ich, des Ich als Entität oder Substanz, passen.
Dieses bestimmte Konzept des Ich kann somit als Illusion entlarvt werden. Das heißt aber nicht, dass auch alle anderen Konzepte des

Ich nicht zu den Fakten passen. Die neurowissenschaftlichen Fakten sind nur mit dem Konzept des Ich als Entität oder Substanz nicht kompatibel. Dies aber schließt nicht aus, dass möglicherweise ein anderes Konzept des Ich, das das Ich nicht mehr als Entität oder Substanz definiert, besser zu den neurowissenschaftlichen Fakten passen könnte. Metzingers Schlussfolgerung, aus dem Ungleichgewicht zwischen dem Ich als Substanz/Entität und den neurowissenschaftlichen Fakten auf die Nicht-Existenz des Ich zu schließen, schießt also über das Ziel hinaus. Er kann nicht das Ich als solches als nicht existent und letztendlich als Illusion auffassen, wenn er dies nur für eine bestimmte Form des Ich, das Ich als Entität oder Substanz, gezeigt hat.

Professor: So richtig will ich mich nicht überzeugen lassen. Aber Sie argumentieren gut.

ICH: Ein Beispiel gefällig? Sie sind in eine neue Wohnung eingezogen und benötigen eine Küche. Sie gehen in den Laden nebenan, ein Fachgeschäft für Küchen. Dort wird ein bestimmtes Modell von Küchen vertrieben. Sie mögen es nicht und lehnen dieses Modell ab, da es, wie Sie sagen, nicht in Ihre Wohnung passt. So weit, so gut. Jetzt aber erzählen Sie Ihren Freunden auf der Party am Abend, dass es in der ganzen Stadt keine Küche gibt, die in Ihre Wohnung passt. Daher erklären Sie es für sinnlos, weiterzusuchen, und erklären das Projekt Küche zur Illusion. So ungefähr handelt Metzinger.

Wie weit sind wir nun bei der Fahndung nach dem Ich gekommen? Die letzte heiße Fährte hat uns zum Unterbewusstsein geführt, wo wir zumindest viele Spuren des Ich finden konnten, beispielsweise die von Sigmund Freud vorgeschlagene Dreiteilung in Ich, Über-Ich und Es sowie die Abwehrmechanismen des Ich, anhand derer es seinen Müll loszuwerden versucht. Es zeigte sich, dass das Ich ganz entscheidend auf die Umwelt angewiesen ist und erst in der Beziehung zur Umwelt konstituiert werden kann.

Wir haben beobachtet, dass die Fährte des Ich von den Spuren des Bewusstseins abzweigen kann. Das scheinbar so dunkle und bewusstlose Haus des komatösen Ich zeigte bei genauerem Hinschauen erstaunlich viel Licht. Das Licht des Ich flackerte in den Gehirnen dieser Patienten auf und determinierte dabei scheinbar den Grad des Bewusstseins.

Das warf schließlich die Frage auf, wie die beiden bisher verfolgten Fährten, die Fährte des Ich und die des Bewusstseins, zusammenhängen. Sind es zwei voneinander unabhängige Spuren oder setzt die eine die jeweils andere voraus? Ist das Ich die Grundlage für das Bewusstsein oder umgekehrt?

Trotz aller Evidenzen behaupten Neurophilosophen wie Thomas Metzinger weiterhin, dass das Ich nicht existiert und somit eine bloße Illusion ist: Die Spur der Existenz eines Ich ist lediglich die Spur einer Illusion, die wir uns selbst schaffen; es gibt nur ein Modell des Selbst, ein sogenanntes phänomenales Selbst-Modell, wohingegen ein Ich nicht existiert.

Eine andere Spur schien dann durch den letzten Dialog des Professors mit dem Phantom, dem ICH, auf. Hier ging es weniger um das Ich selbst und seine Existenz als vielmehr um Begriff und Konzept des Ich. Wir können verschiedene Konzepte des Ich bilden, möglicherweise auf der Grundlage unseres Gehirns. Die Tatsache, dass sich ein bestimmtes Konzept des Ich als Illusion erweist, heißt dabei aber noch lange nicht, dass das Ich überhaupt nicht existiert. Denn die Existenz des Ich könnte auch ein anderes Konzept betreffen als das von Metzinger oder anderen zurückgewiesene.

Wie aber können wir nun entscheiden, welches das „richtige" Konzept des Ich ist? Es wurde auf die Möglichkeit verwiesen, die verschiedenen Konzepte des Ich mit den neuronalen Fakten zu vergleichen. Ein solcher Abgleich ist die Domäne der Neurophilosophie, die philosophische Konzepte und neurowissenschaftliche Fakten miteinander verknüpfen will. Wie aber könnte eine solche Verknüpfung wirklich sinnvoll funktionieren?

Geiselnahme des Geistes durch das Gehirn

Der Kommissar stöhnt: „Hier kann man doch nur einen einzigen Schluss ziehen: Neurowissenschaften und genauso Philosophie sind ziemlich krank geworden auf ihrer Jagd nach dem Ich. Da ist dringend eine Therapie angeraten."
„Scheint mir auch so. Aber sag das nicht zu laut, und vor allem nicht dem Professor gegenüber", witzelt die Kriminalpsychologin.
„Und nun wollen sie sich auch noch verbinden. Aber warum nicht? Vielleicht hilft es ja. Die Verknüpfung von philosophischen Konzepten und neurowissenschaftlichen Fakten als heilsames Pflaster."
„Hm, könnte sein. Das einfachste ist, einen zu fragen, der vorgibt, sich mit beidem auszukennen, also noch mal einen Neurophilosophen."

Heilung durch Weisheit und Gehirn

Die Entstehung der Neurophilosophie

Die nordamerikanische Philosophin Patricia Churchland ist 1986 die erste, die den Begriff der Neurophilosophie in ihrem gleichnamigen Buch gebraucht. Sie behandelt darin verschiedene Probleme, die sich ergeben, wenn man den Geist oder die Seele, wie es die Philosophen zu nennen pflegen, im Gehirn lokalisieren will. Dieser Zusammenhang zwischen Geist und Gehirn wird zum ersten Mal von Descartes aufgebracht, der den Ort der Interaktion zwischen Geist und Körper in der Zirbeldrüse des Gehirns lokalisiert. Der erste Philosoph, der den Geist komplett im Gehirn verortet, ist Arthur Schopenhauer. Als Sohn einer reichen Hamburger Kaufmannsfamilie ist er in der Lage, (gemeinsam mit seinem Pudel) von seinem ererbten Vermögen zu leben, ohne einem Broterwerb nachgehen zu müssen. Er hat also ein Leben lang Zeit für die Philosophie. Und er nutzt sie intensiv.

Schopenhauer spricht dem Gehirn eine Doppelrolle zu: Wir können das Gehirn einerseits betrachten, genauso wie wir andere Dinge wie zum Beispiel einen Tisch betrachten können. Das Gehirn ist also, wie Schopenhauer sagt, Objekt unserer Erkenntnis. Zugleich aber ermöglicht es uns die Wahrnehmung und Erkenntnis des Tisches. Das macht nicht die Leber, die Milz oder die Niere. Wir nehmen den Tisch auch nicht mittels unseres Magens wahr. Es ist das Gehirn, das uns die Wahrnehmung und Erkenntnis des Tisches als Tisch ermöglicht. Das Gehirn ist somit auch Subjekt der Erkenntnis.

Obwohl viele Psychologen und Philosophen nach Schopenhauer ebenfalls die Bedeutung des Gehirns für unsere Erkenntnis hervorheben, entwickelt sich die volle Kraft dieses Gedankens erst in der jüngsten Zeit. Je besser die Neurowissenschaftler das Gehirn und seine verschiedenen Funktionen erfassen können, desto deutlicher wird, dass das Gehirn auch bei mentalen Aktivitäten, wie zum Beispiel Bewusstsein, eine zentrale Rolle spielen muss. Bewusstsein kann heute nicht mehr einem Geist zugeschrieben werden wie noch bei Descartes, sondern muss im Gehirn selbst verortet werden.

Neben dem Bewusstsein gibt es noch andere mentale Phänomene wie den freien Willen, das Selbst, die Empathie, das moralische Urteilen und viele weitere. Eine Spezialdisziplin innerhalb der Neurowissenschaft, die Kognitive Neurowissenschaft, hat sich der Untersuchung dieser Gegebenheiten verschrieben. Sie untersucht also Phänomene, die ursprünglich dem Geist zugeschrieben wurden.

Stellen Sie sich nun einmal vor, was das für die Philosophie bedeutet. Der Geist wurde bis vor Kurzem als Domäne dieser

Disziplin angesehen. Geistige Funktionen wie Bewusstsein, freier Wille und moralisches Urteil wurden also in der Philosophie diskutiert. Die Methodik dieser sehr alten Wissenschaftsrichtung orientiert sich stets an Begriffen und Konzepten, untersucht diese und prüft dabei insbesondere, ob Definition und Kriterien des fraglichen Begriffes in Übereinstimmung mit denen anderer Begriffe und Konzepte sind. Wenn beispielsweise das Bewusstsein als zentrales Merkmal des Geistes in einer bestimmten Weise definiert wird, muss auch der Begriff des Geistes auf eine entsprechende Art determiniert werden. Die Philosophie untersucht also die Definition von Begriffen und Konzepten, indem sie deren logische Verknüpfungen analysiert.

Genau diese Form der logischen Begriffsanalyse wird nun durch die empirische Erforschung der geistigen Funktionen in den Kognitiven Neurowissenschaften in Frage gestellt. Auf der philosophischen Seite ist diese Entwicklung von Patricia Churchland mit ihrem Buch *Neurophilosophie* angestoßen worden. Churchland fragt sich, ob eine solche philosophische Begriffsuntersuchung noch adäquat ist. Funktionen des Geistes wie Bewusstsein, freier Wille etc. hängen offensichtlich eng mit Gehirnfunktionen zusammen – dies zeigt uns die Kognitive Neurowissenschaft. Wenn aber das Bewusstsein eng mit dem Gehirn verknüpft ist, dann müssen wir das Gehirn selbst erforschen und nicht vordergründig die daraus hervorgehenden Begriffe und Konzepte.

Die logische Analyse der Begriffe wird nun durch eine empirische Untersuchung des Gehirns ersetzt. Die im Zuge der Entstehung dieser Auffassungen geborene Neurophilosophie tut genau das. Sie schlägt vor, dass wir ursprünglich philosophische Begriffe wie Bewusstsein und Selbst nicht mehr rein logisch und begrifflich untersuchen, sondern empirisch und neuronal. Die Neurowissenschaft versucht somit, die Philosophie zu ersetzen.

Die neurophilosophische Therapie

Das Ausmaß dessen, was das für die ursprünglich philosophischen Konzepte wie Geist, Bewusstsein, freier Wille etc. bedeutet, ist nicht zu unterschätzen. Diese Konzepte sind nun nicht mehr philosophische Gebilde im Kopf eines Denkers, sondern neuronale Funktionen des Gehirns unterm Blick des Neurowissenschaftlers. Churchland geht aber noch einen Schritt weiter, indem sie behauptet, dass auch die ursprünglichen philosophischen Konzepte nichts weiter als neuronale Funktionen des Gehirns sind. Also brauchen wir die philosophischen Konzepte selbst nicht mehr und können sie eliminieren. Wir können sie als überflüssigen Abfall auf dem Müllplatz der Geschichte entsorgen.

Alles was ursprünglich philosophisch war, wird jetzt zur Funktion des Gehirns. Neuronalisierung statt Konzeptualisierung. Wenn aber alles neuronalisiert werden kann, ist die Philosophie nicht mehr notwendig und kann komplett durch die Neurowissenschaften, speziell die Kognitiven Neurowissenschaften, ersetzt werden. Die Neurophilosophie selbst ist dann nur ein Zwischenstadium auf dem Weg von der Philosophie zu den wahren Neurowissenschaften. Die Philosophie, wie sie lange in den Wissenschaften vorherrschte, wird letztlich komplett durch die Neurowissenschaften verdrängt. Der Totalitarismus, den die Philosophie lange ausübte, wird jetzt, überspitzt formuliert, durch den Totalitarismus der Neurowissenschaften ersetzt.

Der heute gängige Begriff der Neurophilosophie ist daher insofern irreführend, als dass er suggeriert, dass sich hier zwei Disziplinen, Philosophie und Neurowissenschaften, zusammengetan haben und miteinander eine Verknüpfung eingegangen sind. Churchland strebt eine solche Verknüpfung nicht wirklich an, sie möchte die totale Auflösung der Philosophie. Die einzige Rolle, die der Philosophie bei ihr noch zukommt, ist die des Kommentators, der die Ergebnisse der Neurowissenschaften zusammenfasst und in Form einer Theorie oder „Philosophie“ der Neurowissenschaften formuliert. Der Begriff der Neurophilosophie ist somit eher metaphorisch als konkret gemeint.

Jetzt ist es interessant zu untersuchen, was dies für die Methodik der neuen Richtung bedeutet. Die Neurophilosophie im Sinne Churchlands verschreibt sich ganz der neurowissenschaftlichen Methodik, der empirischen Untersuchung der neuronalen Funktionen des Gehirns mittels der Beobachtung durch einen Forscher, den Neurowissenschaftler. Er untersucht das Gehirn und manipuliert seine Funktionen durch geschickte Experimente, die auf die fragliche Funktion zielen.
Nehmen Sie zum Beispiel die Techniken der funktionellen Bildgebung des Gehirns, die ganz zentral für diese Wissenschaften sind. Methoden wie die funktionelle Magnetresonanztomographie (fMRT) erlauben es dem Forscher zum Beispiel, die neuronalen Veränderungen im Gehirn bei bestimmten psychologischen Aufgaben wie dem Fällen einer Entscheidung oder spezifischen Zuständen wie bei erlebten Gefühlen nachzuvollziehen. Solche psychologischen Funktionen oder mentalen Zustände lassen sich dabei natürlich auch geschickt im Experiment induzieren – und schon können die mit ihnen einhergehenden neuronalen Veränderungen beobachtet werden. Um dabei andere psychologische Funktionen oder mentale Zustände als Wirkfaktoren auszuschließen, werden entsprechende Kontrollbedingungen eingefügt, die sich nur in Bezug auf die untersuchte Frage unterscheiden, ansonsten aber identisch sind. Dann ist eine Gruppe beispielsweise depressiv, eine Kontrollgruppe nicht, alles andere aber ist im Experiment genau gleich. Der Neurowissenschaftler gestaltet sich also

durch einen experimentellen Zugriff die Situation so, dass er die von ihm beobachteten neuronalen Veränderungen direkt mit dem in Verbindung bringen kann, was er gemessen hat. Seine empirische Methodik ist somit durch Beobachtung und Experimente gekennzeichnet.

Wo aber bleibt bei der Neurophilosophie, die eben diese Verfahren bevorzugt, die philosophische Methodik, die ja auf der logischen Analyse von Begriffen und Konzepten beruht und sich in der traditionellen Ausprägung als „Lehnstuhlphilosophie" die Hände nicht durch Experimente schmutzig macht? Churchland sieht die Etablierung der Neurophilosophie als methodische Befreiung an, denn sie befreit den Geist aus dem, was man die konzeptuelle Versklavung der Philosophie nennen kann. Es ist durchaus richtig, dass die neurophilosophische Revolution diese Versklavung des Geistes durch die Philosophie auflöst. Aber sie ersetzt den alten, den konzeptuellen Totalitätsanspruch, durch eine neue Totalität, die empirische. Die konzeptuelle wird also gegen die empirische Versklavung ausgetauscht.

Philosophie des Geistes als Therapie

Aber die Neurophilosophie würde ihren zweiten Namensteil nicht verdienen, wenn es nicht auch komplexere Modelle geben würde. Churchland schafft die Philosophie quasi ab und ersetzt sie als Disziplin durch die Neurowissenschaften – der Name Neurophilosophie ist bei ihr daher eher in einem metaphorischen als in einem konkreten Sinne gewählt. Ein anderer sehr bekannter Philosoph der Gegenwart, John R. Searle, der in Berkeley an der amerikanischen Westküste lehrt, sieht die Sachlage etwas komplexer und differenzierter. Er betrachtet die Philosophie des Geistes als zentrale philosophische Disziplin. Sie beschäftigt sich mit der begrifflichen und konzeptuellen

Charakterisierung von mentalen Aktivitäten wie freier Wille, Bewusstsein, Selbst etc. Die Philosophie des Geistes zielt also auf eine konzeptuell-logische Durchdringung von mentalen Aktivitäten, die dem Geist zugeschrieben werden. Als solche hat sie eine doppelte Funktion. Zunächst einmal stellt sie die sogenannten großen Fragen: „Was ist Geist?“, „Was ist Bewusstsein?“, „Warum haben wir überhaupt Bewusstsein?“ – Searle nennt dies die Rahmenfragen, *framework questions*.

Die Untersuchung dieser Fragen ist die traditionelle Domäne der Philosophie, die sie von den empirischen Wissenschaften wie Chemie, Biologie oder Neurowissenschaft unterscheidet. Was aber, wenn der Gegenstand der Untersuchung, wie zum Beispiel mentale Aktivitäten, immer mehr durch „kleine Fragen“ der empirischen Wissenschaft, der Neurowissenschaft im Speziellen, vereinnahmt wird? Rückzug aus dem Kampffeld, ob geordnet oder ungeordnet, und dem Gegner die Waffen kampflos überlassen. Das ist die Medikation, die Patricia Churchland der in Bedrängnis geratenen Philosophie mit ihrer Form der Neurophilosophie verschreibt.

Searles Rezept sieht anders aus: Er denkt nicht an Rückzug, sondern an eine flexible Anpassung an den Feind. Sein Motto lautet: Schaue dir seine Waffen an und du siehst, wie du die deinen gestalten musst – die philosophischen Begriffe und Konzepte müssen an die Notwendigkeiten der Neurowissenschaften angepasst und die Begriffe des Geistes und seiner mentalen Aktivitäten so gestaltet werden, dass sie eine empirische Untersuchung erlauben. Die zweite Aufgabe innerhalb der Doppelfunktion der modernen Philosophie ist nach Searle somit die Anpassung der philosophischen Begriffe und Konzepte an die neurowissenschaftliche Methodik von Beobachtung und Experiment.

Wie sieht eine solche Anpassung aus? Ein für die Philosophie traditionell entscheidendes Begriffspaar ist das von Subjektivität und Objektivität. Der Begriff der Subjektivität beschreibt das individuelle Erleben bestimmter Inhalte, das nur die erlebende Person selbst, nicht aber jemand anders erfahren kann. Bewusstsein ist an eine individuelle Person gebunden, wir erleben zum Beispiel bestimmte Gefühle bewusst, die der Partner so nicht erlebt und nacherleben kann – zumindest kann niemals eine sichere Übereinkunft diesbezüglich gefunden werden. Subjektivität, subjektives Erleben und Bewusstsein sind somit an die Erste-Person-Perspektive gebunden.

Im Unterschied dazu steht das Konzept der Objektivität. Hier handelt es sich um Beobachtungen, die durch andere nachvollzogen und somit objektiviert werden können. Beobachtungen in einem objektiven Sinne sind solche, die nicht an eine individuelle Person gebunden sind, dies beschreibt die sogenannte Dritte-Person-Perspektive.

Die große Frage der Philosophie des Geistes und der Neurophilosophie ist nun folgende: Wie verbinden sich Geist, der nur individuell erlebbar und somit subjektiv ist, und Gehirn, das objektiv beobachtbar ist? Kurz gefasst: Wie kommt das Subjekt in ein Objekt? Auch hier gibt es verschiedene Möglichkeiten. Man kann das Subjekt eliminieren und sagen, dass das, was subjektiver Geist ist, nur eine Illusion und in Wirklichkeit nichts als objektives Gehirn ist. So macht es (mehr oder weniger) Churchland.

Searle geht einen anderen, viel geschickter ausgestalteten Weg. Er sagt ganz einfach, dass das, was subjektiv ist, genauso existiert wie das, was objektiv ist. Wenn wir etwas in der Perspektive der ersten Person subjektiv erleben, ist es genauso real wie das, was wir in der Dritten-Person-Perspektive beobachten. Und, das ist entscheidend, beide, Erste- und Dritte-Person-Perspektive, zielen auf unterschiedliche Realitäten und Existenzen, eine sogenannte Erste- und Dritte-Person-Ontologie, wie Searle es nennt.

Wie aber findet nun die von Searle postulierte Erste-Person-Ontologie ihren Weg in das Gehirn, also dorthin, wo es von den Neurowissenschaftlern objektiv betrachtet werden kann? Ganz einfach. Wenn das in der Ersten-Person-Perspektive subjektiv Erlebbare real ist und existiert, muss es auch einem separaten Prozess im Gehirn entsprechen. Dadurch, dass es real ist, muss Subjektivität auch im Gehirn und somit in der physischen Welt verankert sein. Dann aber können wir die Subjektivität von beispielsweise Bewusstsein auch objektiv wahrnehmen und experimentell untersuchen. Genauso wie die Verdauung als erfassbare Realität und Existenz in Magen und Darm lokalisiert ist, ist die Realität und Existenz von Subjektivität in der Gestalt geistiger Funktionen im Gehirn verankert.
Wenn nun der Subjektivität selbst eine eigenständige Realität und Existenz zugestanden wird, kann sie auch im Gehirn verortet und dort von den Neurowissenschaftlern untersucht werden. Searle macht hiermit einen ursprünglich philosophischen Begriff, den der Subjektivität, den Neurowissenschaften zugänglich. Er baut somit eine Brücke von der konzeptuell-logischen Analyse der Philosophie zur experimentellen Beobachtung in den Neurowissenschaften. Er passt den Begriff und das Konzept der Subjektivität an die Notwendigkeiten der Neurowissenschaften an und öffnet ihn für deren Methoden.

Thesen auf wackligen Füßen

Anders als Churchland nimmt Searle das Eigenrecht von Konzepten wahr. Konzepte und Begriffe können nicht einfach wie ein Urwald gerodet und eliminiert werden, wie Churchland es vorschlägt. Das, was wir beobachten können, ist immer schon durch unsere Begriffe und Konzepte geprägt und vorbestimmt. Und genau dies scheint sich Searle zu Nutze zu machen, wenn er vorschlägt, unsere philosophischen Konzepte und Begriffe den neurowissenschaftlichen Methoden, der Beobachtung von Realitäten und Existenzen, anzupassen. Also ein recht cleverer Schachzug des Herrn Dr. Searle.

Jetzt aber kommen Zweifel auf. Was passiert, wenn hinter den Begriffen und Konzepten, die wir an unsere neurowissenschaftliche Methodik anpassen, nicht wirklich eine separate Realität und Existenz steht? Es darf doch erstaunen, dass Searle genau zu wissen scheint, dass der Subjektivität eine eigene Realität und Existenz zukommt. Da muss man sich doch fragen, wie er diese Annahme zur Basis alles Weiteren machen kann.

Metzinger zum Beispiel würde behaupten, dass die von Searle postulierte eigene Realität und Existenz der Subjektivität eine Illusion ist. Es gibt lediglich ein Modell von Subjektivität, nicht aber die Subjektivität selbst. Searle, so würde Metzinger wohl sagen, verwechselt die Realität und Existenz des Modells der Subjektivität mit der Subjektivität selbst. Hat Searle sich also geirrt?

Was bedeutet eine solche Möglichkeit des Irrtums für die Methodik der Neurophilosophie? Die philosophischen Konzepte und Begriffe haben eine Beziehung zu den neurowissenschaftlichen Beobachtungen, den Fakten. Wenn das nicht der Fall ist, muss, wie von Searle gesagt, eine solche Beziehung hergestellt werden. Umgekehrt müssen aber auch die neurowissenschaftlichen Fakten mit den philosophischen Konzepten und Begriffen verknüpft werden.

Es ist geradezu naiv von Searle, das Letztere zu vernachlässigen, weil er dadurch, bei einer Übereinstimmung der Fakten mit den Konzepten, seiner Position zusätzliches Gewicht im Vergleich zu Churchland verschaffen könnte. Genauso wie langjährige Beziehungspaare meist beiderseitig verbandelt sind, sind auch philosophische Konzepte und neurowissenschaftliche Fakten bilateral und komplex miteinander verzahnt. Beziehungspartner sind häufig wie Schlüssel und Schloss. Genauso scheinen auch Fakten ein Schüsselloch bzw. Schloss zu sein, in das Konzepte als Schlüssel hineinpassen, und umgekehrt. Manchmal aber passt der Schlüssel nicht zum Schloss oder das Schloss erweist sich als inadäquat für den Schlüssel.

Mysteriöse Therapie

Es gibt Philosophen des Geistes, die die zentrale Rolle des Gehirns nicht bestreiten, ihm aber neben neuronalen noch andere nicht-neuronale Eigenschaften zusprechen. Dies sind Colin McGinn und Thomas Nagel, deren Thesen häufig auch als unklar, undefiniert oder, wie man im Englischen sagt, mysteriös bezeichnet werden.

Colin McGinn diskutiert bei der Herleitung seiner These zunächst einmal die Grenzen unserer Erkenntnis. Wir können die externe Welt wahrnehmen, wir können sie in der Ersten-Person-Perspektive subjektiv erleben und wir können sie in der Dritten-Person-Perspektive beobachten. Neben der Wahrnehmung der äußeren Welt können wir uns mittels der Introspektion selbst wahrnehmen. Wir können in unser eigenes Ich schauen und wahrnehmen, welche Gedanken wir haben, die Art der Gefühle etc.

Wahrnehmung und Introspektion erfassen die Welt und die eigene Person im Bewusstsein. Dies entspricht den sogenannten Oberflächen-Eigenschaften des Bewusstseins, so McGinn. Wo aber eine Oberfläche ist, da ist auch eine Tiefe, die sich unter und hinter der Oberfläche versteckt. McGinn nimmt daher versteckte Eigenschaften im Bewusstsein wahr, das heißt Bewusstsein ist mehr als das, was wir wahrnehmen, sei es in der Welt mittels Wahrnehmung oder in uns selbst mittels der Introspektion.

Stellen Sie sich die folgende Situation vor: Sie sind mit dem Fahrrad auf einer Straße unterwegs. Da sehen Sie ein Auto, das vorn am Heck beschädigt ist, und einen aufgeregten Fahrer, der auf der Straße hin- und herläuft. Sie sind sicher: Da muss mehr dahinter sein, das sind nicht einfach nur ein kaputtes Auto und ein aufgeregter Mensch. Da steckt möglicherweise ein anderer Fahrer mit einem weiteren Auto dahinter, die Verursacher des Schadens. Und der Fahrer des beschädigten Autos ist vielleicht deshalb so aufgeregt, weil der andere Fahrerflucht begangen hat.

So ähnlich sieht McGinn die Situation mit dem Bewusstsein. Die oberflächlichen Eigenschaften des Bewusstseins entsprechen dem, was wir sehen: den aufgeregten Fahrer vor seinem beschädigten Auto. Dahinter aber verbergen sich die versteckten Eigenschaften des Bewusstseins, die dem „versteckten" anderen Fahrer als Verursacher der sichtbaren Situation entsprechen.

Der aufgeregte Fahrer wird die Polizei benachrichtigen, die sich auf die Suche nach dem anderen Fahrer begeben wird. Was aber können wir in Sachen Bewusstsein tun? McGinns Antwort ist ganz einfach: Wir begeben uns auf die Suche nach den versteckten Eigenschaften des Bewusstseins. Das aber könnte schwierig werden, da wir nur unsere Wahrnehmung und die Introspektion zur Verfügung haben – das ist nicht ausreichend. Das ist so, als wollte die Polizei den Unfallverursacher mit Hilfe völlig veralteter Landkarten stellen. Und anders als die Polizei ihre Landkarten können wir unsere Wahrnehmung und Introspektion nicht weiterentwickeln. Wir sind auf Gedeih und Verderb an sie gebunden, da wir weder über die Wahrnehmung noch die Introspektion hinausgehen können. Aufgrund dieser Limitation können wir die versteckten Eigenschaften des Bewusstseins nicht erfassen, sie bleiben uns daher prinzipiell verborgen. Das ist so, als wäre der straffällige Fahrer mit einem Ufo geflüchtet, das die Polizei auch mit modernster Technik nicht orten kann.

McGinn sagt, dass wir aufgrund unserer Gebundenheit an Wahrnehmung und Introspektion „kognitiv geschlossen" sind. Die Einsicht in diese kognitive Geschlossenheit als die Limitation unserer möglichen Erkenntnis zeigt, dass hinter dem Bewusstsein mehr stecken muss als nur seine oberflächlichen Eigenschaften. Was aber ist dieses „mehr" des Bewusstseins, das hinter unserer Wahrnehmung und Introspektion versteckt bleibt? Da wir die Grenzen unserer Wahrnehmung und Introspektion nicht überschreiten können, können wir keine positiven Aussagen über die versteckten Eigenschaften des Bewusstseins machen. Niemand kann sie beobachten, keiner hat sie jemals gesehen. McGinn bezeichnet sie als „Eigenschaft P". Diese Eigenschaft P muss im Gehirn selbst lokalisiert sein und alles das ausmachen, was wir Bewusstsein oder Geist nennen. Die versteckte Eigenschaft P muss dabei auch die Funktion des Mittlers zwischen physikalischen und mentalen Eigenschaften innehaben.
Wie aber ist die Eigenschaft P beschaffen? Sie kann weder mental sein wie unser Bewusstsein, denn sie kann das Bewusstsein als mentalen Zustand nicht verursachen und gleichzeitig im Gehirn und seinen Neuronen verankert sein. Zugleich kann sie aber auch nicht neuronal und somit physikalisch sein, denn das hieße, den Übergang zu mentalen Zuständen wie Bewusstsein offen zu belassen. Näheres können wir aufgrund der Grenzen von Wahrnehmung und Introspektion allerdings nicht sagen. Die versteckte Eigenschaft des Bewusstseins, Eigenschaft P, bleibt damit unbestimmt und, wie Neurophilosophen wie Churchland sagen, mysteriös.
Klar ist nach Colin McGinn, dass die Eigenschaft P irgendwo im Gehirn lokalisiert sein muss. Wenn wir kein Gehirn mehr haben, haben wir auch kein Bewusstsein. Also muss die Eigenschaft P eine Eigenschaft des Gehirns sein. Damit wird aber nicht nur die Eigenschaft P mysteriös, sondern in gewisser Weise auch das Gehirn selbst.

Doppeltes Mysterium

Sie werden sich jetzt denken, dass die Diagnose einer Grenze in unserer Erkenntnis, in Wahrnehmung und Introspektion, vielleicht gar keine so schlechte Diagnose ist. Ist die Begrenztheit unserer Erkenntnis nicht sogar eine Alltagserfahrung? Immer wieder täuschen wir uns bezüglich anderer und auch der eigenen Person, wenn es zum Beispiel darum geht, Absichten zu entschlüsseln. Das scheinen Neurophilosophen wie Churchland zu ignorieren, wenn sie meinen, alles erkennen zu können, und das Bewusstsein auf das Gehirn zurückführen. Sie scheinen sich zu Gott selbst aufzuschwingen, allerdings nicht zu einem religiösen, sondern zu einem neuronalen Gott, dem Gott des Gehirns.

Dagegen geht Colin McGinn an, wenn er von einer Limitation und den Grenzen unserer Erkenntnis spricht. Gott hat eine unbegrenzte Erkenntnis, er weist keinerlei Limitation auf, deswegen ist es Gott. Der Mensch ist aber nicht Gott. Daher ist seine Erkenntnis nicht unbegrenzt, wir können also zumindest nicht ausschließen, dass die Erkenntnis des Menschen Grenzen aufweist. Da Neurowissenschaftler und Neurophilosophen auch nur Menschen sind, obwohl sie es manchmal zu vergessen scheinen, können auch bei ihnen Grenzen in der Erkenntnis nicht ausgeschlossen werden. Nichts anderes diagnostiziert Colin McGinn.

Aber eine gute Diagnose führt nicht unbedingt auch zu einer guten Therapie. Zumal, wenn man sich die Art und Weise der Therapie von den Neurowissenschaftlern und Neurophilosophen abschaut, also von denen, die unbegrenzte Erkenntnis voraussetzen. Genau das tut McGinn: Wie versucht er, die Begrenztheit unserer Erkenntnis zu therapieren? Ganz einfach, er tut genau das, was ihm die Neurophilosophen vormachen. Er verlagert den Grund für die Limitiertheit einfach in das Gehirn selbst – er projiziert sie in das Gehirn. So kommt er dann zu der Annahme einer versteckten Eigenschaften im Gehirn, der mysteriösen Eigenschaft P.

Das aber bezeichne ich als eine schlechte Therapie. Sie setzt genau das voraus, was sie verneint. Wie kann Colin McGinn eine Eigenschaft P, und sei sie noch so versteckt, annehmen und sie noch dazu im Gehirn lokalisieren, wenn seine eigene Erkenntnis doch begrenzt und limitiert auf Wahrnehmung und Introspektion ist? Seine Behauptung ist ebenfalls als naiv zu bezeichnen. Die mysteriöse ist damit genau so naiv wie die neurophilosophische Therapie.

Denn woher weiß McGinn, dass sich hinter den für uns nicht wahrnehmbaren oberflächlichen Eigenschaften des Bewusstseins eine versteckte Eigenschaft verbirgt, die dazu noch im Gehirn lokalisiert werden kann? Sie erinnern sich an das obige Beispiel, wo Sie als Fahrradfahrer den wild umhertigernden Fahrer eines beschädigten Autos sahen? Sie nehmen an, dass es ein Unfall war und dass ein anderer, jetzt nicht sichtbarer Mensch Fahrerflucht begangen hat. Das ist aber nur eine Annahme, denn es könnte auch anders sein. Ob der andere Fahrer, der Fahrerflucht begangen hat, wirklich existiert, wissen Sie nicht. Sie können es aufgrund der für Sie wahrnehmbaren Situation nicht entscheiden. Vielleicht hat den herumlaufenden Fahrer der Anruf seiner Freundin erreicht, die ihm sagte, dass Schluss ist – und er ist vor Schreck und Wut gegen ein Verkehrsschild gefahren, das aber keine für Sie sichtbaren Unfallspuren zeigt. Es könnte aber auch wieder ganz anders gewesen sein. Jegliche Annahme ist bloße Spekulation und bleibt mysteriös.

Der Unfall könnte auf hunderterlei Weisen verlaufen sein. Sie wissen es nicht. Colin McGinn aber gibt im übertragenen Sinne vor, dass er als Fahrradfahrer sehr wohl weiß, dass der Unfall durch einen fliehenden Fahrer verursacht wurde. Er meint sogar zu wissen, wo sich der Flüchtige befindet. Er ist ins „tiefe

Innere des Gehirns“ geflohen, wie es Thomas Nagel, ein anderer mysteriöser Neurophilosoph, ausdrückt. Das Gesuchte befindet sich also im Gehirn. Woher aber wissen McGinn und Nagel das? Sie können es eigentlich nicht wissen, da sie nur über die alten Landkarten verfügen – Wahrnehmung und Introspektion –, auf denen weder der Weg ins „tiefe Innere des Gehirns“ noch das „tiefe Innere des Gehirns“ selbst beschrieben und verzeichnet sind. Solche Orte gibt es auf den Landkarten ihrer Erkenntnis nicht. Trotzdem aber meinen sie zu wissen, dass es einen fahrerflüchtigen Fahrer gibt, der sich an einem bestimmbaren Punkt aufhält. Ein solches Wissen ist aber für sich genommen mysteriös.

Wir haben es also mit einem doppelten Mysterium zu tun. Die Eigenschaft P selbst ist mysteriös, und die Annahme des Wissens um eine solche Eigenschaft P und ihre Lokalisation im Gehirn ist und bleibt mindestens genauso rätselhaft. McGinn und Nagel sind also in der Tat mysteriös, sie sind es noch viel mehr, als sie selbst denken.

Lerneffekte

Was aber ist nun der Unterschied zu Neurophilosophen wie Churchland? Diese nehmen an, dass Bewusstsein und somit alle subjektiven Erlebnisse im Gehirn lokalisiert sind. Das Ich ist Gehirn, das Bewusstsein ist Gehirn, nichts als Gehirn. Basta. Hier werden auf genau dieselbe Art und Weise Schlussfolgerungen gezogen, wie es die von Churchland und anderen kritisierten Colin McGinn und Thomas Nagel tun. Wie können all diese Forscher behaupten, dass subjektive und bewusste Phänomene neuronaler Art sind? Worauf stützen sie diese Annahme? Sie nehmen doch nur ihre Emotionen wahr, nicht aber ihr Gehirn, während sie Emotionen erleben. Sie machen eine Beobachtung im Außen, können doch aber nicht wissen, ob das Geschehen in ihrem Gehirn damit komplett übereinstimmt.

Gehen wir zurück zum Fall auf der Straße. Unsere Forscher gehen davon aus, dass es einen Fahrerflüchtigen geben muss. Kommt nun ein ebenso angeschrammtes Auto um die Ecke und fährt langsam an der Unfallstelle vorbei, während der Fahrer etwas unsicher aus dem Fenster blickt – die beschriebenen Neurophilosophen würden diesen Mann sofort verhaften lassen, keine Diskussion, keine Befragung, nein, das muss er sein. Dabei können weder sie noch die herbeigerufenen Polizisten wissen, ob es wirklich der Unfallverursacher ist. Aber sowohl Neurophilosophen wie Churchland als auch ihre Gegenspieler wie McGinn und Nagel gehen so vor, sie bringen die subjektiven Erlebnisse des Bewusstseins in das Gefängnis des Gehirns, so wie die Polizei den unsicher dreinblickenden Fahrer in die Fänge der Justiz bringt.

Wenn sie sich als neuronaler Gott, als Gott des Gehirns aufführen, werden die Neurowissenschaftler und Neurophilosophen letztlich genauso mysteriös wie die von ihnen kritisierten Mystiker Colin McGinn und Thomas Nagel. Der einzige Unterschied ist, das die Neurowissenschaftler keine mysteriösen Eigenschaften namens P annehmen. Wie bei den Mystikern ist allerdings auch bei ihnen unklar, woher sie wissen können, dass sich alles im Gehirn abspielt. Die Möglichkeit der Erkenntnis ihrer Schlussfolgerungen bleibt also in beiden Fällen unklar.

Das Gehirn selbst ist nicht mysteriös. Was aber die Neurowissenschaftler, Neurophilosophen und Philosophen des Geistes aus dem Gehirn machen, das verdient diesen Namen. Egal ob sie eine mysteriöse Eigenschaft P im „tiefen Inneren des Gehirns“ verorten oder die subjektiven Erlebnisse des Bewusstseins in den neuronalen Prozessen des Gehirns lokalisieren, es bleibt unklar.

Man kann also viel lernen von den Philosophen des Geistes und den Neurophilosophen. Man kann lernen, dass man die eigenen Grenzen der Erkenntnis berücksichtigen sollte. Ansonsten wird es mysteriös, unabhängig davon, ob die postulierten Eigenschaften neuronaler oder nicht-neuronaler Natur sind.

Strategien und Methoden

„Werte Frau Kollegin, hast du den roten Faden noch im Blick? Ich habe ihn wohl auf mysteriöse Weise verloren. Von einem Ich keine Spur mehr." Der Kommissar sieht etwas mitgenommen aus.
Die Kriminalpsychologin gibt zu: „Ja, momentan ist es etwas verworren. Aber die Richtung stimmt. Wir lassen uns jetzt noch erklären, wie das Bewusstsein im Gehirn untersucht werden kann, dann haben wir die technischen Details beisammen."

Das Gehirn als Baukasten

Patricia Churchland als die Begründerin der Neurophilosophie schlägt zwei unterschiedliche Strategien zur empirischen Untersuchung des Bewusstseins vor. Die direkte Vorgehensweise basiert auf Korrelationen, also den rein statistischen Zusammenhängen zwischen neuronalen und bewussten Zuständen, die eine kausale Beziehung in der Form von Ursache und Wirkung nicht mit einschließt und somit auch auf dem Zufall beruhen könnte. Wenn wir das Gehirn beobachten, stellen wir eine elektrische Aktivität der Zellen fest, die neuronale Aktivität. Wir sehen darüber hinaus, wie sich bestimmte biochemische Substanzen und Proteine wie zum Beispiel GABA und Glutamat verschieben. Wir können sehr viel von dem beobachten, was im Gehirn geschieht. Aber unserer Wahrnehmung sind Grenzen gesetzt: Unsere eigenen subjektiven Erlebnisse lassen sich nicht im Gehirn anschauen. Wenn Sie zum Beispiel das Gefühl der Angst haben, kann diese Angst selbst im Gehirn nicht sichtbar oder messbar gemacht werden. Alles, was wir sehen, sind elektrische Aktivitäten und neurochemische Verschiebungen. Das subjektive Erleben entzieht sich aber unserer Beobachtung.

Die Wissenschaft kann an einer solchen Grenze natürlich nicht stehen bleiben. Wie also lässt es sich anstellen, dieses Subjektive dennoch zu erfassen? Churchland schlägt vor, und darin folgen ihr viele Neurowissenschaftler, dass wir neuronale Zustände in eine direkte Beziehung zu den subjektiven Erlebnissen setzen können, und zwar mittels statistischer Methoden (also Korrelation). Wir erhalten dann sogenannte neuronal-phänomenale Korrelationen. Aber Korrelation ist Korrelation. Nicht mehr und nicht weniger. Eine bloße Korrelation sagt noch gar nichts darüber aus, ob die beiden Variablen, subjektives Erleben bzw. Bewusstsein und neuronaler Mechanismus in unserem Fall, auch wirklich miteinander zusammenhängen und einander direkt, zum Beispiel kausal, beeinflussen.

Lassen Sie mich dazu folgendes Beispiel skizzieren: Sie sind Journalist, haben Ihren freien Tag und gehen auf den Markt. Sie haben gerade Fisch gekauft, einen saftigen Karpfen und einen gut duftenden Barsch. Jetzt sind Sie am Gemüsestand und wollen noch einen Blumenkohl mitnehmen. Da die beiden Fische recht schwer sind, legen Sie sie ab, direkt neben dem Rosenkohl. Sie kaufen Blumenkohl, packen ihn ein und fahren nach Hause. Dort stellen Sie fest, dass Sie Ihren Fisch vergessen haben. Sie wollen wieder zur Tür gehen, da klingelt das Telefon. Ihre Bekannte von einer Presseagentur meldet sich und Sie sind ganz Ohr, denn sie versorgt Sie immer mit guten Storys. Sie erzählt Ihnen aufgeregt, dass ein Gemüsehändler eine sensationelle Beobachtung gemacht hat: Ein Karpfen und ein Barsch sind aus dem Rosenkohl entsprungen, quasi geboren! Nicht unbedingt eine unbefleckte Empfängnis, aber immerhin eine abnorme für Fische, eine „fischige Gemüseempfängnis“ sozusagen. Was für eine Geschichte!

Aber es ist keine Geschichte, es ist ein dummer Zufall. Was lief hier fehl? Der Gemüsehändler hat den Fisch neben dem Rosenkohl gesehen. Als ehemaliger Doktorand der Kognitiven Neurowissenschaften hat er gleich eine Korrelation angenommen, eine Korrelation zwischen Fisch und Rosenkohl. Auf deren Basis hat er geschlossen, dass der Rosenkohl den Fisch verursacht, also gewissermaßen empfangen und geboren haben muss. Aber, und hier liegt der Fehler, eine Korrelation sagt noch gar nichts darüber aus, ob die beiden korrelierenden Variablen, Fisch und Rosenkohl, auch wirklich miteinander zusammenhängen oder nicht. Zumal der scheinbare Zusammenhang auch mehr auf den Beobachter selbst und seine Erkenntnis(un)fähigkeit zurückgeführt werden könnte als auf die Beziehung zwischen Fisch und Rosenkohl.

Genauso ist es mit den neuronalen Prozessen und dem Bewusstsein. Wir können das Bewusstsein im Gehirn selbst nicht beobachten und können daher nur neuronale und phänomenale Zustände korrelieren. Wir können aber nicht wissen, ob die beiden Variablen, Gehirn und Bewusstsein, wirklich unabhängig von unserer Beobachtung zusammenhängen. Oder ob der vermutete Zusammenhang zwischen Gehirn und Bewusstsein eher auf uns als Beobachter zurückzuführen ist als auf die Gehirn-Bewusstsein-Beziehung selbst.

Nach Churchland und vielen Neurowissenschaftlern gibt es starke Evidenzen, dass Gehirn und Bewusstsein direkt zusammenhängen. Wir können von Korrelationen wie zum Beispiel im Falle des oben geschilderten visuellen Bewusstseins ausgehen. Hier wurden statistische Zusammenhänge zwischen Veränderungen im visuellen Bewusstsein und der neuronalen Aktivität im visuellen Kortex gemessen, in der Form, dass Veränderungen im Ersteren mit Veränderungen im Letzteren einhergingen. Das sind aber bloße Korrelationen, die nicht ausschließen, dass die Parallelität der Veränderungen auf beiden Seiten ein bloßer Zufall ist. Wie das ja auch der Fall ist, wenn Fisch und Gemüse auf einem Marktstand zufällig nebeneinanderliegen. Wir würden, anders als in dem etwas überspitzten Beispiel, nicht annehmen, dass der Fisch das Gemüse verursacht hat. Genau die analoge Schlussfolgerung aber wird aus den Korrelationen zwischen neuronalen und mentalen Zuständen gezogen. Die Methode der neuronal-mentalen Korrelationen muss also als problematisch angesehen werden.

Neben dieser Korrelation ist die Untersuchung von pathologischen Fällen eine weitere Möglichkeit der neurophilosophischen Untersuchung, wie sie Churchland vorschlägt. Wir kennen pathologische Fälle, wo zum Beispiel der visuelle Kortex lädiert ist und Störungen des visuellen Bewusstseins vorliegen. Die Untersuchung solcher Fälle mit den entsprechenden Läsionen und Schäden im Gehirn ist eine weitere Informationsquelle, wenn es um den Zusammenhang zwischen Gehirn und Bewusstsein geht. Beide Male wird das Bewusstsein quasi als Zwiebel aufgefasst, deren unterschiedliche Schichten, die den verschiedenen Inhalten des Bewusstseins (zum Beispiel visuell, emotional etc.) entsprechen, separat und getrennt voneinander untersucht werden können. Was aber, wenn das Bewusstsein eher ein einheitlicher Prozess ist, der verschiedensten Inhalten zugrunde liegt? Diese Frage führte auch Churchland zur zweiten Strategie, dem Einheitsmodell des Bewusstseins.

Das Einheitsmodell basiert auf der Untersuchung der Funktionen, die alle Bewusstseinszustände gemeinsam haben.

Churchland und andere nehmen an, dass kognitive Funktionen wie Kurzzeitgedächtnis, Aufmerksamkeit, autobiographisches Gedächtnis oder Imagination zentral für die neuronale Konstitution von Bewusstsein sind. Die Erforschung der neuronalen Korrelate dieser Funktionen geben somit einen Hinweis darauf, welche neuronalen Mechanismen notwendig sind, um Bewusstsein zu erzeugen.

Da Bewusstsein so zentral ist und unsere Gehirnfunktion offenbar definiert, eröffnet die Untersuchung der neuronalen Korrelate des Bewusstseins einen Einblick in die Grundprinzipien der Funktion unseres Gehirns. Was aber macht diese Grundprinzipien aus? Stellen Sie sich zum Verständnis unser Herz vor. Das Herz weist verschiedene biochemische, elektrische, genetische und andere Mechanismen auf. Das Grundprinzip seiner Funktion besteht aber in seiner Pumpfunktion, durch die es den Bluttransport durch den ganzen Körper anregt. Wir kennen viele biochemische, genetische und elektrische Mechanismen des Gehirns und seiner neuronalen Zustände. Das Grundprinzip seiner Funktion aber, das was die verschiedenen Funktionen zusammenhält, organisiert und integriert, das ist uns – anders als beim Herzen – unbekannt. Churchland und viele andere vermuten, dass die neuronale Untersuchung des Bewusstseins die Tür zu einer Theorie der Funktion des Gehirns öffnen könnte.

Diese Strategie von Churchland wird von anderen Neurophilosophen wie John R. Searle, Alva Noe und Evan Thompson kritisiert. Das Erfassen der verschiedenen Inhalte des Bewusstseins, zum Beispiel des visuellen, setzt eine Art Baukastenmodell von Gehirn und Bewusstsein voraus. Jeder spezifische Inhalt des Bewusstseins entspricht einem bestimmten Baustein, die Totalität aller Bewusstseinsinhalte bzw. die Gesamtheit der Bausteine macht dann das fertig gebaute Modell aus. Aber „Halt!“, sagen Searle, Noe und Thompson, so ein-

fach sind weder Gehirn noch Bewusstsein aufgebaut. Weder Gehirn noch Bewusstsein können mit einem Baukasten verglichen werden.
Searle argumentiert, dass Bewusstsein nicht eine Zusammensetzung aus verschiedenen Bausteinen ist, sondern der Plan selbst, der die Einheit stiftet, wenn man die Bausteine anweisungsgemäß zusammensetzt. Bewusstsein ist also keine Ansammlung von Steinchen, sondern der Masterplan, die Einheit, die dafür sorgt, dass die Zusammensetzung der Bausteine eine Giraffe oder ein Auto ergibt.
Searles Begründung dafür, dass Bewusstsein eher ein Einheitsplan als eine Zusammensetzung aus verschiedenen Steinen ist, klingt so simpel wie einleuchtend: Bewusstsein ist nicht teilbar. Wenn wir einen Tisch wahrnehmen, können wir nicht das Bewusstsein der Farbe des Tisches vom Bewusstsein des Holzgeruchs abtrennen. Wir können zwar unseren Fokus entweder auf den Geruch oder die Farbe lenken und die jeweils andere Qualität im Hintergrund belassen. Wir sind aber nicht in der Lage, zum Beispiel den Geruch völlig auszublenden und die Farbe isoliert und vollkommen getrennt vom Geruch zu betrachten. Beides ist eine Einheit, und diese Einheit ist eine subjektive, die wir als individuelle Person erleben.
Der Begriff des Bewusstseins als „subjektive Einheit" wird hier wichtig. Einzelne Neuronen oder Hirnregionen können uns keine Auskunft über diese Einheit geben, da sie diese immer schon voraussetzen, sie sind ihr untergeordnet, sie sind Teil davon. Möglicherweise werden die Aktivitäten der Neuronen durch einen bestimmten Masterplan koordiniert und organisiert, genauso wie der Zusammenbau der Bausteine einen bestimmten Plan oder ein Muster voraussetzt. Die Farben und Formen der einzelnen Bausteine entsprechen den gemessenen elektrischen und chemischen Aktivitäten im Gehirn. Die Bausteine selbst sind mit den verschiedenen Regionen im Gehirn

gleichzusetzen. Während der postulierte Masterplan, der all die Steine sinnvoll zu einem Ganzen zusammenfügt, die von Searle postulierte „subjektive Einheit“ des Bewusstseins und die entsprechenden neuronalen Mechanismen darstellt.

Sie werden sich jetzt vielleicht die Frage stellen, wie wir die „subjektive Einheit“ des Bewusstseins im Gehirn untersuchen können. Was fügt die verschiedenen elektrischen und chemischen Aktivitäten in den unterschiedlichen Neuronen und Hirnregionen zusammen? Im Falle der Bausteine ist es einfach: Es ist ein Designer. Wer aber übernimmt diese Aufgabe im Falle des Gehirns? Dies ist die Frage nach der neuronalen Koordination der verschiedenen Aktivitäten im Gehirn, die zu einer „subjektiven Einheit“ und somit zum Bewusstsein zusammengefügt werden müssen.

Wir sind hier also mit einem Koordinations- und Organisationproblem konfrontiert. Das gibt es anderswo auch. Beim Fußball beispielsweise ist es der kreative Mittelfeldspieler, der den Ballfluss innerhalb der eigenen Mannschaft koordiniert und organisiert. Wer und vor allem wo aber ist der kreative Mittelfeldspielder des Gehirns? Die Philosophen sagen, dies sei das Ich, das Selbst einer Person. Viele Neurowissenschaftler hingegen meinen, dass so ein Selbst oder Ich nicht existiert. Im gleichen Atemzug setzen sie aber die Denktradition einer höchsten und alles koordinierenden Instanz fort, wenn sie entsprechende neuronale Organisationsstrukturen im Gehirn verorten.

Verschiedene Neurowissenschaftler nehmen verschiedene Organisations- und Koordinierungsmechanismen an. Edelman vermutet, dass die sogenannten Feedbackschlaufen, wie oben gezeigt, solch eine umfassende Koordination erlauben. Baars betrachtet die globale Ausbreitung der neuronalen Aktivität als organisierendes Prinzip, das die subjektive Einheit des Bewusstseins konstituiert. Francesco Varela, ein inzwischen verstorbener Biologe und Physiologe aus Chile, vermutet dynamische neuronale Netzwerke, die die unter ihnen stehenden Regionen und Neuronen gewissermaßen versklaven, als letzte Koordinations- und Organisationsprinzipien. Churchland und Rick Grush nehmen Emulatoren an, von denen neuronale Aktivität, zum Beispiel von sensorisch und motorisch wirksamen Hirnarealen, integriert, koordiniert und organisiert wird. Letztlich aber bleibt die Frage nach dieser übergreifenden Ordnungsfunktion noch ungelöst.

Konzept und Methodik

Wieder einmal blinkt eine E-Mail des Neurowissenschaftlers auf dem Bildschirm im Kommissariat auf. Der Professor hat den letzten Abend wohl chattend mit dem ICH verbracht.

@

ICH: Ich muss wieder auf das Thema des Stroms zurückkommen. Bei all den Thesen der Neurophilosophen geht es immer nur um die Ausbreitung des Stroms, nicht aber um die Steckdose selbst. Das Baukastenmodell und das Einheitsmodell beschreiben lediglich, wie sich der Strom im Gehirn ausbreitet. Woher der Strom kommt, wird offen gelassen. Die Natur der Steckdose des Gehirns bleibt also unklar.

Professor: Da muss ich mich wiederholen: Es gibt nichts anderes als die neuronalen Mechanismen, seien es Nervenzellen, Schlaufen oder globale Aktivitätsausbreitung. Wir können nichts anderes beobachten. Ihre neuronale Steckdose ist ein Mysterium, eine hypothetische Entität, wie sie nur von typischen Philosophen kreiert werden kann.

ICH: Aber können Sie mir denn sagen, wo die Aktivität im Gehirn überhaupt herrührt? Sie sind derjenige, der eine Leerstelle lässt, die mysteriös erscheint. Ich versuche die Leerstelle, die Sie offen lassen, lediglich zu füllen!

Professor: Ich komm schon noch dahinter, wer Sie sind. Ein Wissenschaftler garantiert nicht, eher ein Philosoph, nur dann können Sie Leerstellen und zusätzliche geistige Entitäten außerhalb des Gehirns im Sinne von Colin McGinn oder Thomas Nagel postulieren. Es gibt keine Entitäten, und es gibt auch keine Metaphysik. Alles ist Gehirn!

ICH: Das ist eine typische Annahme von jemandem, der meint, alles zu wissen und alles erkennen zu können. Weisen Sie selbst denn, auf der Grundlage Ihres ach so omnipotenten Gehirns, keinerlei Grenzen in Ihren Erkenntnisfähigkeiten auf? Können Sie zum Beispiel Ihr eigenes Gehirn als Gehirn erkennen?

Professor: Jetzt fangen Sie doch nicht schon wieder damit an! So einfach ist das nicht. Ich habe lediglich in die Weisheit der Neurophilosophie geschaut. Das ist ja auch eine Philosophie, also werden Sie ihr doch wohl glauben. Sie sagt mir ganz klar, dass es nichts anderes als das Gehirn gibt. Und das Gehirn arbeitet mittels Neuronen, Feedbackschlaufen und globaler Aktivitätsausbreitung. Das ist alles, was wir beobachten können, und mehr als wir beobachten können, gibt es nicht. Das Gehirn, so wie wir es beobachten, ist die Realität. Eine zusätzliche Entität in der Form einer neuronalen Steckdose ist eine Illusion. Lassen Sie diesen Gedanken in Ihrem Hirn endlich zu!

ICH: Jetzt werden wir doch mal konkreter. Ihre weltanschaulichen Äußerungen sind schön und gut. Ihre beiden Forschungsstrategien, das Baukastenmodell und das Einheitsmodell, sind aber nichts an-

deres als empirische Strategien, Strategien des Neurowissenschaftlers, der ziemlich verzweifelt versucht, das Bewusstsein zu erforschen.

Professor: Das „verzweifelt" können Sie weglassen. Ansonsten stimme ich zu. Und ich habe nie etwas anderes gesagt.

ICH: Ich überlege nur, welche Bedeutung die von Ihnen geschilderten Forschungsstrategien wirklich für den Begriff des Bewusstseins haben. Sind sie für das Verständnis und das Erfassen des Bewusstseins überhaupt von Bedeutung?

Professor: Natürlich sind sie für das Bewusstsein von Bedeutung. Denn das ist die Strategie, mit der wir das Bewusstsein im Gehirn erfassen und lokalisieren können.

ICH: Sie sind nur auf das Gehirn fokussiert, Sie scheinen vollständig diese modernen Richtungen aus Amerika, die Philosophie des Geistes und die Neurophilosophie, inhaliert und blind übernommen zu haben. Was ich meine ist, ob der jeweilige Begriff beziehungsweise das Konzept des Bewusstseins einen Einfluss auf die Forschungsstrategien haben.

Professor: Bewusstsein ist Bewusstsein, da gibt es nichts zu deuteln, das ist doch ganz einfach. Wir können uns hier nur unterhalten, wenn wir Bewusstsein haben.

ICH: So einfach ist das nicht, Herr Professor. Wenn Sie sich die beiden Forschungsstrategien einmal genauer anschauen, sehen Sie, dass dort verschiedene Definitionen des Bewusstseins zugrunde liegen. In der ersten Definition, dem Baukastenmodell, wird das Bewusstsein als eine Art Baukasten aufgefasst, der durch verschiedene Inhalte definiert wird, die, zusammengefügt, ein großes Ganzes ergeben.

Professor: Ja, was ist denn das Bewusstsein anderes als Bewusstsein von bestimmten Inhalten, zum Beispiel das Bewusstsein, das ich von Ihnen habe, wenn ich Sie einmal persönlich treffen sollte – was ich Ihnen übrigens nicht wünsche.

ICH: Schauen Sie sich einmal die zweite Strategie an, das Einheitsmodell. Dort wird das Bewusstsein nicht durch bestimmte Inhalte definiert, die man wie verschiedene Baukastenteile zusammenlegen kann. Stattdessen wird hier das Bewusstsein durch einen einheitlichen Boden oder ein Fundament, eine Einheit oder einen Masterplan definiert.

Professor: Ja, das ist doch marginal, das sind doch lediglich konzeptuelle Unterschiede, Unterschiede im Begriff, die von Philosophen gern auseinanderklamüsert werden, die aber wirklich keine Rolle spielen. Schon gar nicht für die Untersuchung des Gehirns.

ICH: Halt, so einfach ist es nicht. Es sind in der Tat unterschiedliche Begriffe des Bewusstseins in den beiden Forschungsstrategien vorhanden. Diese Konzepte aber prägen dann auch Ihre experimentelle Strategie, die Art und Weise, wie Sie Ihre Experimente gestalten, um das Bewusstsein im Gehirn zu untersuchen. Dies bedeutet aber, dass die Definition oder das Konzept des Bewusstseins im Wesentlichen auch Ihre empirische Forschungsstrategie bestimmt.

Professor: Sie müssen ein Philosoph sein, die finden aber auch immer und überall irgendeinen spitzfindigen konzeptuellen Grund, warum ihre Konzepte auch empirisch relevant sind. Darin seid Ihr Philosophen einfach unschlagbar.

ICH: Sie stimmen also zu, dass dort zwei unterschiedliche Konzepte von Bewusstsein vorliegen, einmal Bewusstsein als Inhalt und einmal Bewusstsein als Organisation oder Form. Und Sie stimmen zu, dass diese unterschiedlichen Begriffe verschiedene Forschungsstrategien auf Seiten der Neurowissenschaftler notwendig machen.

Professor: Das mag so sein. Aber warum sollte das wichtig sein?

ICH: Das ist wichtig für die Neurophilosophie. Unterschiedliche Konzeptionen des Bewusstseins implizieren unterschiedliche Forschungsstrategien. Das heißt aber, dass wir die Definition von Begriffen und Konzepten nicht vollständig vernachlässigen können und nur noch einfach fleißig empirische Daten sammeln sollten, wie es viele Neurophilosophen wie beispielsweise Churchland vorschlagen. Methodik und Konzepte sind eng miteinander verwoben.

Professor: Und was heißt das?

ICH: Die Straße von der empirischen Methodik zur Bestimmung des Konzeptes ist keine Einbahnstraße. Sie verläuft nicht nur von der Methodik zum Konzept, sondern auch vom Konzept zur Methodik. Das heißt, eine bestimmte Definition eines Begriffes, wie zum Beispiel des Bewusstseins, erfordert eine bestimmte Methodik in der neurowissenschaftlichen Untersuchung desselbigen (und umgekehrt).

Professor: Sie wollen also einen alten berühmten Satz von Kant anwenden und in Ihrem Sinne umformulieren? Ohne philosophische Konzepte sind die empirischen Methoden leer und ohne empirische Methoden sind die philosophischen Konzepte blind.

ICH: Ja, das ist ein interessanter Vergleich. Dieser enge Zusammenhang zwischen empirischer Methodik und philosophischen Konzepten gibt mir sehr zu denken. Vielleicht müssen die Neuro-

philosophen sich sehr viel mehr Gedanken über ihre eigene Methodik, ihre Strategie, machen. Über die Möglichkeiten der eigenen Erkenntnis und deren Grenzen. Vielleicht sollten die Neurophilosophen doch nicht so einfach den Neurowissenschaftlern folgen und deren empirischen Methode blind übernehmen.

Konzeptuelle Inflation und neuronale Projektion

Grenzen der Neurowissenschaften

Die Markierung der Grenzen und der Zusammenhänge zwischen empirischer Methodik und philosophischen Konzepten ist zentral für die Untersuchung des Ich. Das Ich ist ein Konzept, das lange in der Philosophie diskutiert wurde und immer noch wird. Durch die Begegnung mit den Neurowissenschaften wird eine solche rein konzeptuelle Betrachtung des Ich aber aufgeweicht und durch die Beobachtungen und somit die Fakten ergänzt, wenn nicht sogar abgelöst, wie es Churchland behaupten würde. Aber man könnte auch umgekehrt vermuten, dass das Problem, dass wir mit dem Ich haben, möglicherweise in der spezifischen Methodik der Neurowissenschaften selbst begründet sein könnte. Der Neurowissenschaftler zerlegt seine Beobachtungen in Einzelvariablen, die er dann experimentell untersucht. Es werden also die Einzelteile des Gehirns und ihre jeweiligen Funktionen erfasst. Für jedes Einzelteil des Gehirns wird ein bestimmter Test, ein Experiment, entwickelt.

Das ist durchaus mit der Arbeit eines Autonarren und Bastlers vergleichbar. Er untersucht, wo es in einem alten VW hakt, indem er das Auto in seine Einzelteile zerlegt und jedes in Hinblick auf seine Funktion testet. Die Funktion jedes Einzelteiles wird auf eine andere Art und Weise geprüft. Am glücklichen Ende kann der Mechaniker sagen, welches Einzelteil kaputt ist und ersetzt werden muss.

Der Neurowissenschaftler und vor allem der Vertreter der Kognitiven Neurowissenschaft zerlegt auf ähnliche Weise das Gehirn in seine Einzelteile und prüft deren Funktion. Im Rahmen einer solchen Vorgehensweise wurde zum Beispiel herausgefunden, dass die Mittellinienstrukturen mit dem Ich zusammenhängen. Es wird also das vorausgesetzt, was die Neurophilosophie als Baukastenmodell des Gehirns beschrieben hat.

Setzen wir das vergleichende Gedankenexperiment fort: Schaut ein Autobastler bei einem anderen in der Werkstatt vorbei, sieht er dort vielleicht allerlei Einzelteile, Schrauben, Bleche, Motorenteile und so weiter herumliegen. Meinen Sie, dass der Kenner anhand dieser Teile sagen kann, zu welchem Auto sie gehören? Selbst für den Experten wird es eher schwierig, wenn nicht gar unmöglich sein, eine genaue Zuordnung anhand von Einzelteilen vorzunehmen. Erst die Art und Weise, wie alles zusammengesetzt ist, ergibt die Klarheit.

Genauso ist es mit dem Gehirn. Die Neurowissenschaftler kennen gegenwärtig viele Einzelfunktionen des Gehirns. Fast täglich kommen hier neue Erkenntnisse hinzu. Wir sind immer noch dabei, das Gehirn weiter in seine Bestandteile zu zerlegen. Und wir staunen, was für Details dabei zu Tage gefördert werden. Das Gehirn scheint wie eine verborgene Höhle, aus der wir immer wieder neue Perlen und Diamanten an Tageslicht bringen.

Wenn ein paar Edelsteine vor uns liegen, ist aber die Neugier erst richtig geweckt. Wir wollen wissen, was die verschiedenen Perlen und Steinchen, die einzeln aus der Höhle befreit wurden, zusammengesetzt ergaben. Einen Leuchter? Ein Mosaik? Das berühmte Bernsteinzimmer? Es geht uns so wie dem

Autofreund, der wissen will, welches Fahrzeug sich aus den herumliegenden Teilen zusammenbauen lässt.

Wie also setzt der Neurowissenschaftler seine verschiedenen Einzelbefunde vom Gehirn zusammen? Wie erklärt er uns, wie die verschiedenen Regionen des Gehirns und ihre Einzelfunktionen zusammenpassen und ein großes Ganzes ergeben, ein funktionierendes Gehirn und möglicherweise sogar ein Ich? Was macht der Höhlenforscher, der ein paar herrliche Perlen ans Tageslicht befördert hat? Er steigt tiefer in die Höhle und untersucht, woher die Perlen kommen, wie sie in ihrem Versteck angeordnet sind. Er versucht einen Plan, eine Organisationsform zu erkennen. Genauso der Automechaniker, er hat einen bestimmten Plan, nach dem er die Zusammensetzung der verschiedenen Einzelteile organisiert. Und der Neurowissenschaftler? Er kommt jetzt mit seiner Strategie der Zerlegung in Einzelregionen und Einzelfunktionen nicht mehr weiter.

Es ist an der Zeit, vom Baukastenmodell des Gehirns zu einem anderen überzugehen. Sie erinnern sich, die Neurophilosophen hatten noch ein anderes Modell des Gehirns beschrieben, das Einheitsmodell. Es stellt die Frage nach dem, was die verschiedenen Einzelregionen und Einzelfunktionen zusammenhält, eine andere Frage nach der Organisation der Teile. Was verbindet die Einzelfunktionen zu einem großen Ganzen? Das ist die Frage, mit der die Neurowissenschaftler gegenwärtig konfrontiert sind. Edelman hat die Feedbackschlaufen als zentrales Organisationsmuster hervorgehoben, Baars die globale Ausbreitung der Erregung. Aber, das haben wir schon gesehen, dies erwies sich als ungenügend.

Genau an dieser Stelle kommt die neurophilosophische Frage nach dem Beobachter auf, also demjenigen, der das Gehirn untersucht. Das, was der Neurowissenschaftler als Plan oder Organisation des Gehirns annimmt, muss nicht unbedingt mit dem Gehirn selbst etwas zu tun haben. Es kann, im Gegenteil,

auch eher mit dem Beobachter und seinen Erkenntnisgrenzen assoziiert sein. Wir können also nicht ausschließen, dass das, was wir im Gehirn beobachten und als sein zentrales Organisationsmerkmal annehmen, mehr mit uns als Beobachter als dem Gehirn selbst zusammenhängt.
Die Grenzen der Erkenntnis des Beobachters, hier also des Neurowissenschaftlers, sind eine zentrale Variable, die es bei der neurowissenschaftlichen Untersuchung des Gehirns zu berücksichtigen gilt. Denn wir können das Gehirn nicht von außen, das heißt unabhängig von unserem eigenen Gehirn, betrachten, untersuchen und erkennen. Die Untersuchung des Gehirns setzt immer schon ein Gehirn, das Gehirn des Beobachters, voraus. Das Gehirn ist also immer schon mit in unserem Boot, und wir können uns niemals von diesem Mitreisenden befreien, denn ohne ihn könnten wir das Boot überhaupt nicht bedienen. Auch der genialste Neurowissenschafter kann von dieser Last, der Last des eigenen Gehirns, nicht loskommen. Es bleibt ihm also nichts anderes übrig, als die Grenzen seiner Erkenntnisfähigkeit in Hinsicht auf das Gehirn und seine Organisation zu berücksichtigen.

Konzeptuelle Inflation

Wie jeder andere Mensch auch mögen es Neurowissenschaftler nicht, wenn ihnen Grenzen gesetzt werden. Sie werden also erfinderisch und versuchen, die Grenzen zu umgehen und irgendwie auf die andere Seite, jenseits der Barrieren zu gelangen. Ein schönes Beispiel hierfür ist der Umgang der Neurowissenschaftler mit dem Konzept des Ich.
William James, ein amerikanischer Philosoph und Psychologe am Anfang des letzten Jahrhunderts, unterscheidet zwischen verschiedenen Formen des Ich. Er spricht von einem physi-

kalischen, einem mentalen und einem spirituellen Ich. Das physikalische Ich zielt vor allem auf den Körper, der als rein physikalisch betrachtet und von anderen Körpern, dem physikalischen Nicht-Ich, abgegrenzt wird. Das mentale Ich umfasst unsere subjektiven Erlebenszustände, das, was wir als individuelle Person, in der Ersten-Person-Perspektive erleben. Anders als das körperliche Ich kann das mentale Ich nicht von außen in der Dritten-Person-Perspektive beobachtet werden. James benennt dann noch das spirituelle Ich als das Ich, das in der Lage ist, über sich selbst hinauszugehen, sich zu transzendieren und mit dem Universum zu verschmelzen, wie dies in verschiedenen meditativen Zuständen geschieht.

Das Konzept oder der Begriff des Ich wird hier von William James also vor allem durch verschiedene Inhalte definiert: physikalischer, mentaler oder spiritueller Art. Als Philosoph und Psychologe denkt er selbst nicht daran, das Ich mit dem Gehirn in Verbindung zu bringen, geschweige denn es im Gehirn selbst zu lokalisieren und zu verorten.

Genau das aber machen seine Nachfolger, die Neurowissenschaftler, allen voran die Kognitiven Neurowissenschaftler. Sie nehmen sich die Inhalte der verschiedenen philosophischen Konzepte, beispielsweise des Ich oder des Selbst, und projizieren sie auf das Gehirn. Speziell die Neurophilosophen sprechen davon, dass die höheren geistigen Inhalte der philosophischen Konzepte auf das Gehirn und seine neuronalen Funktionen „gemappt" werden. So unterscheidet zum Beispiel Antonio Damasio, ein besonders smarter und wendiger Forscher, zwischen verschiedenen Ichs, die in verblüffender Weise denen von William James ähneln. Damasio spricht von einem „Proto-Ich", das mit sensorischen und motorischen Regionen im Gehirn zusammenhängt. Da der Körper vor allem durch seine sensorischen und motorischen Funktionen definiert wird, kommt das Proto-Ich von Damasio (und anderen Neurowissenschaftlern wie Jaak Panksepp) dem physikalischen Ich von William James sehr nahe.

Neben dem Proto-Ich sprechen Damasio und viele andere zudem von einem „Kern-Ich“ oder einem „mentalen Ich“, das sehr dem James’schen „mentalen Ich“ ähnelt. Damasio vermutet, dass das mentale Ich eng mit bestimmten Regionen im Gehirn wie dem Thalamus und dem ventromedialen präfrontalen Kortex zusammenhängt.

Als aufmerksamer Leser werden Sie darin alte Bekannte entdeckt haben: Thalamus und ventromedialer präfrontaler Kortex. Der Thalamus ist die Region, die zentral für das Bewusstsein und die Feedbackschlaufen von Gerald Edelman ist. Und der ventromediale präfrontale Kortex ist eine der vorderen Mittellinienstrukturen, die hohe Aktivität im Ruhezustand zeigt und dann nur noch deaktiviert werden kann, wenn sie mit Stimuli aus der Umwelt konfrontiert wird. Kein Wunder also, dass beide Regionen mit dem Ich, speziell dem mentalen Ich oder Kern-Ich, in Verbindung gebracht werden.

Jetzt aber wird es seltsam. Der Thalamus wurde doch als zentrale Kernregion in den Feedbackschlaufen von Edelman und somit im Bewusstsein hervorgehoben. Sie werden sich also fragen, wie er als ein und dieselbe Region dann auch für das Ich zuständig sein kann, zumal sich das Ich vom Bewusstsein abtrennen kann, wie wir am Beispiel von Komapatienten gesehen hatten. Verwechselt Damasio also das mentale Ich mit dem Bewusstsein?

Nein, das wäre zu einfach. Die Neurowissenschaftler entgehen einer solchen Verwechslung, indem sie das Bewusstsein des Ich außerhalb des mentalen Ich verlagern und einfach ein weiteres, ein drittes Ich annehmen. Damasio postuliert das „extendierte oder autobiographische Ich“, das bringt er wiederum mit anderen Hirnregionen wie dem Hippokampus und dem cingulären Kortex in Verbindung. Der Hippokampus und der cinguläre Kortex sind Regionen, die zentral für unser autobiographisches

Gedächtnis sind, in ihnen fließen dementsprechend verschiedenste Informationen zusammen und werden dort integriert. Durch eine solche Integration einer Datenvielfalt können wir uns des eigenen Ich als Ich vergewissern und somit ein Bewusstsein des Ich entwickeln.

Andere Neurowissenschaftler, Kognitive Psychologen und Philosophen haben weitere Konzepte des Ich in die Welt gebracht. Es wird von einem „minimalen Ich“ gesprochen, das dem mentalen Ich von William James ebenfalls sehr nahe kommt. Andere sprechen von einem „dialogischen Ich“ als dem Ich, das den Dialog mit anderen Personen führt.

Was aber ist der gemeinsame Nenner dieser verschiedenen Konzepte des Ich? Allen ist gemeinsam, dass sie das Ich durch bestimmte Inhalte charakterisieren, seien sie physikalisch, körperlich, mental, autobiographisch, dialogisch oder andersartig definiert. Das Konzept des Ich, das in den Neurowissenschaften vorausgesetzt wird, ist also fast ausschließlich inhaltsbestimmt. Für jede inhaltliche Facette gibt es ein Konzept des Ich. Jeder einzelne Inhalt bzw. jedes einzelne Konzept des Ich wird dabei auf das Gehirn projiziert und in dessen Einzelregionen und Einzelfunktionen lokalisiert.

Wozu aber, so fragt man sich dabei, benötigen die Neurowissenschaftler so viele verschiedene inhaltsbestimmte Konzepte des Ich? Reicht nicht auch ein einziges aus? Im Alltag erleben wir doch auch eher nur ein Ich. Innerhalb dieser Wissenschaftsdisziplin scheint das aber nicht zu funktionieren. Sie erinnern sich: Der Neurowissenschaftler zerlegt das Gehirn in seine Einzelteile. Das ist für ihn die einzige Möglichkeit, es experimentell zu untersuchen. Was aber macht er, wenn er mit philosophischen, also inhaltlichen Konzepten konfrontiert ist? Er macht das, was er am besten kann: zerlegen und experimentell untersuchen. Somit zerlegt er das Konzept des Ich in seine Einzelteile und definiert die verschiedenen Inhalte. Dies führt zu der beschriebenen konzeptuellen Inflation des Ich, die von der neuronalen Projektion begleitet wird: Die inhaltsbestimmten Konzepte des Ich werden auf die Einzelregionen und -funktionen des Gehirns übertragen.

Lassen Sie mich etwas näher ausführen, warum ich hier von einer Inflation spreche. Inflation bedeutet, dass der Gegenstand, um den es geht, sei es Geld oder in unserem Fall das Konzept des Ich, rasant an Wert verliert. Also vermehrt man die pure Quantität, um den Wert zu erhalten. Statt einer Mark kostete ein Brot nach dem Zweiten Weltkrieg dann zeitweise hundert Millionen Mark, Geld war beinahe nichts mehr wert. Und in den Neurowissenschaften? Statt einem Konzept des Ich wurden jetzt Dutzende verschiedene Konzepte des Ich entwickelt. Die konzeptuelle Inflation geht also mit einer konzeptuellen Entwertung des ursprünglichen Konzepts des Ich einher.

Diese Entwertung ist aber die Voraussetzung, um das Konzept des Ich auf das Gehirn und seine Regionen beziehen zu können. Für die Möglichkeit der neuronalen Projektion nimmt der Neurowissenschaftler also gern eine konzeptuelle Inflation und Entwertung in Kauf, zumal ihn die neuronale Projektion und die Welt des Gehirns ohnehin mehr interessieren als die Welt der Konzepte, die der Philosophie entstammt.

Projektion des Ich auf das Gehirn

Durch das Zusammenspiel von konzeptueller Inflation und neuronaler Projektion entsteht eine enge Allianz zwischen Philosophen und Neurowissenschaftlern. Die Philosophen, speziell die des Geistes, liefern den Neurowissenschaftlern immer wieder neue Konzepte, so wie es schon der Philosoph Searle gefordert hat. Die Philosophen des Geistes sind also wie eine Konzeptfabrik, Konzeptualisierung heißt ihr Motto.

Was aber passiert mit den verschiedenen Konzepten? Im günstigsten Fall werden sie gewissermaßen in die gegenüberliegende Fabrik der Neurowissenschaftler transportiert und dort weiterverarbeitet. Das heißt nichts anderes, als dass sie auf das Gehirn übertragen, also neuronalisiert werden. Konzeptualisierung und Neuronalisierung gehen Hand in Hand. Ohne vorherige Konzeptualisierung hat der Neurowissenschaftler keine Inhalte, die er auf das Gehirn projizieren kann. Und ohne Neuronalisierung fehlt dem Philosophen des Geistes und dem Neurophilosophen das Ziel, auf das er seine Konzepte und ihre Inhalte ausrichten kann.
Dies alles führt zu einer Inflation von Konzepten mit nachfolgender Projektion, eine Spirale von Inflation und Projektion, die sich immer schneller dreht und die Erfindung immer neuer Konzepte notwendig macht. Heute scheint das Gehirn wie ein Baukasten mit tausend verschiedenen Bausteinen, die tausend verschiedenen Konzepten entsprechen. Das Konzept des Ich ist in diesen wissenschaftlichen Kreisen schon lange kein einheitliches mehr, sondern wirkt eher wie das in seine Einzelteile zerlegte Auto in der oben erwähnten Bastlerwerkstatt. Nur noch die Einzelteile des Konzeptes des Ich werden betrachtet. Angesichts der Vielfalt und Masse der inhaltsbestimmten Konzepte des Ich kann man schließlich kaum noch von einem Ich sprechen, sondern nur noch von vielen. Dissoziierte Persönlichkeit auf höchstem Niveau?

Wieder kommen wir zu dem bereits häufig angesprochenen Punkt: Wieso glauben die Philosophen des Geistes und die Neurowissenschaftler ausschließen zu können, dass es sich bei den inflationären Konzepten des Ich nicht um bloße Artefakte von ihnen selbst, den Untersuchenden, handelt? Diese Forscher scheinen sich sicher zu sein, dass die von ihnen erfundenen Konzepte des Ich wirklich das Ich selbst widerspiegeln, unabhängig von ihnen selbst und den Grenzen ihrer Erkenntnis. Es könnte doch aber auch anders sein. Die von den Philosophen des Geistes und den Neurophilosophen entwickelten Konzepte könnten doch auch mit ihren eigenen Grenzen der Erkenntnis zusammenhängen. Dann aber würden die Konzepte des Ich eher das Ich der Untersucher widerspiegeln als das Ich selbst. In einem solchen Fall wären die verschiedenen inhaltsbestimmten Konzepte des Ich lediglich Artefakte, speziell philosophen-induzierte Artefakte.

Das ist für sich betrachtet aber noch nicht so schlimm. Richtiggehend gefährlich wird es, wenn die Neurowissenschaftler, im guten Glauben an die Philosophen, deren Konzepte aufgreifen und auf das Gehirn projizieren. Was aber übertragen sie dann wirklich auf das Neuronenzentrum? Sie selbst glauben, dass es sich um einen bestimmten Inhalt des Ich, so wie es selbst ist, unabhängig vom Beobachter, handelt. Aber ist das nicht naiv? Sobald man die Vorgeschichte des Konzepts betrachtet, muss eine solche Annahme in Zweifel gezogen werden. Wir können nicht ausschließen, dass es sich bei dem Konzept um einen Artefakt des Philosophen selbst handelt. Das heißt, dass das Konzept möglicherweise eher das Ich des Philosophen und seine Erkenntnisgrenzen als das Ich selbst, unabhängig vom Untersucher, widerspiegelt. Dann aber projiziert der Neurowissenschaftler nicht das Ich selbst auf das Gehirn, sondern lediglich das Ich des Philosophen (und seiner selbst) mitsamt der beiden innewohnenden Erkenntnisgrenzen.

Die tragische Naivität von Philosophie und Neurowissenschaften

Die Konzepte der Philosophen für bare Münze zu nehmen, also für das Ich selbst zu halten, ist für sich betrachtet schon naiv. Dann aber zu glauben, dass die entsprechenden Einzelregionen und Einzelfunktionen des Gehirns auch das Ich selbst, unabhängig vom Forscher, widerspiegeln bzw. repräsentieren, wie die Neurophilosophen es nennen, ist mindestens ebenso naiv.

Wie aber können wir dieser Naivität entkommen? Mantel drüber und in Schweigen hüllen? Das ist die eine Variante. Die andere Variante ist, immer wieder neue Konzepte zu erfinden, die die bestehenden und unentwegt neu aufreißenden Löcher schließen. Das wird munter getan: Immer wieder neue Konzepte des Ich werden entwickelt, die ebenso munter auf das Gehirn projiziert werden. Die Spirale von Inflation und Projektion treibt wilde Blüten.

Je mehr Konzepte und neuronale Korrelate eingeführt werden, desto wertloser werden die philosophischen Konzepte und die neurowissenschaftlichen Befunde sowie ihre Aussagefähigkeit in Hinsicht auf das Ich. Die Wahrscheinlichkeit, dass die Befunde eher auf den Untersucher selbst zurückzuführen sind als auf das Ich und das Gehirn, nimmt mit der steigenden Anzahl der Konzepte des Ich exponentiell zu.

Eingefleischte Philosophen sind ob dieser Entwicklung zutiefst enttäuscht. Wie kann die Philosophie, die „Liebe zur Weisheit“, nur so degenerieren und sich den Neurowissenschaften gegenüber prostituieren? Sie selbst versucht alles auf das Gehirn zurückzuführen. Sie lässt sich zum bloßen Lieferanten für Konzepte degradieren, die dann wieder in Untersuchungen von Einzelteilen des Gehirns investiert werden. Die modernen Sklaven nennen sich Neurophilosophen und Philosophen des Geistes.

Das für sich genommen wäre aber noch nicht weiter schlimm. Ob die Philosophie nun zur Sklavin degeneriert oder nicht, ist allein eine Entscheidung der Philosophen selbst. Aber so einfach ist es nicht. Es geht schließlich um das Ich, um unsere Erkenntnis des Ich. Und hierfür ist die Versklavung der Philoso-

phie im wahrsten Sinne des Wortes tödlich. Sie verhindert durch ihre Versklavung die Möglichkeit der Entwicklung von Konzepten, die vom Untersucher und seinen Erkenntnisgrenzen unabhängig bleiben. Noch viel schlimmer: Dadurch wird die Erkenntnis des Ich, unabhängig von uns selbst als Untersucher, unmöglich gemacht und somit schon im Keim erstickt.
Ich biete Ihnen gern eine genauere Erklärung für diesen mir wichtigen Zusammenhang: Durch seine Unterordnung unter die Bedürfnisse des Neurowissenschaftlers passt der Philosoph seine Konzepte an die Grenzen der Erkenntnis des Neurowissenschaftlers (und seiner selbst) an. Die vom Philosophen entwickelten Konzepte spiegeln dann aber nicht mehr das Ich selbst, unabhängig von uns als Untersucher, sondern das Ich des Untersuchers, unser eigenes Ich, wider. Die Philosophie zielt nicht mehr auf Erkenntnis und Weisheit, sondern nur noch auf Unterwerfung. Dadurch kann nicht ausgeschlossen werden, dass die Neurowissenschaften nur das untersuchen, was ihnen die Philosophen suggerieren. Und die Philosophen suggerieren den Neurowissenschaftlern nur das, was die Neurowissenschaftler auch untersuchen können. Neurowissenschaften und Philosophie befinden sich also in einem in sich geschlossenen Kreis, aus dem sie keinen Ausweg mehr finden können.
Es kommt aber noch schlimmer. Wenn wir glauben, dass es unser Gehirn selbst ist, das diese Schatten produziert, verfangen wir uns endgültig in uns selbst, in dem Gehirn, so wie es von uns als Untersucher erkannt werden kann. Das aber muss nicht dem Gehirn entsprechen, so wie es selbst ist, unabhängig von uns als Untersucher. Dann ist aber nicht nur das Konzept des Ich möglicherweise ein Artefakt des Untersuchers, sondern auch das Gehirn selbst. Die Versklavung der philosophischen Konzepte durch die neurowissenschaftlichen Bedürfnisse verdeckt also nicht nur den Blick auf das Konzept des Ich, sondern

auch den auf das Gehirn selbst. Wir können nicht mehr sicher sein, ob das, was wir bezogen auf das Gehirn erfassen, wirklich das Gehirn selbst ist oder eher uns als Untersucher widerspiegelt. Der Untersucher sieht dann nur noch sich selbst im Spiegel des Gehirns, nicht aber das Gehirn selbst. Das allerdings macht eine Erkenntnis des Gehirns selbst unmöglich.

Um das zu verdeutlichen, können wir noch einmal unser Marktbeispiel variieren: Sie sind auf dem Markt und vergessen Ihren Rosenkohl beim Fischstand, wo er jetzt direkt neben dem Barsch liegt. Sie sind derweil weitergegangen, kaufen Brot, Käse und verschiedene Leckereien an anderen Ständen. Dies führt Sie wieder am Fischstand vorbei, wo Sie überrascht sind, als Sie den Rosenkohl sehen. Das muss aber ein besonderer Barsch sein, ein Barsch, der offenbar Rosenkohl produziert, denken Sie. Sie gehen von einem Wunder aus, und das Wunder halten Sie für Realität.

Aber Halt! Diese Realität wurde doch von Ihnen selbst geschaffen, Sie selbst haben den Rosenkohl doch neben den Barsch gelegt. Wie können Sie jetzt behaupten, dass der Barsch den Rosenkohl produziert hat? Was Sie wahrnehmen, ist nicht die von Ihnen unabhängige Realität, die „barsche Realität“, sondern das von Ihnen selbst produzierte Szenario. Sie erkennen also die von Ihnen hervorgerufene Realität wie in einem Spiegel, der Ihrem zweiten Besuch beim Fischstand entspricht, und Sie halten dies für die Realität selbst. Dabei sehen Sie nichts anderes als sich selbst bzw. die von Ihnen produzierte Realität. Diese Art Spiegel aber macht es Ihnen unmöglich, den Rosenkohl unabhängig vom Barsch zu betrachten – genauso wie es uns unmöglich ist, das Gehirn selbst unabhängig von unseren eigenen Konzepten zu erkennen.

Der Ausnahmezustand des Ich

Große Enttäuschung im Kriminalkommissariat. Man hatte auf die Fährte der Neurophilosophie gesetzt. Aber nichts als falsche Schlussfolgerungen, Inflationen und Projektionen.

„Jetzt fang bitte nicht wieder damit an, dass wir den Fall gleich jemand anders hätten geben sollen", mahnt die Kriminalpsychologin schlecht gelaunt ihren Kollegen, der nicht weniger missmutig am Schreibtisch hockt. „Und wem überhaupt?"

„Dem Psychiater, wenn ich dir auf die Sprünge helfen darf", brummt der Hauptkommissar. „Der hätte dieses ICH schon aus der Reserve gelockt."

„He, das ist doch die Lösung. Der Psychiater!" Die Psychologin ist begeistert.

„Na endlich, jetzt wirst du vernünftig. Ich dachte schon …"

„Eben nicht so, wie du denkst", wirft sie schnell ein, bevor der Jubel des Kommissars jedes weitere konstruktive Wort unmöglich machen würde. „Wir müssen in die Psychiatrie. Genau dort finden wir die Extrem- und Ausnahmezustände des Ich, die es hinter seinen Kostümen hervorlocken. Depression und Schizophrenie, das weiß ich noch vom Studium, dort werden wir es finden. Also los, gehen wir zum Psychiater!"

„Jetzt ist es so weit. Ich hatte es befürchtet, so musste es ja kommen …", jammert der Kommissar.

Das depressive Ich

Subjektives Erleben des depressiven Ich

Die Symptome einer Depression lassen sich nicht objektiv erfassen. Sicher gibt es da Merkmale, die man von außen angeben kann. Aber eigentlich erklärt nur das subjektive Erleben eines Betroffenen, was da geschieht. Lauschen wir also den Gedanken eines (erfundenen) Patienten.

„Es ist bereits elf Uhr, fast schon wieder Mittag. Ich liege immer noch im Bett. Ich schaffe es einfach nicht, aufzustehen. Gestern war es schon genauso. Da habe ich es nicht vor 12.30 Uhr gepackt, hochzukommen und mir ein Frühstück zu machen. Frühstück? Appetit? Was ist das denn? Ich habe keinerlei Appetit mehr, und wenn ich mir mein Brötchen mit Kirschmarmelade nur vorstelle, kommt mir der Ekel hoch. Dabei liebe ich das doch seit Jahren heiß und innig! Aber jetzt geht es nicht. Ich habe in den letzten Tagen kaum etwas gegessen. Ich habe einfach keinen Appetit. Ich muss schon etwa zehn Kilo abgenommen haben, in einer Woche!
Irgendwas muss mit meinem Körper los sein. Ich spüre immer wieder so einen Druck in der Herzgegend. Im Magen rebelliert es, er sendet seltsame Gefühle aus, die aber ständig wechseln. Mir tut alles weh, wenn ich mich bewege. Ich habe überall Schmerzen in den Gliedern. Aber das alles ist noch nicht so wild. Das Schlimmste ist: Ich habe keinerlei Antrieb mehr. Ich liege im Bett, vor allem morgens, und möchte überhaupt nichts mehr, ich komme einfach nicht hoch. Es dauert so ungefähr bis eins, bis ich etwas Antrieb habe, der mich schließlich aus dem Bett rauskommen lässt.
Antrieb, was ist das eigentlich? Ich grüble oft lange darüber nach. Wenn man gesund ist, weiß man gar nicht, dass man über Antrieb verfügt. Erst wenn er weg ist, so wie jetzt, dann weiß man, was Antrieb ist. Oder sein könnte. Aber, und das ist das Heimtückische, man kann es dann nicht mehr beschreiben. Denn dafür fehlen die Worte. Es gibt auch kein Wort dafür, wie es ist, wenn man keinen Antrieb hat. Man kann es nur erleben, allein für sich, eingeschlossen in diese furchtbare Erfahrung. Ich grüble den ganzen Tag herum. Warum habe ich keinen Antrieb mehr? Ich mache mir Vorwürfe. Ich selbst habe schließlich verursacht, dass ich keinen Antrieb mehr habe. Ich bin schuld. Und dafür büße ich jetzt.

Die Gedanken kreisen durch meinen Kopf. Konstant. Den ganzen Tag. Keine Ruhe. Wie eine Maschine. Sie kreisen und kreisen und kreisen und kreisen. Wie ein einziger wiederkehrender Gedanke. Immer dieselbe Leier. Ich komme von den Gedanken nicht los. Sie beherrschen mich. Sie versklaven mich.

Aber auch das ist noch nicht das Schlimmste. Das Schlimmste ist die innere Unruhe. Äußerlich habe ich keinen Antrieb. Ich komme nicht mal aus dem Bett. Und getroffen habe ich mich schon lange mit keinem mehr. Aber je träger ich werde, umso schlimmer wird diese innere Unruhe, dieses innerliche Rasen.

Auch das wieder etwas, das man nicht in Worte fassen kann. Es ist wie eine Maschine, die ständig rattert, rattert, rattert, rattert. Eine Maschine, die lärmt, aber nichts mehr produziert. Ein Auto, das läuft, aber nicht vom Fleck kommt. Ich liege hier im Bett und laufe auf Hochtouren. Was soll ich machen? Ich bin verzweifelt. Ich versuche dagegen anzukämpfen, gegen die innere Unruhe, gegen den fehlenden Antrieb. Aber dieser Kampf ist hoffnungslos. Ich komme ja nicht mal aus dem Bett. Geschweige denn in irgendetwas Konstruktives danach.

Ich kann die innere Unruhe nicht vertreiben. Ganz im Gegenteil: Sobald ich gegen sie angehen will, wird sie noch viel stärker. Es ist hoffnungslos. Das hat alles keinen Sinn mehr. Ich will da endlich raus! Ich muss mich umbringen. Vielleicht ist das der einzige Ausweg. Ich bin es sowieso nicht wert zu leben. Ich pack es ja eh nicht. Sieht man ja.

Ich selbst bin schuld daran, dass ich jetzt depressiv bin und hier im Bett liege. Aber was heißt hier ‚ich'? Mein Ich. Es ist schuld daran, dass es 11.30 Uhr ist und ich immer noch nicht in der Senkrechten bin. Ich selbst bin schuld an diesem Zustand. Es ist hoffnungslos. Was bleibt mir, als das alles endlich zu beenden?"

Zur Psychologie des depressiven Ich

Die Depression ist durch das gekennzeichnet, was man einen erhöhten Selbst-Fokus (oder Ich-Fokus) nennt. Depressive Patienten richten ihre volle Aufmerksamkeit nur noch auf ihre eigene Person, ihren Körper, ihre Vergangenheit, ihr eigenes Befinden. Sie sind nicht mehr in der Lage, andere Personen und ihre Umwelt entsprechend wahrzunehmen. Sehr häufig achten sie vermehrt auf ihren Körper und nehmen jede noch so kleine Veränderung wahr.

Was aber passiert, wenn man alles Körperliche bis ins kleinste Detail betrachtet? Man kommt zunächst gar nicht mehr los von der eigenen Physis. Der eigene Körper wird zur Welt des depressiven Ich, die äußere Welt scheint davon abgekoppelt. Jede kleinste Regung des Körpers wird wahrgenommen. Mit einem Mal tut alles weh. Der Körper, den man vorher im gesunden Wachzustand gar nicht wahrgenommen hat, wird jetzt überintensiv erlebt – als schmerzender, pochender Körper.

Eine kürzlich vorgenommene Studie hat depressive Patienten mit einem Fragebogen zur Wahrnehmung des eigenen Körpers untersucht. Wenn es wirklich so ist, dass die verschiedenen körperlichen Symptome letztlich vor allem auf eine erhöhte Körperwahrnehmung zurückzuführen sind, würde man eine abnorm erhöhte Körperwahrnehmung bei den Befragten vermuten. Und so war es in der Tat. Die depressiven Patienten zeigten sehr viel höhere Werte in dem Fragebogen zur Körperwahrnehmung als gesunde Probanden. Darüber hinaus zeigte sich ein direkter Zusammenhang zwischen der abnorm erhöhten Körperwahrnehmung und den körperlichen Symptomen. Je höher die Körperwahrnehmung, desto stärker die körperlichen Symptome.

Das wird noch klarer verständlich, wenn wir es auf einen simplen Tisch übertragen. Stellen Sie sich vor, Sie nehmen einen

Tisch in allen seinen Details wahr. Sie verbeißen sich regelrecht darin, den Tisch anzusehen. Nichts anderes zählt mehr. Sie sehen ihn sehr viel schärfer als sonst. Sie sehen jede Rille und die kleinste Unebenheit – all das „Schmerzhafte" des Tisches. Ihre Aufmerksamkeit ist völlig von dem Tisch gefangen. Sie werden gleichsam zum Tisch, mit all seinen Rillen und Einschnitten, mit all dem Schmerzenden.

Die erhöhte Aufmerksamkeit auf das eigene Ich richtet sich bei Depressionspatienten aber nicht nur auf den Körper, sondern auch auf die Emotionen. Wer depressiv ist, ist völlig von seinen negativen Emotionen gefangen. Er fühlt sich schuldig, schuld an allem Übel der Welt. „Ich hätte so vieles anders machen müssen in meinem Leben, dann wäre der Welt einiges an Übeln erspart geblieben. Und jetzt ist es zu spät. Ich bin ein hoffnungsloser Fall ..."

Die Psychologen nennen diese Zuordnung von negativen Emotionen zum eigenen Selbst negative Selbst-Attribution. Im Unterschied dazu treten positive Emotionen wie Freude und Glück völlig in den Hintergrund. Angenehmes kann nicht mehr mit dem eigenen Ich verknüpft werden, das Ich ist nur noch negativ. Es liegt also eine extreme Dysbalance zwischen negativer und positiver Selbst-Attribution vor.

Was aber tun, wenn man das eigene Ich nur noch negativ erlebt? Die Betroffenen versuchen unentwegt, da rauszukommen und positive Emotionen zu assoziieren. Sie machen sich Gedanken und versuchen, die Dinge positiv zu sehen. Aber das ist einfacher gesagt als getan. Je mehr sich depressive Patienten auf die eigenen Gedanken fokussieren und versuchen, sie positiv umzulenken, umso schlimmer wird es. Die Aufmerksamkeit auf die eigenen Gedanken verstärkt nur noch die ohnehin erhöhte Selbstaufmerksamkeit und speziell die negative Selbst-Attribution.

Aus den Denkversuchen wird ein Grübeln. Aber das depressive Grübeln ist etwas anderes als das gewöhnliche. Beim depressiven Grübeln geht es um die eigene Existenz, um nichts weniger als die Rettung der Existenz des eigenen Ich. Im Unterschied dazu geht es beim normalen Grübeln lediglich um die Lösung eines Problems, das die Existenz unseres Ich, wenn überhaupt, nur peripher berührt. Das depressive Grübeln ist also ein existenzorientiertes Grübeln, wohingegen das normale, alltägliche Grübeln problemorientiert ist.

Depressive Patienten erleben sich in einem Teufelskreis, jeder Betroffene kann Ihnen ein (trauriges) Lied davon singen. Je stärker man versucht, aus der Depression herauszukommen, umso stärker wird man in die düstere Umlaufbahn zurückgeworfen: kreisende Gedanken, bei denen es immer wieder um das Gleiche geht, die Schuld des eigenen Ich. Der Moment, in dem der depressive Patient erkennt, dass er keine Chance hat, der immer wieder gleichen Umlaufbahn seiner Gedanken und der Schwere zu entrinnen, ist der, wo er hoffnungslos wird. Immer wieder das gleiche. Keine Chance. Was bleibt dann anderes als sich umzubringen? Suizidale Gedanken kommen auf.

Durch das ständige Kreisen der Gedanken entfernt sich der Patient immer weiter von seinen Gefühlen, bis er am Ende gar nichts mehr fühlt – das Gefühl der Gefühllosigkeit nennen das die Psychiater. Das Ich ist dann nur noch ein einziger kreisender Gedanke, aber kein Gefühl mehr. Das korrespondiert mit der Unterscheidung des analytischen und des erlebensorientierten Ich-Fokus, wie sie von einigen englischen Psychologen vorgenommen wird. Der analytische Ich-Fokus ist erhöht, das Ich und seine Aufmerksamkeit richten sich nur noch auf die eigenen Gedanken, die in Endlosschleifen durch den Kopf kreisen. Zugleich ist der erlebensorientierte Ich-Fokus stark reduziert, die eigenen Gefühle werden nicht mehr erlebt, man fühlt sich im extremsten Fall regelrecht tot.

Psychoanalyse des depressiven Ich

Wie aber kommt es zu der erhöhten Selbstaufmerksamkeit, der Zentrierung des eigenen Ich um sich selbst? Wie entsteht dieses ich-zentrierte Ich? Psychiater gehen davon aus, dass dabei das Verhältnis der depressiven Patienten zu ihren Mitmenschen eine zentrale Rolle spielt. Depressive gestalten ihre Beziehungen zu Angehörigen oder Vorgesetzten häufig so, dass sie gar nicht anders können als depressiv zu werden. Das muss sicher genauer erklärt werden: Sie gehen eine besonders enge Beziehung mit Personen, aber auch Ereignissen oder Gegenständen ihrer Umwelt ein. Das muss keine sexuelle Beziehung sein, es ist eher eine emotional-imaginäre Beziehung. Denn vor allem in ihrer Vorstellung sind sie bestimmten Personen besonders nahe und fühlen sich emotional bei ihnen geborgen. So schüren sie in sich bestimmte Erwartungen an diese anderen. Häufig sind sie extrem hoch und kaum erfüllbar.

Einer Person oder einem Gegenstand wird also eine besondere Bedeutung für die eigene Person zugesprochen, die mit entsprechenden Erwartungen einhergeht. Diese haben aber mehr mit der eigenen Person als mit dem Gegenüber zu tun. Das heißt, die besondere Bedeutung, die der anderen Person zugeschrieben wird, dreht sich im Grunde weniger um sie als vielmehr um die eigenen Vorstellungen, Wünsche und Bedürfnisse.

Was passiert? Diese Gegenüber werden extrem emotional erlebt. Aufgrund der abnorm hohen Erwartungen an sie muss es zur Enttäuschung kommen. Der andere kann die an ihn gestellten Erwartungen beim besten Willen nicht erfüllen. Das ist enttäuschend und kränkend für den, der die Erwartungen und Hoffnungen hegt, zumal wenn er es so oder ähnlich immer wieder erlebt. Der Weg in die Depression liegt bei entsprechender Ausgangslage nahe. Natürlich könnte derjenige seine abnormen Erwartungen korrigieren. Eine Depression erfolgt also nicht wegen einer objektiven Schwierigkeit, sondern wegen des Umgangs mit der Situation und der eigenen Erwartungen.

Es klingt einfach, die eigene hohe Erwartungshaltung und das damit verknüpfte Ideal aufzugeben und das eigene Scheitern zuzugeben. Aber es ist verdammt schwer. Und für manche Menschen ist es eben noch schwerer. Die Depression scheint da, so seltsam das klingt, das kleinere Übel zu sein. Aber sie hat ihren Preis: innere Unruhe und äußere Antriebslosigkeit bis zum Extrem.

Das Ich spielt in gewisser Weise auch hier wieder eines seiner Kostümspiele – und wird darüber depressiv. In diesem Fall sind die hohe Erwartungshaltung an sich selbst und andere das Kostüm, das sich das Ich selbst anlegt. Diese Haltung geht mit einer bestimmten Vorstellung einher, wie das eigene Ich und die anderen Ichs zu sein haben – Freuds Über-Ich lässt grüßen. Der depressive Patient befindet sich letztlich in einem Konflikt zwischen seinem Ich und dem Über-Ich. Er selbst trägt zu diesem erheblich bei, indem er das Über-Ich ins Abnorme überhöht, so dass sein Ich (und im übertragenen Sinne dann auch die der anderen) keine Chance haben, die Wünsche und Erwartungen zu erfüllen. Die daraus resultierende immer wieder neue Enttäuschung führt in die Depression bzw. verstärkt sie.

Karnevalisten wissen es nur zu gut: Wenn man zu lange Karneval feiert, schlagen Spaß und Freude in Katzenjammer und Depression um. Ähnlich ist es mit dem Über-Ich. So hilfreich und gut es ist, Erwartungen, Ideale und somit ein ausgeprägtes Über-Ich zu haben, so schmerzhaft und depressiogen ist es, wenn man das Über-Ich zu sehr pflegt und noch weiter erhöht, als es naturgemäß ohnehin schon ist. Der Spaß des Karnevals hat seinen Preis, wenn man das Feiern übertreibt. Das Über-Ich fordert seinen Preis, wenn man zu viel in es hineinpackt.

Das hyperaktive Ich

Neuronale Veränderungen im Gehirn des depressiven Ich

Wie kann das Gehirn von depressiven Menschen hinsichtlich des Ich untersucht werden? In unserer Forschungsgruppe haben wir depressiven Patienten emotionale Bilder gezeigt, die sie beurteilen sollten. Diese Darstellungen umfassten verschiedene Szenen, lächelnde Babys, grinsende Frauen, schlagende Männer, zerfetzte Körper, einen Brotkorb, Gewehre und Kriegsszenen. Es waren also sowohl positive als auch negative und überdies neutral wirkende Bilder vertreten.
Patienten und zum Vergleich gesunde Probanden hatten nun die Aufgabe, diese Bilder in Bezug auf ihren Grad an Selbstbezüglichkeit zu beurteilen. Haben die Bilder viel mit mir zu tun? Oder haben die Szenen gar keinen Bezug zu meiner Person? Wenn depressive Patienten wirklich eine erhöhte Selbstaufmerksamkeit vor allem für negative Emotionen zeigen, würde man erwarten, dass sie erhöhte Werte der Selbstbezüglichkeit vor allem dann aufweisen, wenn negative Bilder gezeigt werden. Genau das war der Fall. Die depressiven Patienten erbrachten einen sehr viel höheren Bezug zur eigenen Person als gesunde Probanden – dies aber nur bei negativen Emotionen. Ein Beleg für die oben beschriebene negative Selbst-Attribution bei der Depression. Im Unterschied dazu ergaben sich bei den positiven Bildern erniedrigte Selbstbezüge bei den depressiven Patienten. Sie ordneten sich selbst kaum positive Emotionen zu. Unsere Befunde spiegeln genau das wider, was nach den obigen Erklärungen zu erwarten war.
Was hat das nun mit dem Gehirn zu tun? Wir haben diese Untersuchung, die Beurteilung emotionaler Bilder in Hinsicht auf das eigene Ich, durch die funktionelle Magnetresonanztomo-

graphie (fMRT) gestützt. Während die Personen die positiv und negativ emotionalen Bilder hinsichtlich ihrer Selbstbezüglichkeit beurteilten, haben wir mit der Bildgebung die neuronale Aktivität in ihren Gehirnen gemessen und die der hoch selbstbezüglichen Bilder mit der der niedrig selbstbezüglichen Bilder verglichen. Sie erinnern sich sicherlich: Die Mittellinienstrukturen, die dabei beobachtet wurden, zeigen aufgrund ihrer hohen Aktivität im Ruhezustand bei Stimuli vorwiegend Deaktivierungen, das heißt negative Signalveränderungen. Und genau diese Deaktivierung scheint bei depressiven Patienten gestört zu sein. Sie zeigen eine deutlich verminderte Deaktivierung in den Mittellinienstrukturen im Vergleich zu den gesunden Probanden.

Hängt diese verminderte Deaktivierung in den Mittellinien nun wirklich mit der erhöhten Selbstaufmerksamkeit, dem ich-zentrierten Ich, zusammen? Wir haben die subjektiven Werte für die erhöhte Selbstaufmerksamkeit bei negativen Emotionen in einen direkten Zusammenhang mit der verminderten Deaktivierung in den Mittellinienstrukturen gesetzt, das heißt, wir haben Korrelationen berechnet. Und siehe da, es fand sich ein deutlicher Zusammenhang bei den depressiven Patienten, vor allem in den subkortikalen Regionen. Dies war aber bei den gesunden Probanden nicht der Fall.

Je weniger Aktivität in den Mittellinienstrukturen durch die Beurteilung der Selbstbezüglichkeit des Bildes ausgelöst wird, desto stärker ist die Aufmerksamkeit auf das eigene Ich. Dies zeigt, dass die verminderte Deaktivierung in den Mittellinienstrukturen direkt mit der abnorm erhöhten Selbstaufmerksamkeit zusammenhängt. Die Aktivität im Gehirn der depressiven Patienten ist also in einer abnorm engen Art und Weise mit der Selbstaufmerksamkeit verknüpft. Beide können sich, anders als bei gesunden Probanden, nicht mehr voneinander trennen, denn die Aktivität im Gehirn wird immer niedriger, wenn die Selbstaufmerksamkeit größer wird, und umgekehrt. Dies bedeutet, dass die Aktivität bei den depressiven Patienten durch hoch und niedrig ich-bezogene Stimuli nicht mehr entsprechend moduliert, also gesteigert oder vermindert werden kann. Dies kann verschiedene Gründe haben. Entweder ist die Eigenaktivität, die sogenannte Ruhezustandsaktivität dieser Regionen extrem hoch, und zwar in einer Weise, dass sich kaum eine Deaktivierung auslösen lässt. Dann würde man eine Hyperaktivität dieser Regionen im Ruhezustand annehmen. Oder die Regionen zeigen keinerlei Eigenaktivität mehr und können daher nicht auf externe Stimuli reagieren. In diesem Fall würde man eine Hypoaktivität der Mittellinienregionen im Ruhezustand annehmen. Sind die Mittellinienregionen nun also hyper- oder hypoaktiv im Ruhezustand bei der Depression? Von diesen beiden Möglichkeiten hat sich die Erstere als richtig herausgestellt. Die verminderte Deaktivierung kann also auf eine erhöhte Ruhezustandsaktivität, eine Hyperaktivität zurückgeführt werden.

Hyperaktive Mittellinien

Hängt das alles vielleicht auch mit der inneren Unruhe zusammen? Die innere Unruhe bringt die depressiven Patienten fast zum Wahnsinn, sie ist unerträglich, also ein wesentlicher Teil der Erkrankung. Und warum erleben sie diese fast völlige Entkopplung von der Umgebung, den Rückzug aus der Umwelt?

In einer weiteren Untersuchung haben wir den Ruhezustand des Gehirns und seine Beziehung zum Ich untersucht. Da wir das Ich nicht direkt erfassen können, sondern immer nur mittels der Stimulation der Umwelt, haben wir untersucht, wie die Regionen im Ruhezustand bei der Wahrnehmung von hoch und niedrig ich-bezüglichen Stimuli reagieren. Das Ergebnis war signifikant: Bei depressiven Patienten reagierten die Mit-

tellinienstrukturen sehr viel geringer und zeigten weniger Deaktivierung als bei gesunden Probanden.
Was bedeutet das? Die Mittellinienstrukturen reagieren bei den depressiven Patienten nicht mehr so stark auf äußere Reize. Daher die verminderte Deaktivierung in diesen Regionen. Die Mittellinienstrukturen scheinen somit ein Eigenleben zu führen, abgeschottet von dem, was an Reizen einwirkt. Dies wurde auch dadurch bestätigt, dass die neuronale Aktivität in diesen Regionen nicht mehr auf feine Unterschiede im Grad der Ich-Bezüglichkeit reagierte. Hoch und niedrig ich-bezügliche Stimuli führen normalerweise zu unterschiedlichen Aktivierungen in den Ruhezustandsregionen, dies war aber bei den depressiven Patienten nicht mehr der Fall.
Grob geschlussfolgert: Die Mittellinienstrukturen der depressiven Patienten machen im Ruhezustand, was sie wollen, und reagieren einfach kaum noch. Sie haben bereits im Ruhezustand eine derart erhöhte Aktivität, dass sie nicht mehr gesteigert werden kann, auch durch äußere Reize nicht. Dies kann auch bei gesunden Probanden der Fall sein, bei den depressiven Patienten ist aber die Ruhezustandaktivierung dermaßen hoch, dass selbst die Deaktivierungen nur noch in verminderter Form, wenn überhaupt, ausgelöst werden können. Wenn der Level der Ruhezustandsaktivität einen gewissen Grad überschreitet, kann selbst der stärkste Stimulus keine und nur noch eine stark verminderte Deaktivierung bewirken. Genau dies scheint bei depressiven Patienten der Fall zu sein. Wer aber nicht mehr auf äußere Reize reagieren kann, beschäftigt sich nur noch mit sich selbst, seinem eigenen Ich. Genauso ist es bei den Mittellinienstrukturen im Ruhezustand in der Depression. Sie haben zu viel Aktivität, sie haben gewissermaßen mit sich zu tun und sind nicht mehr in der Lage, sich nach außen zu orientieren.
Die Hyperaktivität in den Mittellinienstrukturen schließt das Ich in sich selbst ein. Aber das Gehirn kann offenbar nicht ohne

Beziehungen leben. Und was macht das Gehirn, wenn es keine Beziehungen mehr zur Umwelt aufbauen kann? Es etabliert eine stärkere Beziehung zum Ich – das ich-zentrierte Ich entsteht. Das ist genau das, was die Psychologen mit erhöhter Selbstaufmerksamkeit, analytischem Selbst-Fokus und Introjektion beschrieben haben. Durch die Hyperaktivität in den Mittellinienstrukturen im Ruhezustand sind die Betroffenen scheinbar in sich selbst gefangen, in einem Gefängnis mit dem Namen Ich. Deswegen fühlen sie sich im depressiven Zustand so in sich selbst eingeschlossen und gleichzeitig völlig entkoppelt von anderen Personen und der Umwelt.

Dass die Mittellinienstrukturen so eine erhöhte Ruhezustandsaktivität zeigen, ist möglicherweise auf bestimmte biochemische Substanzen, wie zum Beispiel Glutamat, zurückzuführen, die in einer abnorm veränderten Art vorliegen. Ob diese Veränderungen die Ursache bzw. der Auslöser oder doch eher die Folge der Hyperaktivität im Ruhezustand in den Mittellinien sind, muss gegenwärtig jedoch offen bleiben. Auch hier kommt man aber letztlich darauf, dass ursächlich Enttäuschungen in Hinsicht auf andere Personen im Umfeld des Patienten die Auslöser gewesen sein müssen. Die enttäuschten Erwartungen führen zu Schwierigkeiten in der Beziehung. Und diese werden möglicherweise durch eine Steigerung der Ruheaktivität im Gehirn, in seinen Mittellinienstrukturen, kompensiert. Ist also die Hyperaktivität im Ruhezustand ein Versuch, eine enttäuschte und zumindest im subjektiven Erleben gescheiterte Beziehung zu retten? Obwohl sie plausibel ist, muss diese Annahme gegenwärtig als spekulativ angesehen werden, da entsprechende Befunde bisher nicht vorliegen.

Krankheiten sind oft der Versuch des Organismus, sich einer ungünstigen Situation anzugleichen. Nun kann aber die in die Depression führende Hyperaktivität schwerlich als gelungene Kompensation angesehen werden. Eher schon als gescheiterte

Kompensation, bei der das Gehirn, genauer die Mittellinienstrukturen, im wahrsten Sinne des Wortes zu viel des Guten tun. Die Steigerung der Ruheaktivität mag gut gemeint sein, hat aber desaströse Konsequenzen. Das Gehirn überspannt den Bogen und erreicht genau das Gegenteil von dem, was erreicht werden soll – die Beziehungen funktionieren überhaupt nicht mehr.

Das depressive Ich und sein Gehirn

Begeisterte Anhänger der Neurowissenschaft werden sich jetzt fragen, ob das nicht alles viel zu psychoanalytisch ist. Die Psychoanalyse war zwar in den 70er Jahren des letzten Jahrhunderts sehr populär, dann aber ist sie etwas in Verruf geraten. Sie wurde als unwissenschaftlich und mysteriös tituliert, sie sei subjektiv und daher einem Zauber ähnlicher als einer objektiven Wissenschaft. Die Couch verschwand. Stattdessen etablierte sich der Neurowissenschaftler, der Hirnforscher, der glaubt, alle Subjektivität wegfegen und eliminieren zu müssen und durch objektive Befunde des Gehirns ersetzen zu können. Wir könnten es auch so sagen: Die psychoanalytische Couch wurde durch die neurowissenschaftliche Couch ersetzt. Und wer liegt jetzt darauf? Nicht mehr eine individuelle Person, sondern ein Gehirn in einem Tomographen. Alles, was uns die Person auf der Couch gesagt hat, kann viel besser – und vor allem objektiv – mit Hilfe der Magnetresonanztomographie beobachtet werden.
Doch irgendetwas fehlt bei diesem Szenario. Etwas ist verloren gegangen. Gehirn ist ja schön und gut, aber irgendetwas fehlt. Was ist es? Es ist genau das, was den Menschen ausmacht – seine Subjektivität und seine Individualität mitsamt seinem subjektiven Erleben von sich selbst, anderen Personen und der Umwelt. Kurz gefasst: Das Ich fehlt. Der Weg von der psycho-

analytischen Couch zum neurowissenschaftlichen Tomographen geht also mit einem Verlust des Ich einher.

Die psychoanalytische Erfahrung sagt, dass es nie nur um eine einzelne Person geht, sondern immer um den Menschen in Beziehung zu anderen und seinem Umfeld. Wenn diese Beziehungen instabil werden, zum Beispiel aufgrund der eigenen hohen Erwartungshaltung, können Symptome entstehen. Auch Depressionen müssen also eher mit Beziehungen zu anderen Personen als einzig und allein mit dem Gehirn in Verbindung gebracht werden.

Auf der anderen Seite sind da aber diese neuartigen, verlockenden Einblicke ins Gehirn. Der Neurowissenschaftler präsentiert uns bunte Bilder, die zeigen, dass genau die und die Region bei der Depression eine abnorme neuronale Aktivität zeigt. Da dies so eindrucksvoll ist, wird man möglicherweise diesen „bunten Fleck“ als die Ursache der Depression ansehen. Das hieße aber, die Rechnung ohne den Wirt zu machen. Der Wirt des bunten Flecks im Gehirn ist die Beziehung des Gehirns zu seiner Umwelt. Der Fleck, die abnorme Aktivität in einer Hirnregion, die wir beobachten, ist lediglich der Gast in einer Kneipe. Der Wirt ist die Beziehung, die Beziehung zwischen Gehirn und Umwelt.

Was die Hirnforscher uns zeigen, ist also nur eine Manifestation der Beziehung zwischen Gehirn und Umwelt. In dieser Beziehung aber liegt die Ursache der Depression. Die Ursache in das Gehirn selbst zu verlagern hieße ganz einfach, Ursache und Wirkung zu verwechseln. Die Beziehung zwischen Gehirn und Umwelt ist die Ursache, die bewirkt, dass sich die neuronale Aktivität im Gehirn abnorm verteilt. Sieht man aber Letzteres, die abnorme Verteilung der neuronalen Aktivität als Ursache an, ist man auf dem Holzweg. Genau das aber müssen sich genau die Psychiater vorwerfen lassen, die in all ihrer Begeisterung für die eindrucksvollen Befunde der Neurowissenschaften die Ursachen psychiatrischer Erkrankungen einzig und allein im Gehirn lokalisieren.

Ein Fehlschluss

Was sagt uns das Beispiel der Depression in Hinsicht auf das Ich? Zunächst wieder einmal: Das Ich ist mehr als nur das Gehirn. Das Ich ist die Beziehung zwischen Gehirn und Umwelt. Das Ich ist eine Beziehung. Wenn es so einfach ist, dann werden Sie sich jetzt fragen, warum die Neurophilosophen, die Neurowissenschaftler und auch viele Psychiater das Ich immer wieder im Gehirn lokalisieren und es mit diesem gleichsetzen.
Der Lokalisation des Ich im Gehirn geht das voraus, was Sie bereits als neuronale Projektion kennengelernt haben. Die Inhalte des Konzepts des Ich werden einfach eins zu eins auf das Gehirn und seine Einzelregionen und Einzelfunktionen übertragen oder, wie die Bildgeber sagen, „gemappt". Der jeweilige Inhalt, den das Konzept des Ich beschreibt, spiegelt sich dann in der jeweiligen neuronalen Funktion wider. Neurophilosophisch heißt dies, dass die neuronale Funktion den entsprechenden Inhalt repräsentiert.
Das aber muss als Fehlschluss entlarvt werden. Ein bloßes Konzept, ein Begriff, wird hier mit einer neuronalen Aktivität verwechselt. Aber Konzept ist Konzept und neuronale Aktivität ist neuronale Aktivität. Das sind zwei unterschiedliche Dinge. Fisch ist nicht Fleisch und Fleisch ist nicht Fisch. Wer aber den Fisch für das Fleisch hält, den Fisch gar im Fleisch lokalisiert oder mit ihm gleichsetzt, der begeht einen Fehlschluss.
Natürlich darf es verwundern, dass hochkarätige Wissenschaftler einen solch schwerwiegenden Fehlschluss, der zudem so einfach zu enttarnen zu sein scheint, begehen. Aber es ist so. Und ich möchte es gern noch ausführlicher begründen. Es ist ein Fehlschluss auf mehreren Ebenen. Zunächst einmal, weil

hier ein Konzept oder ein Begriff, das Konzept eines Ich, mit einer neuronalen Aktivität verwechselt wird. Ein Begriff wird durch unsere Fähigkeiten des Verstandes und der Sprache erzeugt, die neuronale Aktivität hingegen wird von außen beobachtet. Weil sie auf unterschiedlichen Tätigkeiten beruhen und somit unterschiedliche Charakteristika aufweisen, können ein Konzept oder ein Begriff und eine von außen beobachtete neuronale Aktivität nicht gleichgesetzt werden. Wie gesagt: Fisch ist nicht Fleisch und Fleisch ist nicht Fisch.

Es gibt noch einen weiteren Grund, warum die Projektion des Konzepts des Ich auf das Gehirn nicht zulässig ist. Das Konzept des Ich beschreibt immer ein Ganzes, eine Beziehung eines lebendigen Organismus zur Umwelt. Dieses Ganze kann dabei nicht allein auf seine Teile selbst, die Beziehungsglieder, also Organismus und Umwelt, zurückgeführt werden. Genauer gesagt: Das Ganze ist mehr als die Summe seiner Teile. Das bedeutet, dass weder der Organismus selbst noch die Umwelt mit der Beziehung zwischen beiden, die für das Ganze steht, gleichgesetzt werden können.

Die von außen beobachtete neuronale Aktivität in einer bestimmten Hirnregion ist eben nur ein Teil, ein Teil des Gehirns und ein Teil des Organismus. Wenn das Konzept des Ich auf das Gehirn projiziert wird, wird somit ein Ganzes auf einen Teil projiziert. Eine Hose wird hier auf ein einzelnes Hosenbein projiziert und letztlich reduziert. Wenn das mal nicht in die Hose geht.

Doch das Problem ist noch größer. Man projiziert hier nicht nur irgendein Ganzes auf irgendeinen Teil. Man projiziert das Ganze, das Ich, auf einen Teil seiner selbst, das Gehirn. Wie aber kann ein Ganzes mit einem Teil seiner selbst identisch sein und überdies darin lokalisiert sein? Es stellt sich dann die Frage, ob es das Ganze, das Ich, unabhängig von dem Teil, dem Gehirn, mit dem es identifiziert wird, überhaupt gibt. Genau das ist ja auch die Schlussfolgergung vieler Neurowissenschaftlers. Das aber ist ein Fehlschluss.

Machen wir es uns mit einem Beispiel leichter: Ein Auto besteht aus einem Motor, vier Reifen, viel Metall und einer Unmenge an Einzelteilen. Entsprechend zusammengefügt machen diese Teile das Ganze, das Auto, aus. Stellen Sie sich nun vor, dass jemand noch nie ein Auto gesehen hat. Jetzt macht er einen Ausflug in die Zivilisation, und da rauscht eins an ihm vorbei, ein zweites kommt, ein drittes – und jedes Mal beobachtet er staunend, dass das Auto sich irgendwie wegen der Reifen vorwärtsbewegen muss. Schlussfolgert unsere Beispielperson jetzt richtig, wenn sie die Reifen für das Auto selbst hält und somit einen Teil des Autos, die Reifen, mit dem Ganzen, dem Auto selbst, identifiziert? Bezüglich des Autos fällt Ihnen die Diagnose leicht. Hier liegt ein Fehlschluss vor, es ist das Ganze mit Teilen davon verwechselt worden.

Wie aber kann ein Ganzes auf einen Teil seiner selbst projiziert werden? Dann wäre das Ganze ja nicht mehr ein Ganzes. Das Ganze, und somit das Ich, muss dann unweigerlich verloren gehen. Wenn die Hose als Ganzes mit einem der Hosenbeine gleichgesetzt wird, geht die Hose als Ganzes verloren. Was dann übrig bleibt, ist lediglich das Hosenbein.

Genau einer solchen Verwechslung und somit einem Fehlschluss unterliegen wir, wenn wir das Ich mit dem Gehirn identifizieren und es in ihm lokalisieren. Wenn das Konzept des Ich auf das Gehirn projiziert wird, findet also eine Verwechslung zwischen Ganzem und Teil statt. Die Beziehung zwischen einem Ganzen und seinem Teil wird in einer bestimmten Wissenschaft, der Mereologie, untersucht. Wenn man nun fälschlicherweise vom Ganzen auf einen Teil des Ganzen schließt, wie es die Hirnforscher tun, dann begehen sie das, was zwei Autoren, Max Bennett und Peter Hacker, einen „mereologischen Fehlschluss" genannt haben.

Wie reagieren nun die Neurowissenschaftler und Neurophilosophen, wenn sie mit der Diagnose eines mereologischen Fehlschlusses konfrontiert sind? Gegenangriff scheint ihre Devise zu sein, um jegliche Zweifel zu verstreuen. Sie werfen Bennet und Hacker (und dem mereologischen Fehlschluss) vor, gefährlich für die Neurowissenschaften und damit für den Fortschritt zu sein. Ihre Kritiker brandmarken sie als Traditionalisten, Konservative und Fortschrittsblockierer. Das aber, wie auch das wissenschaftliche Vorgehen der Neurowissenschaftler, nenne ich naiv. Da sie sich als Neurowissenschaftler selbst nicht mit Begriffen und Konzepten beschäftigen, wie es „das Ganze und seine Teile" darstellen, ist es kein Wunder, dass sie konzeptuell naiv agieren und beides verwechseln.

Aber die Neurophilosophen, die sich mit der Philosophie und daher mit Konzepten beschäftigt haben, sollten nicht so naiv sein. Sie sind es aber in dem Moment, in dem sie ihre Konzepte auf das Gehirn und seine Regionen projizieren. Sie begehen genau den von Bennett und Hacker diagnostizierten mereologischen Fehlschluss, daran ist nichts zu deuteln.

Die Neurophilosophen, die es eigentlich besser wissen sollten, begehen damit genau den gleichen Fehler wie die von ihnen hofierten Neurowissenschaftler. Überidentifizierung mit dem geliebten Objekt nennen die Psychoanalytiker es, wenn sich eine Person dem von ihr geliebten Menschen unterwirft und sich ihm in den Wünschen und Bedürfnissen völlig anpasst bzw. sich mit ihm identifiziert. Genau eine solche Überidentifizierung scheint bei der Neurophilosophie in Hinsicht auf die Neurowissenschaft vorzuliegen. Da eine solche Überidentifizierung naiv ist, erlaube ich mir, auch von einer naiven Neurophilosophie zu sprechen.

Solange die Neurophilosophen diese Naivität nicht einsehen, ist genau das, was sie sich so sehnsüchtig erhoffen, nicht zu erwarten, nämlich Fortschritt. Die neurophilosophische Naivität blockiert ihn. Solange die Neurophilosophie nicht von ihrer überidentifizierenden Haltung wegkommt, wird sie keinen Beitrag zur Lösung der Fragen um das Ich leisten können. Sie bleibt dann in den eigenen Fehlschlüssen, die auch diejenigen der Neurowissenschaftler sind, hängen.

Das verfolgte Ich

„Eigentlich ganz interessant, die Psychiatrie“, flüstert der Kommissar auf den weißen Fluren seiner Kollegin zu. „Ich meine, solange ich weiß, dass ich hier jederzeit wieder hinausspazieren darf.“

„Du hast recht. Und die Depression haben wir als ein eindrucksvolles Beispiel dafür kennengelernt, was passiert, wenn zu viel Ich vorliegt.“

„Wovon es einen Überschuss gibt, das muss doch existieren, oder? Ohne reale Existenz kein Überschuss.“ Der Kommissar ist vorsichtig geworden. „Aber das darf man doch sagen: Die Depression liefert weitere Indizien, Spuren und Fährten für die Existenz eines Ich.“

„Ja, das kann man wohl sagen“, entgegnet die Kriminalpsychologin. „Und uns wurde wieder einmal deutlich, dass das Gehirn offenbar nicht unabhängig von seiner Umwelt betrachtet werden kann. Wenn die Beziehung zur Umwelt instabil wird, versucht das Gehirn gegenzusteuern, es scheint alles dafür zu tun, die Beziehung zur Umwelt aufrecht und stabil zu erhalten. Das Gehirn ist also offenbar ein Beziehungsorgan. Das sagt dieser Mailschreiber doch auch. Vielleicht wäscht er dem Professor am Ende ja noch ordentlich das Gehirn.“

Ihr Kollege reagiert gar nicht auf den Witz der Psychologin, er ist jetzt Feuer und Flamme für die Fakten: „Interessant wäre es

doch, wenn diese Beziehung zur Umwelt zerbricht, oder? Also so richtig, mehr noch als bei der Depression, von der ja jeder meint, sie irgendwie ab und an ein bisschen zu erleben. Wenn diese Beziehung richtig gestört oder verschwunden ist, das müsste doch für uns interessant sein. Gibt es so etwas?"
„Schizophrenie", antwortet die Kriminalbeamtin nüchtern. „Die Beziehung des Gehirns zur Umwelt ist dann so verändert, dass das Ich sich beispielsweise von anderen verfolgt fühlt. Das verfolgte Ich. Dazu sollten wir uns mal ein paar Infos erbitten."

Symptome der Schizophrenie

Die Schizophrenie ist eine komplexe Erkrankung mit einer Vielfalt von Symptomgruppen. Diese umfassen paranoide Zustände, Desorganisierung, Ich-Störungen, Störungen der Affektverarbeitung und Katatonie, die Erstarrung. Paranoide Symptome liegen zum Beispiel vor, wenn sich jemand verfolgt fühlt, dies aber in der Realität keine Ursache hat, sondern reine Einbildung ist. Hier werden Ereignisse auf die eigene Person bezogen, die nichts, aber auch gar nichts mit der eigenen Person zu tun haben. Die entsprechenden Gedanken gehen häufig mit Stimmen einher, die die Erkrankten zu hören meinen. Um das Erleben eines Betroffenen zumindest annähernd nachvollziehbar zu machen, sollten wir am besten wieder einen (erdachten) Patienten persönlich zu Wort kommen lassen. Wir schalten also wieder um in die Gedankenwelt eines Menschen in psychiatrischer Behandlung.

„Ich gehe auf dem Bürgersteig. Zehn Meter entfernt von mir fällt ein Fahrrad um. Nichts Besonderes, das kann passieren. Vielleicht war es instabil aufgestellt oder es blies ein starker Wind. Aber wenn ich es mir genau überlege … ich bin mir

sicher, dass ich es war, der das Fahrrad zum Umfallen gebracht hat. Vielleicht liegt es an der Art und Weise, wie ich gehe. Muss ich meinen Gang verändern?
Ich fühle mich nicht wohl, mir ist richtig schlecht. Ich hatte Streit mit meiner Mutter, wieder mal, wie so häufig. Wir können nicht ohneeinander, aber miteinander können wir auch nicht. Jetzt aber bin ich mir sicher. Ich fühle mich heute so unwohl, weil sie mir gestern was ins Essen gemischt hat. Ja, der Kartoffelbrei, der roch eh so komisch. Der war radioaktiv verstrahlt, den hat sie bestimmt damals nicht lange nach der Explosion des Reaktors in Tschernobyl gekauft und dann aufbewahrt, um mich jetzt zu vergiften. Fällt ja gar nicht auf, aber jetzt ist es mir klar geworden.
Jetzt, wo ich an den Kartoffelbrei denke, höre ich mit einem Mal die Stimme meines verstorbenen Vaters. Er spricht mit mir und gibt mir Anweisungen. Ich höre ihn ganz deutlich. Ist mein Vater wieder auferstanden? Auch meine Mutter spricht, aber ist sie überhaupt in der Nähe? Ich bin extrem verunsichert. Was soll ich bloß machen?“

Dieses Stimmenhören ist eine Halluzination, eine Störung der akustischen Wahrnehmung. Auch andere Sinne können betroffen sein, es gibt auch optische Halluzinationen sowie solche des Geschmacks, der Berührung und des Geruchs. Häufig tauchen zudem Symptome der Desorganisation auf, die insbesondere die eigene Gedankenwelt betreffen. Die Gedanken gehen dann völlig durcheinander, der Betroffene kann nichts mehr sortieren und ordnen. Ein Klient könnte die Gedankenebene als ein Kinderzimmer von fünf Geschwistern beschreiben, in dem seit einem halben Jahr nicht mehr aufgeräumt wurde.
Bei den Ich-Störungen ist besonders interessant, wie sich nach den Schilderungen von Patienten die innere Logik erschließt. Wenn jemand in dem Chaos seiner eigenen Gedanken und

Wahrnehmungen überhaupt nicht mehr zurechtkommt, wenn alles durcheinandergeht, dann wirft er den Notanker – auf andere Menschen. Sie werden zu seiner Ordnung und zu seiner Basis. Irgendwann aber verliert sich das eigene Ich, der Betroffene glaubt gewissermaßen, dass sein Ich ein anderes Ich ist. Es mag ein tolles Gefühl sein, zum Beispiel Napoleon, Gott oder Jesus zu sein. Oder Nofretete, die wunderschöne ägyptische Königin. Es erscheint als Lösung, dem eigenen Chaos zu entkommen, einfach das Ich zu wechseln.

Aber alles hat seinen Preis, so auch der Identitätswechsel. Schließlich ist so ein Wechsel nur möglich, wenn das alte, das eigentliche Ich verschwindet, wenn es sozusagen getötet wird. Das aber erzeugt starke Angst. Also muss eine Alternative gefunden werden: völliges Abstumpfen bezüglich des Chaos im eigenen Inneren, man lässt nichts mehr an sich heran. Blander-Affekt oder Affektstörung nennen das die Psychiater. Abwehr des Chaos könnte man auch sagen.

Wenn auch das nicht ausreicht, weil das Chaos einfach zu mächtig wird, kann es zur Katatonie kommen. Der Mensch stellt sich starr, er lässt sich durch keinerlei Stimuli in irgendeiner Art und Weise mehr beeinflussen, einfach damit nicht durch irgendetwas von außen ein noch größeres Chaos im Inneren verursacht werden kann. Das Chaos ist eh schon groß genug, und die Katatonie ist der scheinbar beste Weg, auch das kaum noch wahrnehmen zu müssen. Kaum noch Bewegung, kein Sprechen mehr – Stumpfheit.

Die heutigen Psychiater meinen, dass all das im Gehirn verursacht und somit auch aufzuheben sei. Das Chaos im Gehirn, das Gehirn ein Chaos? Man geht davon aus, dass bestimmte Hirnregionen geschrumpft sind, im Hippokampus und im präfrontalen Kortex, in genau den Regionen also, in denen innere und äußere Stimuli integriert werden. Sind die Betroffenen also Integrationschaotiker?

Heute werden die von Schizophrenie Betroffenen weltweit mit den neuen Techniken der funktionellen Bildgebung untersucht. Seit Jahrzehnten versuchen die Psychiater herauszufinden, was es mit der Störung auf sich hat. Mal sind es biologische Gründe, die angeführt werden, dann wieder soziale wie das Umfeld oder psychologische wie die ambivalente Mutter, die in der Kindheit des Betreffenden keine eindeutigen Emotionen ausgesendet hat. Geklärt ist es bis heute nicht.
Kaum jemand kommt auf die Idee, dass das, worunter die Betroffenen leiden, eine Beziehungsstörung sein könnte. Wäre das nicht naheliegend? Eine Störung in der Beziehung des Gehirns zur Umwelt. Umwelt und Gehirn passen irgendwie nicht mehr richtig zusammen, der Schlüssel ist zu groß geworden für das Schloss. Im Kopf der Patienten, so erleben sie es mit ihrer großen Sensibilität und Genauigkeit, wird irgendwie alles, was die Umwelt zeigt, verzerrt, vergrößert, doppelt und dreifach abgebildet. Also müsste doch die Beziehung selbst, die Beziehung zwischen Gehirn und Umwelt, untersucht werden.

Ich-Bewusstsein

Warum herrscht so ein Chaos vor? Worauf lassen sich die verschiedenen Symptome der Schizophrenie zurückführen? Christian Scharfetter, ein Psychiater aus Zürich, spricht in diesem Zusammenhang von einem veränderten Ich-Bewusstsein. Die schizophrenen Patienten leiden unter einem zu starken Bewusstsein ihres eigenen Ich. Statt einer Grobaufnahme nehmen sie ihr eigenes Ich in einer Feinaufnahme wahr. Aber nicht nur ihr eigenes Ich, sondern auch die Umwelt wird wie durch ein Mikroskop in den feinsten Details erlebt. So verwundert es nicht, dass dabei Chaos entsteht.
Scharfetter unterscheidet zwischen verschiedenen Dimensionen des Ich-Bewusstseins: Ich-Vitalität, Ich-Aktivität, Ich-

Konsistenz, Ich-Demarkation und Ich-Identität. Die Ich-Vitalität bezieht sich vor allem auf das Gefühl der eigenen Lebendigkeit, das Gefühl, zu leben und ein lebendiges Wesen zu sein, anders als ein toter Stein. Ich-Aktivität beschreibt die eigene Beweglichkeit, man kann seine Wahrnehmungen und Bewegungen selbst bestimmen, man fühlt sich als aktives Ich und hängt nicht passiv in den Seilen.
Sich als eine Einheit von Körper, Gedanken, Emotionen etc. zu empfinden, bedeutet Ich-Konsistenz. Ich-Demarkation regelt den „Grenzverkehr“, man kann sich ständig von der Umwelt und anderen Menschen abgrenzen, als Ich im Vergleich zum Nicht-Ich, dennoch kann man mit den anderen in einen Austausch treten. Die Ich-Identität, als abschließende Dimension des Ich-Bewusstseins, speist sich aus der eigenen Biographie und persönlichen Erlebnissen, die kein anderes Ich hat.
All das ist bei einer Schizophrenie mehr oder weniger stark gestört. Die Erkrankung hieß ursprünglich Spaltungsirresein, man spricht von einer gespaltenen Persönlichkeit. Dabei müsste man vielmehr sagen, dass diejenigen hypersensitiv und extrem empfänglich für die Wahrnehmung und das Bewusstsein der eigenen Welt und der Umwelt sind. Auch diese Patienten zeigen ein erhöhtes Ich-Bewusstsein. Wenn Wahrnehmung und Bewusstsein zu viel werden, wenn das Chaos droht, dann werden Ich-Vitalität und Ich-Konsistenz verschoben und so verändert, dass der innere Zustand einigermaßen erträglich bleibt.
Im extremsten Fall werden dann auch die Ich-Grenzen, die Ich-Demarkation und die Ich-Identität, verschoben. Dann kommt es vor, dass andere Leute, häufig dem Betroffenen subjektiv wichtige Personen, zu ihm sprechen und ihm Befehle geben. Letztlich soll auch das helfen, aus dem ganzen Schlammassel wieder herauszukommen. Auch der beschriebene Identitätswechsel ist ein solcher Versuch – Napoleon oder Jesus zu werden, das gibt zumindest oberflächlich und kurzfristig Sicherheit.

Das alles scheint so offensichtlich – und doch halten Psychiater und Hirnforscher die Schizophrenie für eine Störung der höheren kognitiven Funktionen wie autobiographisches Gedächtnis, Kurzzeitgedächtnis, Aufmerksamkeit etc. Sie haben dementsprechend zahlreiche Untersuchungen bei diesen Funktionen und den entsprechenden Hirnregionen wie dem präfrontalen Kortex und dem Hippokampus gemacht. Aber, und das scheinen sie nicht sehen zu wollen, die Veränderungen in diesen Funktionen und Hirnregionen sind nur eine Folge des Chaos, nicht die Ursache.
Kommen wir dazu noch mal auf die Hose zurück: Wenn eine enge Hose ständig über einem dicken Bauch getragen wird, leiert sie aus. Genauso ist es mit den höheren kognitiven Funktionen und den entsprechenden Hirnregionen. Wenn sie ständig überbeansprucht werden und immer auf Hochtouren laufen müssen, leiern auch sie mit der Zeit aus, sie werden dysfunktional und schrumpfen schließlich. Dieses dann auch beobachtbare Schrumpfen ist aber eher Wirkung und Folge des Chaos als seine Ursache.
Woher also kommt das Chaos? Bei den Betroffenen ist die Beziehung zwischen Gehirn und Umwelt verändert. Das Gehirn ist offenbar nicht mehr in der Lage, sich im gesunden Maß an die Umwelt anzupassen. Stattdessen untersucht es die Umwelt wie eine Lupe, wie ein Mikroskop. Statt alles eins zu eins wahrzunehmen, erfolgt die Aufnahme und Verarbeitung der Reize eins zu zwei oder gar eins zu drei. Lassen wir noch einmal den Patienten selbst zu Wort kommen:

„Mein Leben lang war und bin ich damit beschäftigt, den Maßstab zwischen meinem Gehirn und der Umwelt zu klären. Was für andere, gesunde Menschen klar und eindeutig ist, ist für mich die Quelle ständiger Fragwürdigkeit. Ist das, was ich wahrnehme und in meinem Bewusstsein habe, die Umwelt selbst, so wie sie unabhängig von mir als individueller Person ist? Oder ist es die Umwelt, so wie sie mir die Lupe meiner Wahrnehmung widerspiegelt? So frage ich mich ständig, ob das, was ich wahrnehme, durch die Umwelt selbst oder durch meinen Blick bedingt ist. Für Gesunde ist es in der Regel klar, dass das, was sie in der Umwelt bemerken, der Umwelt selbst entspricht. Für mich aber ist es ein ständiger Zweifel, denn ich weiß nie, ob das stimmt. Kein Wunder also, wenn ich am Ende nicht mehr weiß, wer, was und wo ich eigentlich bin."

Wenn wir das mal so hinnehmen, stellt sich die Frage, wo denn diese Lupe, die die Wahrnehmung verändert, sitzt. Wahrscheinlich nicht in den Hirnregionen wie dem Hippokampus und dem präfrontalen Kortex, die eher für kognitive Funktionen zuständig sind. Schon eher in sensorischen Regionen wie dem akustischen Kortex – und genau dort werden auch einige Veränderungen bei der Schizophrenie gefunden. Wie diese aber mit dem Ich, der Wahrnehmung und dem Bewusstsein von der Umwelt zusammenhängen, wurde bisher nicht erforscht. Die Lupe sitzt also möglicherweise genau dort, wo Gehirn und Umwelt sich begegnen.

Psychiater der 1960er- und 1970er-Jahre haben die Lupe außerhalb des Gehirns lokalisiert: Sie würde ausschließlich in der Umwelt selbst liegen, die Umwelt sei an allem schuld. Die Schizophrenie wurde damals als rein soziale Erkrankung betrachtet, beispielsweise von R. D. Laing. Dem aber scheint dieselbe Kurzsichtigkeit zugrunde zu liegen wie der Behauptung der Neurowissenschaftler heute, dass die Schizophrenie schlichtweg im Gehirn verursacht sei. Immer wieder versuchten die Wissenschaftler, bei all ihren Differenzen, die Schizophrenie irgendwo dingfest zu machen.

Aus alldem darf man schlussfolgern: Die Schizophrenie ist weder eine Umwelterkrankung noch eine Gehirnerkrankung, sondern eher eine „Grenzerkrankung“, die Grenze zwischen Gehirn und Umwelt ist so verändert, dass es zu den benannten Störungen kommt. Damit verwundert es auch nicht, dass die Forscher weder „die“ schizophrene Gehirnregion noch „den“ schizophrenen Umweltvirus finden. Durch ihren ausschließlichen Fokus auf die Umwelt oder das Gehirn verengen sie ihren Blick und verlieren das, was sie eigentlich untersuchen sollten, die Beziehung zwischen beidem, aus den Augen.

Für die Fahndung nach dem Ich heißt das, dass sich die Fakten verdichten, nach denen das Ich eine Beziehung zwischen Gehirn und Umwelt ist. Das Beispiel der Schizophrenie zeigt, dass das Ich sich immer in seiner Beziehung zur Umwelt manifestiert. Wenn das Ich verändert ist, wie eben in der Schizophrenie und vor allem den Ich-Störungen, verändert sich die Beziehung zur Umwelt. Nicht nur das eigene Ich wird dann als ein anderes Ich erlebt, sondern auch andere Ichs verändern sich dann, aber natürlich nur in der Wahrnehmung des Betroffenen. Mit der Veränderung des eigenen Ich wandelt sich die Wahrnehmung der gesamten Umwelt – und dies ist nur möglich, wenn das eigene Ich eine Beziehung, die Beziehung zwischen Organismus bzw. seinem Gehirn und der Umwelt ist. Wir können also viel von den schizophrenen Patienten lernen, nämlich dass unser Ich nicht das Gehirn (oder ein Geist) sein kann, sondern eine Beziehung sein muss.

Der Normalzustand des Ich

„Also weg vom Gehirn, hin zur Beziehung. Das ist doch mal was. Das klingt nach Interviews, Befragungen, Festnahmen", jubelt der Kommissar, wieder ganz in seinem Element. „Lass uns zuerst noch eine kurze Pause machen. Obwohl, du hast ja eh bald Urlaub."

„Ja, Ägypten. Ich freue mich schon sehr. Aber vorher lösen wir den Fall!" Die Kriminalpsychologin scheint nicht viel von der Pausenidee zu halten.

„Ägypten, da war ich auch mal. Aber das war mir alles zu fremd, zu heftig irgendwie."

„Ja, klar, dazu besucht man ja eine andere Kultur, um mal raus aus dem eigenen Saft zu kommen. Neue Perspektiven, andere Denkweisen."

„Das bräuchten wir jetzt im Fall Ich auch. Raus aus dem eigenen Saft." Nach einer kurzen Pause fügt er an: „Sag mal, das ist es doch! Wenn wir von Gehirn und Umwelt faseln, wäre es doch spannend zu schauen, wie das in Ägypten ist. Haben die Ägypter ein anderes Ich, ein anderes Gehirn? Also wundern würde mich das nicht …"

„Du bist spitze! Das ist eine super Idee! Wir fragen in der Kulturanthropologie nach."

Das emotionale Ich

Kultur und Emotionen

Emotionen sind etwas grundlegend Menschliches, es gibt keine Menschen ohne Emotionen, ganz gleich, wo und wie sie leben. Emotionen sind ein Grundmerkmal des Menschen und werden teilweise auch Tieren zugeschrieben. Die verschiedensten Emotionen sind über alle Kulturen hinweg beobachtbar, Angst, Freude, Glück, Neid, Eifersucht … das gibt es überall. Nur die

Art und Weise, wie diese Emotionen ausgedrückt werden und sich manifestieren, unterscheidet sich. So wird die gleiche Emotion in Kanada, Europa, dem Iran und China ganz unterschiedlich durchlebt und gezeigt.
Im alten Persien waren Emotionen immer an einen sozialen Kontext gebunden. Nur dort, in der Interaktion zwischen verschiedenen Personen, konnten Emotionen geäußert werden. Und nur dann konnte man sie verstehen. In der chinesischen Kultur hingegen waren Emotionen als solche nie sichtbar. Sie wurden immer nur verschlüsselt in Form von komplexen Verhaltenscodes zum Ausdruck gebracht.
In jüngster Zeit werden auch die Emotionen gern allein auf das Gehirn zurückgeführt und ausschließlich mit neuronalen Prozessen gleichgesetzt. Das aber hieße, dass alle Emotionen gleich sind, wenn man voraussetzt, dass alle Menschen heute das gleiche Gehirn haben. Schon wieder ein Trugschluss. Das Gehirn ist nämlich lediglich das Instrument, also das Mittel zum Zweck, nicht aber der Zweck selbst. Die Emotionen sind der Zweck und sie nutzen das Neuronale für ihre wesentliche Funktion bei der sozialen Verständigung.
Da diese Kommunikation in den verschiedensten sozialen Kontexten und zudem in den extrem unterschiedlichen Kulturen stattfindet, in der chinesischen, der persischen, der europäischen oder kanadischen (natürlich auch der ägyptischen), müsste sich das Gehirn an die jeweiligen Umstände anpassen. Ein Neurowissenschaftler, der genau das untersucht, ist Jaak Panksepp. Aus den baltischen Staaten stammend, erforscht er über viele Jahre hinweg Emotionen bei Tieren. Dabei wendet er die menschlichen Muster auf die Tiere an und beobachtet sie in ihren Gehirnen. Jaak Panksepp erkennt dabei als einer der ersten, wenn nicht als erster überhaupt, die zentrale Bedeutung der sozialen Dimension für das Gehirn in Bezug auf die Emotionen.

Beziehungen im Gehirn

Jaak Panksepp hat mit einem lange vorherrschenden Dogma gebrochen. Dieses bestand darin, die Subjektivität, das subjektive Erleben, vom Gehirn selbst fernzuhalten. Wir erleben subjektive Inhalte in der Ersten-Person-Perspektive, die von der objektivierbaren Beobachtung in der Dritten-Person-Perspektive unterschieden werden muss. Die Naturwissenschaften basieren auf Beobachtungen in der Dritten-Person-Perspektive. Nun aber geschieht Folgendes: Alles, was von außen beobachtet werden kann, wird als real angesehen und dem Gehirn selbst zugeschrieben. Alles hingegen, was nicht in der Dritten-Person-Perspektive erfasst werden kann, bleibt außen vor, also auch das subjektive Erleben in der Ersten-Person-Perspektive. Die Neurowissenschaft meint allerdings, das Bewusstsein und somit auch subjektives Erleben mit ins Boot geholt zu haben, sie untersucht die bereits beschriebenen *neural correlates of consciousness* (NCC), die neuronalen Korrelate des Bewusstseins. Aber, so antwortet Panksepp, hier ist das Bewusstsein als etwas Zusätzliches aufgefasst, was zu all den Prozessen in der Dritten-Person-Perspektive hinzukommt. Die NCC sind wie die Kirsche auf dem Sahnehäubchen der Schwarzwälder Kirschtorte. Eine solche Konstruktion mit einem Parallelismus zwischen Dritte- und Erste-Person-Prozessen im Gehirn selbst erinnert aber stark an Descartes und seinen Dualismus von Geist und Körper. Descartes' Dualismus kommt mit den NCC wieder zurück, in einem neuronalen Gewand in Form von verschiedenen Hirnregionen, unterschiedlichen Feedbackschlaufen oder ausgebreiteten Arbeitsbereichen.

Panksepp lehnt solch einen neuronalen Dualismus ab: Nein, sagt er, es ist kein Parallelismus zwischen Erste- und Dritte-Person-Prozessen im Gehirn vorhanden. Das, was wir als Beobachter als Erste-Person-Prozess und subjektiv bezeichnen, ist basal und macht den Kern von dem aus, was wir als Beobachter als Dritte-Person-Prozesse und objektiv benennen. Es gibt also nicht mehr spezielle neuronale Korrelate des Bewusstseins, wie bei einem modernen oder neuronalen Descartes, sondern das Gehirn als Ganzes ist die Prädisposition zum Bewusstsein. Die neuronalen Prozesse im Gehirn sind selbst mehr oder weniger Erste-Person-Prozesse. Dann aber ist es überflüssig, spezielle NCC anzunehmen und nach ihnen zu suchen.

Warum aber sagt Panksepp, dass Gehirnprozesse mehr oder weniger das sind, was wir als Beobachter von außen als Erste-Person-Prozesse bezeichnen? Weil, so Panksepp, das Gehirn in einer Umwelt verankert ist. Die Umwelt ist der zentrale Bezugspunkt des Gehirns, es möchte mitsamt seinem Organismus in dieser Umwelt überleben und, so hat es die Evolution gezeigt, hat bis heute sehr erfolgreich in ihr überlebt. Dazu aber ist es nötig, dass es sich anpasst, und das wiederum geht am besten, indem es eine Beziehung zum Umfeld aufbaut und unbedingt aufrechterhält. Das Gehirn richtet also seine neuronalen Prozesse nach der Umwelt aus und konstituiert seine Funktionen so, dass es bestmöglich überleben kann. Um das zu erreichen, formt es verschiedene neuronale Systeme, die genau die Funktionen herausbilden, die zentral für die Beziehung zur und das Überleben in der Umwelt sind.

Die Evolution der emotionalen Beziehungssysteme

Aufgrund seiner empirischen Daten von Tieren nimmt Panksepp verschiedene evolutionär basierte neuronale Systeme im Gehirn an, die er nach der jeweiligen Grundfunktion in der Beziehung zur Umwelt bezeichnet. Ein zentrales System ist das sogenannte Seeking-System. Das Seeking-System lässt uns immer wieder neue Stimuli in der Umwelt suchen, es ist quasi ein Such- und Neugier-System. Wir gehen immer wieder hinaus in die Umwelt und suchen neue Beziehungen zu Mitmenschen, Umständen etc. Das Seeking-System versorgt uns mit der entsprechenden Energie dafür. Neugierverhalten kann sich bei Tieren in Vorwärtsbewegung oder Schnüffeln bemerkbar machen, bei Menschen ist es Offenheit für Neues. Wenn das Seeking-System uns keine Energie mehr sendet, geht es uns schlecht, wir werden antriebslos und depressiv.

Ein anderes neuronales System ist das Angst-System, das sogenannte *fear system*. Stellen Sie sich vor, Sie sind plötzlich mit einem sehr hungrigen Löwen konfrontiert. Was tun? Neugierverhalten hilft jetzt nicht mehr. Jetzt heißt es: weglaufen. Das interne Signal dafür ist die Angst, pure Angst – das scheint selbstverständlich, wird aber erst durch das Angst-System ermöglicht. Es lässt uns blitzschnell flüchten.

Das hilft allerdings nicht immer. Der Löwe zum Beispiel dürfte sehr viel schneller sein als wir. Weglaufen und Flüchten führt jetzt in den sicheren Tod. Also Plan B: einfach so tun, als ob man nicht existiert, und sich tot stellen, einfrieren (*freezing*), wie es Panksepp und andere nennen, die bereits bei der Schizophrenie erwähnte Katatonie. Kataton ist man, wenn man sich nicht mehr bewegt, über Stunden, Tage oder früher unbehandelt auch über Jahre in teilweise bizarren Haltungen verharrt. Man spricht nicht mehr, zeigt einen sogenannten Mutismus. Aber man ist hellwach, das Bewusstsein ist extrem hoch. Die äußere Immobilität geht also mit einem erhöhten inneren Bewusstsein einher. Und Untersuchungen haben in der Tat gezeigt, dass katatone Patienten extremste und nicht mehr kontrollierbare Angstzustände zeigen.

Wenn ein kleines Kind plötzlich nicht mehr weiß, wo sich seine Mutter aufhält, wenn es zudem noch in einer fremden Umgebung ist, dann kann es panisch reagieren: Es könnte weinen, nach ihr schreien, wild herumrennen – es muss seine Mutter wiederfinden, es gibt nur noch dieses eine Ziel, und es wird alles dafür tun. Panksepp beschreibt dies als Panik-System, das, anders als das Angst-System, immer eng mit sozialen Bindungen verknüpft ist. Panik mit sozialem Stress und Trennungsängsten einerseits und soziale Bindungen andererseits sind quasi zwei Seiten derselben Medaille.

Ein weiteres von Panksepp beschriebenes System ist das der Wut: Werden wir angegriffen, können wir mit extremer Wut reagieren, die uns unerwartet große Kräfte verleiht, mit denen wir unser Leben zu schützen versuchen. Wut und Ärger werden durch das *rage system* vermittelt. Wenn dieses Wut-System hyperaktiv wird, werden wir brutal und gewalttätig. Menschen, die gern als Psychopathen oder Soziopathen bezeichnet werden, leiden möglicherweise unter einem abnormen Wut-System.

Dies sind die zentralen neuronalen Systeme, die Panksepp als emotionale Systeme bezeichnet, weil sie eben mit verschiedenen Typen von Gefühlen einhergehen. Panksepp nimmt daneben noch andere emotionale Systeme an, beispielsweise für sexuelle Lust, mütterliche Fürsorge oder Spiel. Alle Systeme werden durch unterschiedliche Regionen vermittelt, verschiedenen Kernen im Hirnstamm und Mittelhirn, den subkortikalen Hirnregionen unter der Hirnrinde. Darüber hinaus werden die neuronalen Systeme durch einzelne biochemische Substanzen wie Oxytocin oder Dopamine vermittelt.

Emotionales Bewusstsein

Emotionales Bewusstsein manifestiert sich in Gefühlen, wir fühlen Angst, wir spüren Freude, wir erleben Traurigkeit. Gefühle sind der Inbegriff des individuellen Erlebens, der Subjektivität, wie die Philosophen sagen würden. Da Neurowissenschaftler aber die Subjektivität in ihrer Fokussierung auf die Objektivität nicht mögen, machen sie gern einen Bogen um Gefühle und emotionales Bewusstsein.

Neurowissenschaftler wie Joseph LeDoux und Edmund Rolls sagen, dass die Verarbeitung von Emotionen im Gehirn primär unabhängig von Gefühlen und dem individuellen Erleben derselben ist. Zuerst werden die Emotionen durch bestimmte Prozesse im Körper und im Gehirn, so zum Beispiel im Mandelkern, erzeugt. Dann werden diese Prozesse durch das Gehirn selbst, durch sogenannte höhere Regionen, wahrgenommen, und diese Wahrnehmung erzeugt emotionales Bewusstsein, ein Gefühl.
Komisch, oder? Wie kann das Gehirn den Körper und sich selbst wahrnehmen? Wer wahrnimmt, das ist doch nicht das Gehirn, sondern ich selbst bin es, das Ich tut es. Und was ich wahrnehme, ist nicht unbedingt mein Körper, sondern meine Umwelt, vielleicht nehme ich auch meinen Körper im Verhältnis zur Umwelt wahr. Der Körper ist mit seinen Sinnen ja eher Mittel zum Zweck, nicht aber der Zweck selbst. Liegt hier also wieder eine Verwechslung zwischen Mittel und Zweck vor?
Eine besonders beliebte Theorie der Gefühle ist die James-Lange-Theorie. Sie geht auf den bereits erwähnten William James und einen anderen Psychologen seiner Zeit, Carl Lange, zurück. Die James-Lange-Theorie besagt, dass emotionale Gefühle genau dann entstehen, wenn wir die Prozesse in unserem Körper wahrnehmen. Sie zielt auf die körpereigenen, vegetativen Funktionen, deren Verarbeitung man auch als interozeptive Prozesse bezeichnet. Diese interozeptiven Stimuli und Prozesse des Körpers selbst werden von denen der Umwelt unterschieden, den exterozeptiven Stimuli. Nach James und Lange entstehen emotionales Bewusstsein und Gefühle dann, wenn wir das interozeptive Processing in unserem Körper wahrnehmen. Moderne Neurowissenschaftler wie Damasio haben diese Theorie adaptiert und sprechen von einer Wahrnehmung von Gehirnprozessen durch das Gehirn selbst. Die Wahrnehmung

von den Gehirnprozessen, die Emotionen erzeugen, geht dann mit emotionalem Bewusstsein, einem Gefühl, einher.
Wenn Gefühle in der Tat nichts anderes als die Wahrnehmung von körper- oder gehirneigenen Prozessen wären, müssten sie erstens isoliert von der Umwelt bleiben. Und zweitens müssten sie dann nur durch solche Hirnregionen vermittelt werden, die mit dem interozeptiven Processing des Körpers verknüpft sind, nicht aber mit der Umwelt und deren exterozeptiven Processing. Das aber ist nicht so. Die Wahrnehmung des eigenen Körpers basiert also auf der Beziehung oder Differenz zwischen intero- und exterozeptivem Processing und ist daher immer schon mit der Umwelt intrinsisch verknüpft bzw. in sie eingebettet.
Das kann aber noch alles von den Neurowissenschaftlern wegerklärt werden. Dann heißt es, dass es ja lediglich emotionale Gefühle betrifft, die ohnehin subjektiv sind und somit der Täuschung unterliegen. Aber die Anatomie und die Prozessierung im Gehirn sind objektiv und die Domäne der Neurowissenschaftler selbst. Und da zeigt sich Erstaunliches: Die Neurowissenschaftler bringen verschiedene subkortikale und mediale kortikale Regionen mit der Erzeugung von Gefühlen in Verbindung. Aber, hier kommt der zentrale Punkt, diese Regionen sind eng mit den Verbindungsfasern im Gehirn verknüpft, die von den sensorischen Regionen stammen und zu ihnen zurückführen, die also die fünf Sinne (Sehen, Hören, Riechen, Schmecken, Tasten) betreffen. Die fünf Sinne vermitteln aber nicht nur Informationen vom eigenen Körper, sondern vor allem solche aus der Umwelt.
Die Regionen, die Gefühle vermitteln, zeichnen sich in der Tat durch eine Besonderheit aus. Sie verknüpfen Verbindungsfasern von Körper und Umwelt, sie verbinden intero- und exterozeptive Stimuli. Gefühle können dann nicht mehr als bloße Wahrnehmung von körpereigenen, interozeptiven Prozessen

angesehen werden. Stattdessen müssen sie als die Konstitution einer Beziehung, der Beziehung zwischen intero- und exterozeptiven Stimuli und Prozessen, betrachtet werden. Was genau aber sind dann Gefühle? Es sind nicht Wahrnehmungen des Körpers im Unterschied zu Wahrnehmungen der Umwelt. Nein, Gefühle sind die Konstitution einer Beziehung zwischen Körper und Umwelt, zwischen Gehirn und Umwelt, diese Beziehung selbst ist das emotionale Gefühl.

Übersetzung versus Beziehung

Die Gleichsetzung zwischen Gefühl und Gehirn-Körper-Beziehung macht langwierige Übersetzungsprozesse überflüssig. Viele Neurowissenschaftler und Neurophilosophen quälen sich mit der Frage herum, wie die Ereignisse der Umwelt in Stimuli für Gehirn und Körper übersetzt, oder wie sie sagen, repräsentiert, werden können. Wie kann das Format der Ereignisse und Objekte der Umwelt in das Format der Stimuli von Körper und Gehirn übertragen werden? Jeder, der einmal am Computer programmiert hat, weiß, dass unterschiedliche Formate immer ein Übersetzungs- und Kompatibilitätsproblem nach sich ziehen.

Das Gehirn scheint aber nicht so zu verfahren, wie wir uns das als Neurowissenschaftler und Neurophilosophen denken. Es scheint nicht zu übersetzen. Es verwandelt nicht das Format der Umwelt in ein körper- und gehirneigenes Format, denn das würde zu viel Zeit kosten. Stattdessen scheint es innerhalb seiner neuronalen Aktivitäten einfach eine Beziehung zur Umwelt herzustellen, indem es ständig sich selbst mit Körper und Umwelt verknüpft.

Das Gehirn ist also kein Übersetzungs- und Repräsentationsorgan, sondern – wieder kommen wir zu dieser Schlussfolgerung – ein Beziehungsorgan. Das Gehirn ist nicht eine bloße

Informationsmaschine, eine Maschine, die einfach nur auf eine komplexe Weise viele Informationen verarbeitet, wie es immer wieder in der modernen Bewusstseinsforschung mit ihren NCC angenommen wird.
Natürlich verarbeitet das Gehirn viele Informationen auf eine komplexe Art und Weise. Aber das, was uns als Beobachter als Zweck des Gehirns erscheint, die Informationsverarbeitung, ist nur der Mittel zum Zweck. Der Zweck selbst ist die Beziehung zur Umwelt, um in ihr zu bestehen. Das Mittel, eine solche herzustellen ist, viele Informationen zu verarbeiten. Das Gehirn als bloße Informationsmaschine zu bezeichnen, heißt also wieder einmal, Mittel und Zweck zu verwechseln und die Differenz zwischen Gehirn und Beobachter zu vernachlässigen.
Das kennen wir doch, oder? Das ist wie im realen Leben, wenn wir das Gehirn mit uns Menschen vergleichen: Wir nehmen viel Information von anderen Personen auf, zum Beispiel von unserem Partner. Warum aber machen wir das? Sind wir süchtig nach Informationen vom anderen? Nein, wir tun es, weil wir die Beziehung zu ihm aufrechterhalten wollen. Die Beziehung ist der Zweck, und die Informationsverarbeitung das Mittel hierzu. Was aber dem Menschen eine solche Beziehungsaufnahme mit dem anderen ermöglicht, ist wiederum das Gehirn.

Subjektivität und Gehirn

Die Subjektivität mit ihrer Erste-Person-Perspektive ist bei Panksepp nicht mehr in einem speziellen kortikalen Areal oder Feedbackschlaufen quasi ausgelagert im Kortex, sondern mittendrin. Sie ist mittendrin im Gehirn, in den subkortikalen Regionen, durch die alle Verbindungen und Autobahnen hindurchgehen. Keine Chance mehr, sagt Panksepp, den Gefühlen zu entgehen. Keine Chance mehr, der Subjektivität selbst, die die Gefühle ausmacht, zu entkommen.

Was aber ist das, was wir als äußere Beobachter als subjektiv bezeichnen, für das Gehirn selbst? Subjektivität ist nur ein Begriff oder Konzept von Seiten des Beobachters. Wir können daher nicht ausschließen, dass der Begriff der Subjektivität mehr mit uns als Beobachter als mit dem Gehirn selbst zu tun hat. Die Untersuchungen von Panksepp haben gezeigt, dass das, was wir als verschiedene subjektive Gefühle bezeichnen, in der Tat eine neuronale und neurochemische Grundlage hat.
Das Gehirn scheint also das konstituieren zu wollen, was wir Subjektivität nennen. Aber warum? Es macht es sicher nicht, um Subjektivität per se zu erzeugen und sagen zu können: „Ha, da habe ich es euch Menschen mal wieder gezeigt, ihr könnt nur subjektlose Maschinen erzeugen, ich aber kann Subjektivität konstituieren." Das anzunehmen hieße wieder mal, Mittel und Zweck zu verwechseln. Subjektivität selbst als Zweck zu bezeichnen hieße, den Beobachter mitsamt seiner Konzepte und Begriffe auf das Gehirn zu projizieren.
Ich bin hungrig, also musst du auch hungrig sein. Das heißt, den Unterschied zwischen mir selbst und meinem Kind zu ignorieren. Genauso ist es, wenn wir sagen, dass das Gehirn Objektivität oder Subjektivität konstituieren will. Hier verwechseln wir uns selbst (unseren eigenen Hunger) mit dem Gehirn, so wie es unabhängig von uns selbst und unserer Beobachtung ist (dem Kind mit seinem eigenen Maß für Hunger und Sattheit).
Panksepp selbst sagt es eindeutig. Das Gehirn konstituiert in der Tat Subjektivität in der Erste-Person-Perspektive. Emotionales Bewusstsein ist also für ihn eng mit der Aktivität in dem beschriebenen neuronalen System, den subkortikalen Regionen, verknüpft. Aber es ist nur Mittel zum Zweck, es ist nicht der Zweck selbst. Der Zweck ist, verschiedene Formen der Beziehung zur Umwelt aufzubauen und darin zu überleben. Panksepps verschiedene neuronale Systeme für verschiedene

Typen von Emotionen beschreiben also verschiedene Formen und Typen der Beziehung zwischen Organismus und Umwelt. Es sind genau die Beziehungsformen, die es uns ermöglichen, zu überleben.

Beziehung, Beziehung, Beziehung. Das Gehirn ist nicht mehr und nicht weniger als ein Beziehungsorgan. Es muss offenbar einen Schlüssel für das Schloss zur Umwelt haben. Das Gehirn scheint den Code für die Umwelt zu kennen, so wie höhere Bankangestellte den Code kennen, mit dem sich der Tresor öffnen lässt. Wenn dieser Code verloren geht, bleibt der Tresor geschlossen, sodass kein Geld mehr herausgeholt werden kann. Ohne Geld aber geht es einem nicht nur schlecht, sondern über kurz oder lang ist das Überleben gefährdet. Ohne Code keine Beziehung und ohne Beziehung kein Überleben. Das Gehirn muss also den Code zur Verfügung stellen, mittels derer die Tür zur Umwelt für uns offen bleibt.

Ist das Ich neurosozial?

Natürlich ist das Gehirn bei den emotionalen Vorgängen in zentraler Weise beteiligt. Es liefert seinen eigenen Input zu den Emotionen. Aber die Emotionen sind nicht mit dem Gehirn gleichzusetzen. Das Gehirn ist Mittel für die Emotionen, deren Zweck die soziale Verständigung ist. Sie etablieren einen sozialen Code zwischen den Menschen, der die Kommunikation ermöglicht.

Die verschiedenen Facetten der zwischenmenschlichen Kommunikation werden geregelt, indem man bestimmte Schemata und Kategorien etabliert, auf die man zurückgreifen kann. An diesem Punkt kommt das Gehirn ins Spiel, wie Jaak Panksepp in genialer Weise gezeigt hat. Das Gehirn liefert die Möglichkeit, bestimmte Schemata und Muster zu verfestigen. Die Schemata und Muster sind dann nichts anderes als verschiedene

Formen der Beziehung zwischen Personen und Umwelt, verschiedene Muster der Interaktion. Das Gehirn ist hier also ein ideales Mittel zum Zweck, zwischenmenschliche Kommunikation zu kanalisieren. Das Gehirn verfestigt die Muster und Kategorien der zwischenmenschlichen Interaktion, die dann leichter vonstatten gehen kann.

Die Emotionen aber in das Gehirn zu verlagern hieße, die soziale Kommunikation zur neuronalen Kommunikation werden zu lassen. Das würde sie aber all ihrer spezifischen sozialen Kontexte entledigen. Das Beispiel der Emotionen zeigt, dass sie eben nicht unabhängig von ihrem sozialen Kontext betrachtet werden können. Sie können aber auch nicht unabhängig von ihrem neuronalen Kontext gesehen werden, vom Input, den das Gehirn selbst liefert.

Neuronaler und sozialer Input, der Input des Gehirns und der der Umwelt, sie können nicht scharf voneinander getrennt werden. Die versuchte Trennung zwischen Gehirn und Umwelt ist also eine künstliche, die wir selbst, als außenstehende Beobachter unserer selbst, in die Welt setzen, die aber mit der Welt, speziell unserem Gehirn und unserem Kontext, nicht allzu viel zu tun hat. Möglicherweise existiert die Unterscheidung zwischen Gehirn und Umwelt also nur in unserem Kopf, nicht aber in der Welt selbst.

Verwirrend? Vielleicht. Aber eines ist klar: Die Untersuchungen von Jaak Panksepp haben eindeutig gezeigt, dass die soziale Umwelt bei den Emotionen eine zentrale Rolle spielt und dass das Gehirn hierzu seinen entscheidenden Beitrag liefert. Ist das Gehirn also gar nicht so neuronal, wie oft angenommen? Und ist dann auch die Umwelt nicht so sozial, wie es immer gedacht wird? Vielleicht sollten wir besser von einem neurosozialen Beziehungsgeflecht zwischen Gehirn und Umwelt sprechen. Das Ich wäre dann weder ein neuronales noch ein soziales, sondern ein neurosoziales Ich. Es wäre also eine Beziehung, die Beziehung zwischen Gehirn und Umwelt. Es wäre dann nicht mehr ein bestimmter Inhalt, egal ob neuronal oder sozial, sondern ein spezifisches Format oder ein Code, der uns erlaubt, mittels unseres Gehirns in ständiger Beziehung zur Umwelt zu stehen.

Das transkulturelle Ich

„Immer diese langen Vorreden!“ Das Stöhnen kommt natürlich vom Komissar. „Nicht, dass ich solche Sehnsucht nach Ägypten hätte. Aber ob ein Karawanenführer ein anderes Gehirn hat als ein Kriminalhauptkommissar oder meinetwegen ein Chinese, also das wüsste ich schon gern.“

Kultur und Gehirn

Wenn das Ich ausschließlich im Gehirn konstituiert werden würde, hätte die Umwelt bestenfalls eine modulierende Funktion. Das Ich würde bestimmte Aktivierungen im Gehirn induzieren, die völlig unabhängig vom sozialen Kontext ausgelöst würden. Der soziale Kontext könnte dann nur noch die Stärke der Aktivierung beeinflussen, eben modulieren.

Die Erfahrung und unterschiedliche Befunde aber sprechen eine andere Sprache. Der soziale Kontext konstituiert die neuronale Aktivierung. Die Untersuchungen von Jaak Panksepp haben es eindeutig gezeigt. Die neuronale Aktivierung wird durch den sozialen Kontext, durch den Zweck der jeweiligen Emotionen, hervorgerufen. In Abhängigkeit von der Umwelt bilden sich sogar entsprechende Systeme im Gehirn aus, so Panksepp.

Die meisten Neurowissenschaftler und vor allem die Neurophilosophen scheinen dies aber zu ignorieren. Für sie ist das

Gehirn rein neuronal und nicht sozial. Sie sagen einfach, dass das Ich im Gehirn lokalisiert ist und das Gehirn rein durch die neuronale Aktivierung und somit durch sich selbst bestimmt ist. Sie betrachten das Gehirn als völlig isoliert vom sozialen Kontext, der bestenfalls nur diese besagte modulierende und epiphänomenale Rolle einnimmt.

Philosophen haben Gedankenexperimente mit der Frage gemacht, ob ein Gehirn im Tank, isoliert von der Umwelt und seinem Körper, überleben könnte. Es wäre dann mit der Umwelt lediglich verdrahtet. Genau so scheinen es auch die Neurowissenschaftler und Neurophilosophen vorauszusetzen. Das Gehirn scheint in einem Tank zu sein, isoliert von Körper und Umwelt. In den letzten Jahren haben die Neurowissenschaftler zwar den Körper entdeckt, das änderte aber nichts an der Tatsache, dass Gehirn und Körper im Wesentlichen isoliert von der Umwelt betrachtet werden. Die Umwelt hat bei ihnen lediglich einen modulierenden Einfluss auf Gehirn und Körper, nicht aber einen konstituierenden. Das anzunehmen wäre jedoch notwendig, um transkulturelle Phänomene zu verstehen.

Haben die Neurowissenschaften den Einfluss verschiedener kultureller Kontexte auf das Gehirn überhaupt untersucht? Wenn unsere These des konstitutiven Einflusses der Umwelt richtig ist, sollten sich doch auch entsprechende Ergebnisse in den Neurowissenschaften zeigen.

Zunächst stellt sich natürlich die Frage, was denn der Begriff der Kultur überhaupt bedeutet. So wird zum Beispiel „soziale Kultur“ durch gemeinsam akzeptierte Rollen im Verhalten und in entsprechenden gemeinschaftlichen Institutionen definiert. Ein anderer Begriff der Kultur betrifft vor allem das Konzept der „subjektiven Kultur“. Hier geht es weniger um gemeinsame Rollen des Verhaltens, sondern eher um Wissen, Glauben und Werte, die verschiedene Personen miteinander teilen.

In der Disziplin der transkulturellen Psychologie wurden kulturelle Differenzen vor allem in der subjektiven Kultur bezüglich Ideen, Wissen, Glauben und Werten zwischen Angehörigen verschiedener Kulturen untersucht. Dabei fokussierte sich der Vergleich vor allem auf Angehörige der westlichen Kultur, Europäer und Amerikaner, und Angehörige der fernöstlichen Kultur wie Chinesen, Japaner und Koreaner. Es muss allerdings angemerkt werden, dass sowohl innerhalb des westlichen als auch des fernöstlichen Bezugsraumes erhebliche Heterogenitäten bestehen, sodass nicht von einer homogenen westlichen oder fernöstlichen Kultur ausgegangen werden kann. Dennoch bildet die Gegenüberstellung von westlichen versus fernöstlichen Kulturen zumindest in experimentell-empirischer Hinsicht einen guten Startpunkt.

So können zum Beispiel in der funktionellen Magnetresonanztomografie, dem fMRT, die neuronalen Netzwerke von Wahrnehmung, Aufmerksamkeit, Gedächtnis, Sprache und Emotionen untersucht werden. Es wurde zunächst angenommen, dass die neuronalen Zustände invariant gegenüber sozialen und kulturellen Unterschieden sind. Dennoch hat sich in den letzten Jahren die Disziplin der sozialen Neurowissenschaften zunehmend entwickelt, um den Einfluss sozialer Phänomene und sozialer Beziehungen auf die neuronalen Zustände des Gehirns zu untersuchen.

Damit rückten wiederum auch die transkulturellen Unterschiede in den Fokus der Neurowissenschaft. Es wurden Angehörige von verschiedenen kulturellen Gruppen, von westlichen oder fernöstlichen Probranden, untersucht. Die Menschen wurden mit genau der gleichen Aufgabe beziehungsweise Funktion konfrontiert, während die neuronalen Unterschiede zwischen den Gruppen herausgearbeitet werden konnten, die dann eben vor allem auf kulturelle Differenzen zurückzuführen sein müssten.

Transkulturelle Wahrnehmungen

Die transkulturelle Psychologie hat deutliche Unterschiede in der Wahrnehmung zwischen fernöstlichen und westlichen Probanden aufgezeigt. Westliche Probanden scheinen ihre Aufmerksamkeit stärker auf bestimmte Objekte, wie zum Beispiel eine Kaffeetasse, zu richten, wohingegen sie den Hintergrund der Kaffeetasse, zum Beispiel einen Küchenschrank, weniger stark wahrnehmen. Im Unterschied dazu scheinen fernöstliche Probanden ihre Aufmerksamkeit mehr auf den Kontext und den Hintergrund beziehungsweise die Relationen des Objektes, der Kaffeetasse, zu dem entsprechenden Hintergrund, dem Küchenschrank, zu beobachten.

Dies ist vor allem in interpersonellen Situationen von zentraler Bedeutung. Westliche Probanden richten ihren Fokus eher auf die Person, mit der sie sprechen, wohingegen die anderen Anwesenden eher im Hintergrund bleiben und vernachlässigt werden. Im Unterschied dazu richtet der fernöstliche Proband seine Wahrnehmung eher auf die Beziehung und den Zusammenhang zwischen der mit ihm sprechenden und den anderen Personen, die sich scheinbar im Hintergrund befinden.

Interessanterweise haben Studien diesen Unterschied zwischen kontext-unabhängiger Wahrnehmung und kontext-abhängiger Wahrnehmung auch in der funktionellen Bildgebung bemerken können. Dabei zeigten sich zwischen den fernöstlichen und den westlichen Probanden bei der gleichen Aufgabe deutliche Unterschiede in der Aktivierung in bestimmten Regionen der Hirnrinde, dem präfrontalen und parietalen Kortex. Fernöstliche Probanden zeigten eine stärkere Aktivierung in diesen Hirnregionen bei kontext-unabhängiger Wahrnehmung, wohingegen westliche Probanden eine stärkere Aktivität bei kontext-abhängigen Wahrnehmungen zeigten. Das lässt darauf schließen, dass fernöstliche Probanden weniger neuronale Res-

sourcen rekrutieren müssen, wenn es sich um kontext-abhängige Wahrnehmungen und Beurteilungen handelt, da sie dies in ihrer Kultur quasi gewöhnt sind und es somit eine geringere Aktivierung erfordert.
Bei den westlichen Probanden ist hingegen genau das Gegenteil der Fall, diese Probanden müssen stärkere neuronale Ressourcen rekrutieren, wenn es um kontextabhängige Wahrnehmungen geht, da sie diese in ihrem kulturellen Kontext nicht so gewöhnt sind. Dieses Beispiel zeigt deutlich, dass sich kulturelle Gewohnheiten in der Wahrnehmung auch auf der neuronalen Ebene des Gehirns manifestieren, anders sind die geschilderten neuronalen Unterschiede zwischen westlichen und fernöstlichen Probanden nicht zu erklären.

Transkulturelle Emotionen

Psychologische Untersuchungen zeigten, dass chinesische und australische Kinder die Emotionen von Mitgliedern der eigenen Kultur besser identifizieren können als die von Personen aus einem anderen Kulturkreis. In einer anderen, bildgebenden Untersuchung zeigte sich, dass ängstliche Gesichter von Japanern bei japanischen Probanden eine stärkere Aktivierung im rechten und linken Mandelkern, der Amygdala, einem für Emotionen zentralen Gebiet, auslösten als Gesichter einer anderen Kultur.
Interessanterweise trat dieses kulturelle Tuning nur bei ängstlichen, nicht aber bei fröhlichen und neutralen Gesichtern auf. Der spezifische kulturelle Effekt zeigt, dass die Aktivierung im Gehirn offenbar vor allem auf Angst innerhalb der eigenen Kultur orientiert ist. Im Unterschied dazu lösen ängstliche Gesichter aus anderen Kulturen keine so starke Aktivierung aus, da wir offenbar mit ihnen sehr viel seltener beziehungsweise kaum konfrontiert sind und somit nicht entsprechend reagie-

ren müssen. Man könnte auch sagen, dass Gesichter einer fremden Kultur weniger ich-nah sind und damit auch eine geringere persönliche Bedeutung für den Einzelnen aufweisen. Die Induktion und Triggerung von automatischen Angstreaktionen scheint somit eng an den entsprechenden kulturellen Kontext gebunden zu sein.

Der kulturelle Kontext

Psychologische Untersuchungen haben gezeigt, dass das Konzept des Selbst bzw. der eigenen Person in westlichen und fernöstlichen Kulturkontexten sehr unterschiedlich konstituiert wird. In westlichen Kulturen steht ein vom Kontext und von anderen unabhängiges Selbst im Vordergrund, ein sogenanntes unabhängiges Selbst, wohingegen in fernöstlichen Kulturkreisen die Verbindung der einzelnen Personen mit anderen im Zentrum steht, ein sogenanntes interdependentes Selbst.
In einer Untersuchung wurden chinesischen und europäischen Probanden unterschiedliche Stimuli präsentiert. Dabei handelte es sich um Wörter, die entweder die eigene Person, die eigene Mutter oder jemand Unbekanntes beschrieben. Sowohl die chinesischen als auch die westlichen Probanden zeigten eine starke Aktivierung im medialen präfrontalen Kortex, speziell im ventromedialen präfrontalen Kortex (VMPC) und im perigenualen anterioren cingulären Kortex (PACC), bei den Wörtern, die die eigene Person bzw. das eigene Selbst beschrieben. Während sich westliche und chinesische Probanden hier nicht unterschieden, unterschieden sie sich bei den Wörtern, die einen engen Bezug zur eigenen Mutter aufwiesen. Bei der Präsentation der auf die Mutter bezogenen Wörter zeigten die chinesischen Probanden eine starke Aktivierung sowohl im VMPC als auch im PACC, die sich von der Aktivierung bei denen auf die eigene Person bezogenen Wörter nicht unterschieden.

Im Unterschied dazu fand sich bei den westlichen Probanden bei den auf die Mutter bezogenen Wörtern dort keinerlei Aktivierung. Die Untersucher führen diese Unterschiede auf voneinander abweichende Konzepte des Selbst zurück. Im westlichen Kontext ist es ein unabhängiges Selbst, das vor allem die Individualität der Person betont, wohingegen andere eher im Hintergrund verbleiben. Im Unterschied dazu ist das Konzept des chinesischen Selbst eher interdependent, was sich stark auf andere Personen und insbesondere Nahestehende wie die eigene Mutter bezieht.

Gerade die Mutter wird im Chinesischen als Teil der eigenen Person angesehen, sodass das Konzept des Selbst hier nicht auf die Individualität des jeweiligen Ich beschränkt ist. Dies korrespondiert hervorragend mit den Befunden in der Bildgebung, bei denen die auf die Mutter bezogenen Wörter ähnlich starke Aktivierungen in den Regionen auslösten wie direkt ich-bezogene. Die Tatsache, dass dies nur bei den chinesischen, nicht aber bei den westlichen Probanden der Fall war, zeigt, dass sich die unterschiedlichen kulturellen Konzepte des Selbst, das unabhängige und das interdependente Selbst, möglicherweise auch auf neuronaler Ebene widerspiegeln bzw. manifestieren.

Die bildgebenden Untersuchungen zum Selbst haben weiterhin die Beteiligung des rechten frontalen Kortex sowohl bei westlichen als auch fernöstlichen Probanden gezeigt. Der rechte frontale Kortex ist vor allem mit der Wahrnehmung des eigenen Gesichts, der eigenen Person in Verbindung gebracht worden. Wenn fernöstliche und westliche Probanden in der Tat unterschiedliche Konzepte ihres eigenen Selbst voraussetzen, ist anzunehmen, dass zum Beispiel chinesische Probanden eine weniger starke Aktivierung bei der Betrachtung und Wahrnehmung des eigenen Gesichts aufweisen als westliche Probanden. Genau das konnte auch in einer Untersuchung bestätigt werden. Es scheint sich also auch in ihrem Gehirn bemerkbar zu machen, dass chinesische Probanden ihr eigenes Selbst, unabhängig von anderen, „nicht so wichtig nehmen". Der extreme Individualismus der westlichen Kulturen, in denen das eigene Selbst überaus wichtig genommen wird, ist hier durch eine starke soziale Bezugnahme ersetzt. Da die Chinesen das eigene Selbst nicht in einem individualistischen Sinne, wie in westlichen Kulturen üblich, betrachten, sondern eher in einem sozialen Kontext in enger Beziehung zu den Angehörigen, war es auch kein Wunder, dass sie in den Experimenten eine stärkere Aktivierung bei der Betrachtung der Bilder von Verwandten zeigten.

Hat die Art und Weise der Wahrnehmung des eigenen Selbst auch einen Einfluss auf andere Funktionen wie zum Beispiel die visuelle Wahrnehmung? Dies wurde in einer anderen Studie mit chinesischen Probanden getestet (während hier transkulturelle Untersuchungen bei zum Beispiel westlichen Probanden noch ausstehen). Die Probanden bekamen vor der Wahrnehmung der eigenen oder fremden Gesichter Wörter präsentiert, die sie in Hinsicht auf ein abhängiges oder ein unabhängiges Selbst prädisponierten. Für das Konzept des unabhängigen Selbst wurde ein Satz mit einem Pronomen „Ich" vorgelesen. Alternativ wurde ein Satz mit dem Pronomen „Wir" vorgelesen, der den Probanden in Hinsicht auf ein interdependentes Konzept des Selbst vorbereiten sollte.

Interessanterweise führte eine vorherige Präsentation eines Satzes mit „Ich" zu einer stärkeren Aktivierung bei der Wahrnehmung des eigenen Gesichts im rechten frontalen Kortex im Vergleich zu der vorherigen Präsentation eines „Wir"-Satzes. Dies zeigt, dass die Wahrnehmung des eigenen Gesichts und somit das Selbstgewahrwerden durch unterschiedliche Kontexte moduliert werden kann. Entscheidend ist dann, ob ein unabhängiges oder ein interdependentes Selbst indiziert wird.

Genauso wie die vorherige Studie mit chinesischen und westlichen Probanden zeigt auch dieses Beispiel, dass unterschiedliche Konzepte unseres Selbst sowohl die Wahrnehmung unserer Umwelt, wie im Falle der Mutter, als auch die Wahrnehmung der eigenen Person, wie im Falle des eigenen Gesichts, modifizieren und determinieren können. Dieser Zusammenhang zeigt, dass auch die neuronale Verarbeitung hochkomplexer Konzepte wie das des Selbst stark abhängig vom jeweiligen kulturellen Kontext ist.

Der Input des Gehirns

Diese Befunde sind ein klarer Beleg dafür, dass das Ich weder im Gehirn noch in der Umwelt lokalisiert werden kann. Natürlich liefert das Gehirn seinen Input zum Ich. Ohne diesen wäre das Ich wie ein Auto ohne Motor, das natürlich nicht fahren könnte. Aber das Ich mit dem Gehirn gleichzusetzen hieße, den Motor mit dem Auto selbst zu verwechseln. Genau das scheinen die Neurowissenschaftler und Neurophilosophen zu tun. Und da bei ihnen Motor und Auto eins sind, besteht ihr nächster Schritt darin, die Existenz des Autos selbst, separat vom Motor, in Frage zu stellen und als bloße Illusion anzusehen: Das Ich wird als eine Illusion des Gehirns dargestellt und durch den Begriff und das Konzept des Gehirns komplett ersetzt.

Aber, liebe Neurowissenschaftler, Ihre eigenen Befunde sprechen eine völlig andere Sprache. Gerade die Ergebnisse der transkulturellen Neurowisssenschaft zeigen doch, dass das Ich nicht auf das Gehirn reduziert werden kann. Das Gehirn liefert einen Input zum Ich, aber es kann nicht mit dem Ich gleichgesetzt werden. Das Gehirn ist also nur das Mittel zum Zweck, nicht aber der Zweck selbst, und beides sollte nicht verwechselt werden.

Das glaubende Ich

„Ich glaube, wir haben es bald“, freut sich der Kriminalhauptkommissar.
„Ja, schon möglich“, sagt die Kriminalpsychologin in Gedanken versunken. „Das Ich ist eine Beziehung, die Beziehung zwischen Gehirn und Umwelt. Diese Beziehung ist der Code, durch den sowohl die neuronale Aktivität im Gehirn, als auch die Umwelt selbst bestimmt wird. Gehirn und Umwelt sind also ein Paar, ein ziemlich altes Paar sogar, dem es trotz aller Streitereien prinzipiell unmöglich ist, sich voneinander zu trennen.“
„Scheidung ausgeschlossen. Gehirn und Umwelt sind auf ewig miteinander liiert.“ Der Kollege steigt in das Beispiel ein. „Wie zwei Polizeibeamte im gleichen Fall. Außer, sie lösen ihn.“
„Oje, und das ganz ohne Pfarrer, mein Lieber!“ Die Psychologin lacht. „Apropos: Beide, Gehirn und Umwelt, projizieren auf- und ineinander und verwischen so zum Teil die Realität. Das ist doch nirgends deutlicher als in Glauben und Religion. Wage ich mal zu behaupten.“
„Klingt sinnvoll. Lassen sich Glaube und Religion auch auf die Gehirn-Umwelt-Beziehung zurückführen? Wenn wir das noch rauskriegen, könnten wir die Fahndung dann endlich zum Abschluss bringen, oder?“

Religion und Gehirn

Im Zuge der besseren Erforschung des Gehirns und seiner entsprechenden neuronalen Strukturen stellt sich immer mehr die Frage, ob auch der Glaube, vor allem der religiöse Glaube, in einem engen Zusammenhang mit der Aktivität des Gehirns steht. Als man das Gehirn noch nicht so gut kannte, hat man den Glauben an Gott auch in der Forschung mit einem Geist und einer Seele verknüpft, die nicht-stofflicher, nicht-materieller Natur waren.

Die jüngsten Forschungen der Neurowissenschaften zeigen jedoch immer deutlicher, dass die Annahme einer nicht-stofflichen und nicht-materiellen Seele oder eines Geistes unwahrscheinlich ist. Die Funktionen, die man mit solch einem Geist verknüpft hat, sind eher mit den neuronalen Zuständen im Gehirn verbunden. Daher stellen sich Neurowissenschaftler auch die Frage, ob unser religiöser Glaube nicht im Endeffekt auf die Aktivität im Gehirn reduziert werden kann.

Dies wird durch vor Kurzem berichtete Befunde gestützt. So treten beispielsweise stark religiös geprägte Erlebnisse bei Patienten mit einem Krampfanfall, der Epilepsie, auf. Auch Patienten mit einer Schizophrenie zeigen immer wieder stark religiöse Erfahrungen. Einige dieser Patienten erleben sich selbst als Gott und fühlen und verhalten sich dann auch entsprechend. Vielen Psychiatern ist Jesus in der Gestalt von schizophrenen Patienten schon mehrfach begegnet, meist in der entsprechenden Robe und mit einem langen Zottelbart.

Ein Psychiater erzählte, dass er einmal zur gleichen Zeit zwei Patienten auf der Station hatte, die sich als Jesus erlebten. Als er sie fragte, wie das denn sein könne, da es ja nur einen Jesus geben würde, antworteten beide unabhängig voneinander genauso, wie jeder von uns wohl auch antworten würde, wenn er sich mit einem Doppelgänger konfrontiert sieht. Nämlich, dass der jeweils andere falsch sein muss. Einer der beiden meinte sogar, das der andere schizophren sein muss, denn wie könne er sonst behaupten, Jesus zu sein. Sich selbst hielt er für völlig gesund.

Studien mit der funktionellen Bildgebung haben ergeben, dass Karmeliterische Nonnen, wenn sie sich in einem Zustand der Einheit mit Gott befanden, Aktivierungen in bestimmten Hirnregionen zeigen, vor allem in der Mittellinie der Gehirnrinde und den darunter liegenden Strukturen. Diese Regionen stehen in einem engen Zusammenhang mit starken Emotionen. Ist der Glaube an Gott somit nichts anderes als ein starkes Gefühl, vielleicht ein Gefühl der Geborgenheit?

Ein Kriterium für ein solch positives Gefühl der Geborgenheit ist die Selbstbezogenheit, die starke Bedeutung der Emotion für das Selbst, das Ich. In einer anderen Studie wurden Probanden stark emotionale Bilder gezeigt, die sie in Hinsicht auf einen hohen und niedrigen Selbstbezug bewerten sollten. Interessanterweise zeigte sich bei den Bildern mit hohem Selbstbezug und starken Emotionen eine Aktivierung genau derselben Region, wie sie sich bei den Nonnen dargestellt hatten, also vor allem wiederum Regionen in der Mittellinie des Gehirns.

Eine chinesische Arbeitsgruppe untersuchte die Ich-Bezüglichkeit bei chinesischen Probanden mit einem christlichen Glauben und verglich sie mit chinesischen Probanden ohne diesen. Alle Probanden bekamen im fMRT Wörter präsentiert, die einen Bezug zu Jesus und anderen Elementen des Christentums aufweisen, zudem Wörter zu berühmten Personen wie dem damaligen chinesischen Premierminister und Dingen aus dem chinesischen Alltag. Was war zu erwarten? Der christliche Glaube ist vor allem durch die Unterdrückung des eigenen Ich charakterisiert, das Ich wird in den Dienst einer höheren Sache, der Sache Gottes, gestellt. Die emotionale Selbstbezüglichkeit sollte also bei den christlichen Probanden unterdrückt sein.

Genau das war in der Tat der Fall. Die christlichen Probanden zeigten eine niedrigere Aktivität in einer vorderen Mittellinienregion, dem ventromedialen präfrontalen Kortex, die eng mit dem Erleben des eigenen Ich in Verbindung gebracht wird. Die christlichen Probanden scheinen also ihr eigenes Ich stärker zu unterdrücken, um es in den Dienst Gottes setzen zu können.

Wie aber setze ich mein Ich in den Dienst einer höheren Sache? Indem ich mich von mir selbst distanziere, über mich reflektiere und mich dann selber als Teil des Größeren assoziiere. Es gibt bestimmte Regionen im Gehirn wie zum Beispiel den dorsomedialen präfrontalen Kortex, eine der Mittellinienstrukturen, die immer dann rekrutiert wird, wenn jemand über sich selbst, sein Ich, nachdenkt. Die Aktivität dieser Region zeigte sich im angesprochenen Experiment bei den christlichen Probanden stark erhöht im Vergleich zu den nichtchristlichen Chinesen, die offenbar nicht so stark über sich selbst reflektieren. Das wirkt zunächst paradox, wenn man die im Christentum postulierte Demut des Ich gegenüber Gott betrachtet. Doch auch eine solche Demut setzt eine Fokussierung auf das eigene Ich und seine Loslösung vom Kontext der Umwelt (und den anderen Ichs) voraus.

Interessanterweise berichten die Forscher über einen direkten Zusammenhang zwischen dem Ausmaß der entsprechenden Hirnaktivierung und der Beziehung der Probanden zu Jesus. Je enger und näher sie sich Jesus und Gott fühlten, desto weniger Aktivierung konnte im ventromedialen präfrontalen Kortex gemessen werden und desto stärker war die Aktivierung im dorsomedialen präfrontalen Kortex. Die Beziehung zwischen eigenem Ich und Gott scheint also durch das Verhältnis zwischen ventro- und dorsomedialem präfrontalen Kortex geregelt zu werden. Zusammenfassend gesagt handelt es sich hierbei um zwei Regionen im vorderen mittleren Teil des Gehirns, die offenbar eine gegensätzliche Beziehung in ihrer neuronalen Aktivität zeigen, wenn sich ein Ich in inniger Beziehung zu Gott erlebt. Dies zeigt, dass religiöse Erlebnisse einen direkten Einfluss auf die neuronalen Aktivierungsmuster in verschiedenen Gehirnregionen haben. Das, was in der Religion Geist genannt wird, scheint also durch eine bestimmte Beziehung zwischen Gehirn und Umwelt wahrgenommen zu werden.

Gehirn und Glaube

Trotz all dieser Befunde stellt sich die Frage, ob wir überhaupt religiöse Gefühle erleben oder nicht einfach nur unsere eigenen neuronalen Zustände? Es könnte doch auch sein, dass wir die Aktivität einer bestimmten Nervenzelle erleben und nicht ein religiöses Gefühl, wenn das religiöse Gefühl selbst als die Aktivität einer Nervenzelle beobachtet werden kann. Und wenn wir nun ohnehin schon einmal in die Nähe der „ganz großen Fragen“ gekommen sind: Warum glauben wir überhaupt? An Gott, den Marxismus, den Kapitalismus oder die Neurowissenschaft? Ist das Design unseres Gehirns also offenbar so, dass wir gar nicht anders können als zu glauben?

Der berühmte Philosoph Ludwig Wittgenstein macht in dieser Hinsicht eine interessante Äußerung. Er sagt: Welch ein Zufall, dass alle Menschen, denen der Kopf geöffnet wurde, ein Gehirn hatten. Niemand weiß wirklich, ob er selbst ein Gehirn hat, da wir unser eigenes Gehirn als solches nicht wahrnehmen können. Wir haben hier eine Wahrnehmungslücke. Dieses Wahrnehmungsdefizit nenne ich auch autoepistemische Limitation, die Unfähigkeit der Wahrnehmung des eigenen Gehirns als Gehirn. Was nehmen wir stattdessen wahr? Unsere eigene Person als Selbst, ein Ich, das wir aufgrund der Wahrnehmungslücke nicht auf das Gehirn reduzieren können.

Und es ist genau diese Wahrnehmungslücke, die offenbar mit dem Glauben verknüpft ist, beispielsweise mit dem Glauben an einen Geist oder Gott oder auch den Glauben an die Technik. Möglicherweise prädisponiert uns unser Gehirn und sein Design also dazu, dass wir nicht anders können als zu glauben, da wir diese Wahrnehmungslücke ausgleichen wollen.

Was tragen Neurowissenschaften und Neurophilosophie zur Erklärung der Religion bei? Wenn wir religiöse Zustände haben, verändert sich die neuronale Aktivität in unserem Gehirn, das heißt ohne unser Gehirn und seine entsprechenden Zustände könnten wir offenbar auch keine Glaubenszustände erleben. Das Gehirn ist jedoch nur eine notwendige, nicht aber eine hinreichende Bedingung dafür: Das Gehirn allein ist nicht ausreichend, um Glauben zu erzeugen, denn das glaubende Ich steht immer im Kontext einer direkten Beziehung zu seiner Umwelt, denn nur dann können wir religiöse Gefühle und Glauben entwickeln.

Religion und Glaube zeigen die Grenzen der Neurowissenschaften und Neurophilosophie auf, sie repräsentieren das, was sie nicht erklären können. Sie können nicht die Existenz oder Inexistenz von Gott beweisen. Die Neurowissenschaften erarbeiten Fakten hinsichtlich der Beobachtung der Natur und unseres Ich. Die Existenz Gottes können wir aber nicht beobachten, sie fällt somit auch nicht in den Bereich der Naturwissenschaften. Die Neurowissenschaften können hierzu also keinerlei Aussage treffen. Ob Gott existiert oder nicht existiert, kann Ihnen kein Neurowissenschaftler beantworten. Auch ein Neurophilosoph nicht.

Genauso verhält es sich mit der Unsterblichkeit unseres Selbst, wie es im religiösen Glauben immer wieder postuliert wird. Wenn wir dies beobachten wollten, müssten wir uns quasi selbst überleben, das ist aber ein Widerspruch zu unserer Sterblichkeit. Daher ist ein Beweis der Unsterblichkeit oder Sterblichkeit unseres Selbst durch die Neurowissenschaften (und andere Wissenschaftler wie zum Beispiel Philosophen und Theologen) nicht möglich.

Das Gehirn selbst, das ja erheblich zu unserem Wissen beiträgt, stößt hier an seine eigenen Grenzen. Somit kommen wir nicht drumherum, auch in unserem Erleben weiterhin anzunehmen, dass möglicherweise etwas Geistiges oder ein Gott existieren könnte. Das können wir aber weder beweisen noch widerlegen, da wir unser eigenes Gehirn als Gehirn nicht wahrnehmen können. So kommen wir möglicherweise gar nicht drumherum, immer wieder zu glauben, woran auch immer. Wir müssen glauben und können nicht anders; und sei es nur ein Glaube an das Gehirn und die Neurowissenschaften, wie er in Neurophilosophie und Philosophie des Geistes gegenwärtig vorherrscht.

Gehirn, Umwelt und Gott

„Das ist interessant", ruft der Kommissar mit Blick auf den Bildschirm. „Auch der Professor und das Phantom haben sich mit dem Phänomen des Glaubens befasst. Und als unverbesserliche Streithähne gleich noch ein paar Dinge für uns zusammengefasst."

@

ICH: Die transkulturell orientierten Untersuchungen sind eindeutige Beweise, dass kulturelle Phänomene ernst genommen werden müssen. Die soziale Umwelt ist nicht nur stilbildend und modulierend, sondern konstitutiv für das Gehirn.

Professor: Was heißt hier konstitutiv? Die Befunde legen eindeutig nahe, dass Religion im Gehirn sitzt. Religion ist eine Geburt des Gehirns.

ICH: Die Tatsache, dass bei religiösen Phänomenen Aktivierungen im Gehirn ausgelöst werden, heißt noch lange nicht, dass Religion nichts anderes als ein Gehirnphänomen ist. Wenn Sie einen Pickel auf der Haut Ihrer Partnerin sehen, schließen Sie dann daraus, dass Ihre Partnerin nichts als Pickel ist?

Professor: Das ist ja völlig absurd! Ich bin durchaus in der Lage, zwischen der Person und einzelnen Körperstellen zu unterscheiden.

ICH: Warum tun Sie es dann nicht? Sie schließen von der Beobachtung von neuronalen Veränderungen im Gehirn bei religiösen Erlebnissen darauf, dass Religion nichts anderes als das Gehirn selbst ist.

Professor: Wenn ich Ihre Schlussfolgerungen ernst nehme, hieße das, dass religiöse Phänomene außerhalb des Gehirns stehen. Sind sie etwa rein sozialer Natur, ohne irgendeinen Einfluss vom Gehirn? Das wäre so, als ob der Pickel (Sie haben vielleicht Beispiele!) außerhalb des Körpers steht, im leeren Raum schwebt und nichts mit dem Körper zu tun hat.

ICH: Ich behaupte ja gar nicht, dass religiöse Phänomene rein sozialer Natur sind. Sie scheinen das immer vorauszusetzen und meinen, diese These nur durch Ihre Annahme, religiöse Phänomene seien nichts als Gehirnphänomene, ersetzen zu müssen. Sie scheinen anzunehmen, dass ich diese Extremthese, Religion ist nichts als ein soziales Phänomen, voraussetze. Und dann, das ist ganz verständlich, reagieren Sie darauf mit dem anderen Extrem: Religion ist nichts als ein Gehirnphänomen.

Professor: Ist es denn nicht etwa so, sehr geehrtes ICH?

ICH: Das habe ich so nie gesagt. Ich habe lediglich gesagt, und das sicher nicht zum ersten Mal, dass religiöse Phänomene nicht ausschließlich soziale Phänomene sind und neben der sozialen Dimension offenbar auch das Gehirn und somit die von Ihnen so geliebte neuronale Dimension einschließen. Sie sind nicht entweder-oder.

Professor: Ach, wieder so eine Multikomponententheorie. Von jedem ein bisschen und von allem nichts Richtiges. Sozial, biologisch, multikulti .... Sie packen alles in einen Topf und heraus kommt eine schlecht schmeckende Gemüsesuppe. Machen Sie es sich doch einfach und schauen Sie der Wahrheit ins Auge: Religiöse Phänomene sind Gehirnphänomene.

ICH: Sehen Sie denn nicht, dass Sie mit Ihren Schlussfolgerungen über das Ziel hinausschießen. Sie können nicht vom Pickel auf den Körper schließen. Sie können nicht von den Befunden einer Aktivierung im Gehirn bei religiösen Phänomenen auf das schließen, was Religion selbst ist.

Professor: Was ist denn das bunte Aufleuchten von Regionen im Gehirn, die neuronale Aktivität?

ICH: Das ist eine Beobachtung, die ein Neurowissenschaftler gemacht hat. Und diese Beobachtung hängt nicht nur vom religiösen Phänomen selbst ab, sondern auch von dem Beobachter, dem Neurowissenschaftler. Wir wissen also nicht, ob das, was wir beobachten, durch das religiöse Phänomen selbst oder den Beobachter hevorgerufen wurde. Das ist jetzt aber keine Frage des Verhältnisses zwischen neuronalen und sozialen Komponenten der Religion. Sondern es ist vielmehr eine Frage des Verhältnisses zwischen der Beobachtung im Gehirn und dem Gehirn selbst. Sie, Herr Professor, scheinen keinen Unterschied zwischen dem Beobachter des Gehirns und dem Gehirn selbst zu machen. Das, was der Beobachter beobachtet, scheinen Sie für bare Münze zu nehmen beziehungsweise dem Gehirn zuzusprechen.

Professor: Ja, es ist doch klar: Was der Neurowissenschaftler objektiv beobachtet, kann ja nur das Gehirn sein. Er beobachtet doch das Neuronale und nicht sich selbst!

ICH: Woher aber wissen Sie, dass das, was Sie beobachten, dem Gehirn selbst entspricht? Das können Sie nicht wissen. Das können Sie nur glauben. Das können Sie aufgrund Ihrer Befunde nicht schlussfolgern. Das ist reine Glaubenssache. Womit wir ja beim Thema wären.

Professor: Es sind doch aber objektive Befunde, die in der Dritten-Person-Perspektive, völlig unabhängig von meiner individuellen Person, erhoben werden. Sie spiegeln also das Gehirn selbst, so wie es ist, unabhängig von meiner individuellen Beobachtung, wider.

ICH: Ja, da haben Sie vollkommen recht, es ist unabhängig von Ihrer individuellen Person. Das ist richtig. Aber es ist nicht unabhängig von Ihrem Gehirn, von dem Gehirn des Beobachters. Es ist unabhängig von einem individuellen Gehirn, von Ihrem Gehirn, aber es ist nicht unabhängig von dem Gehirn. Denn der Beobachter kann das Gehirn, das er beobachtet, auch nur mittels seines Gehirns beobachten. Dadurch aber kann er nicht ausschließen, dass das Gehirn und die Grundprinzipien seiner Funktion, die ihm die Erkenntnis des Gehirns ermöglichen, nicht das beeinflussen, was er erkennt, das Gehirn. Daher kann nicht eindeutig unterschieden werden, ob das, was er erkennt und beobachtet, das Gehirn, wirklich auf das Gehirn selbst, unabhängig von seiner Beobachtung desselbigen, zurückzuführen ist. Oder ob es möglicherweise auch durch seinen eigenen Input in die Erkenntnis und Beobachtung des Gehirns, seine eigene Erkenntnis und somit den Input seines eigenen Gehirns, bedingt ist. Das können Sie nicht entscheiden. Dazu sind Sie nicht fähig.

Professor: Sie werden doch wohl nicht anzweifeln, dass das, was ich als Gehirn beobachte, das Gehirn selbst ist, unabhängig von meiner Erkenntnis.

ICH: Nein, das würde ich nicht. Aber Sie können nicht wissen, ob die Rolle, in der Sie das Gehirn beobachten, nämlich von außen und objektiv, wirklich dem Gehirn selbst entspricht, wie es selbst unabhängig von Ihrer Erkenntnis funktioniert. Das heißt also, Sie können nicht entscheiden, ob das Gehirn, das Sie beobachten mit seinen neuronalen Aktivierungen, genau identisch ist mit dem Gehirn, das Ihre Beobachtungen ermöglicht. Nur wenn Sie das tun könnten, können Sie religiöse Phänomene als neuronale Phänomene bezeichnen. Dazu sind Sie aber nicht in der Lage. Daher bleibt eine solche Annahme, religiöse Phänomene seien nichts als Gehirnphänomene, im Glauben verhaftet. Sie machen also genau das, was Sie eigentlich durch Ihre philosophischen Schlussfolgerungen vermeiden wollen, Sie führen ein Element des Glaubens ein.

Professor: Wieso sollte ich das tun?

ICH: Weil Sie damit die Grenzen Ihrer eigenen Erkenntnisfähigkeit nicht wahrnehmen müssen. Sie überschreiten sie einfach und glauben, die Welt und das Gehirn so erkennen zu können, wie sie unabhängig von Ihnen selbst sind. Das wiederum bildet die Basis für Ihren Anspruch, alles auf das Gehirn zurückzuführen und letztendlich auch die Philosophie durch die Neurowissenschaften ersetzen zu können. Aber, wie gesagt, das können Sie nur machen, indem Sie zu dem Mittel greifen, das Sie eigentlich auf das Gehirn reduzieren wollen: den Glauben. Die Behauptung, dass religiöse Phänomene nichts als neuronale Phänomene sind, ist also genauso ein Glaube wie die Behauptung, dass religiöse Phänomene nichts als soziale Phänomene sind.

Professor: Und was bedeutet das Ihrer Ansicht nach für das Gehirn?

ICH: Wir können weder die Umwelt unabhängig vom Gehirn noch das Gehirn unabhängig von der Umwelt erkennen. In unserer Er-

kenntnis sind also offenbar neuronale und soziale Dimensionen immer schon miteinander vermischt. Wir sind unfähig, sie voneinander zu trennen. Das einzige, was wir erkennen können, ist die Beziehung zwischen beiden, die sich, zum Beispiel, in religiösen Phänomenen und Emotionen manifestiert. Das Ich wäre dann nichts anderes als eine Beziehung, eine Beziehung zwischen Gehirn und Umwelt, eine neurosoziale Beziehung.

Ein friedlicher Grenzvertrag mit Regelungen zum Grenzverkehr

Grenzen in Königsberg

„Na, dann haben wir den Fall doch gelöst." Der Kriminalhauptkommissar versucht überzeugend zu klingen.

„Zumindest haben wir jetzt eine Idee davon, was das Ich sein könnte: eine Beziehung", antwortet die Kriminalpsychologin.

„So bitter wollte ich es nicht formulieren. Aber es stimmt. Wir sind jetzt ziemlich schlaue Leute. Aber keine Ahnung haben wir, wer der Täter, das E-Mails schreibende Phantom, ist."

„Das ist die traurige Realität."

„Ich habe doch immer gesagt, das ist kein Fall für uns. Bei aller Euphorie, die auch bei mir zwischendurch aufkam. Jetzt müssen wir unser Scheitern eingestehen."

„Halt, da kommt mir eine Idee. Das könnte doch eine Spur zum Phantom sein. Wir machen es ganz geschickt, auf die feinste wissenschaftliche Art. Denn vielleicht können wir gar nicht anders als scheitern, da unserer Fahndung nach dem Ich Grenzen gesetzt sind. Grenzen in unserer Erkenntnis, die uns notwendigerweise scheitern lassen. Vielleicht gibt es, systembedingt, ich-bedingt, gar keine andere Chance, als in so einem Fall zu scheitern. Lass uns mal einen Philosophen kontaktieren, der sich mit den Grenzen unserer Erkenntnis beschäftigt."

„Super. Dann eiern wir hier wochenlang um den heißen, wissenschaftlichen Brei herum, um uns am Ende von einem weiteren Wissenschaftler erklären zu lassen, dass sowieso alles nur umsonst sein konnte. Wenn das keine Feedbackschlaufe ist." Der Kommissar schweigt für einen Moment und fügt an: „Aber wenigstens sind wir dann aus dem Schneider."

Die Grenzen der menschlichen Erkenntnis

Um jetzt Licht ins Dunkel zu bringen, bietet sich kein Philosoph mehr an als der wohl größte seiner Spezies: Immanuel Kant, der berühmte Denker aus Königsberg, der sich die Grenzen unserer Erkenntnis zum Thema macht. Seine ihm so lieb gewordene Heimatstadt Königsberg gehört zu seinen Lebzeiten zu Deutschland, sie liegt heute als Kaliningrad an der Grenze zwischen Polen und Russland, ein Grenzort mit einer langen Tradition. Und genau diese Grenzorte interessieren Kant auch in unserer menschlichen Erkenntnis. Wo sind die Grenzen unserer menschlichen Fähigkeiten, was können wir erkennen und was können wir nicht erkennen? Wo also überschreiten wir in unseren Aussagen die Grenzen unserer Erkenntnismöglichkeiten und behaupten mehr, als wir wirklich erkennen können?

1724 als Sohn eines Handwerkers geboren, studiert Kant in jungen Jahren Theologie und Philosophie, interessiert sich aber auch sehr für die in der damaligen Zeit gerade aufkommenden Naturwissenschaften und die Mathematik. Er ist dafür bekannt, dass die Königsberger seine Uhr nach ihm stellen können, da er immer pünktlich zu genau derselben Zeit seinen täglichen Spaziergang in den Straßen von Königsberg macht. Obwohl Kant nie heiratet, pflegt er doch, entgegen dem landläufigen Urteil, viele soziale Kontakte. Über sie erfährt er alles Nötige über sein Umfeld und kann seine Werke über den Menschen, seine Natur, seine Moral sowie seine Welt schreiben, ohne jemals weit über Königsberg hinaus zu reisen.

Kant revolutioniert innerhalb der Philosophie die stolzeste Disziplin, die Metaphysik. Diese beschreibt die Realität und die Existenz von den Dingen der Welt, ihr Sein oder So-Sein. Wie bereits anfangs im Höhlengleichnis beschrieben, sieht Platon das reale Sein der Dinge in Ideen oder Urformen, die letztendlich außerhalb unserer Erkenntnis liegen. Thomas von Aquin führt das Sein der Dinge auf Gott zurück, dessen Sonnenstrahl wir zumindest erkennen können. Im Unterschied zu Platon ermöglicht uns Aquin somit einen Zugang zu den Dingen selbst, zu ihrem Sein, wenn auch nur in der Vermittlung durch Gott. Descartes schließlich macht den Menschen unabhängig von Gott und verknüpft den menschlichen Geist nicht mehr mit dem göttlichen Sonnenstrahl, sondern mit dem Gehirn.

An diesem Punkt der Philosophiegeschichte tritt Kant auf die Bühne. Statt über den Ort der Dinge und ihr Sein zu philosophieren, interessiert er sich mehr dafür, was wir erkennen können und was nicht. Wir können metaphysisch viel über das Sein und So-Sein der Dinge behaupten. Wenn der Gegenstand der Betrachtung aber außerhalb der Grenzen unserer menschlichen Erkenntnis liegt, sind metaphysische Annahmen sinnlos. Vor jeder metaphysischen Behauptung steht für Kant somit eine Untersuchung der Fähigkeiten und Grenzen der menschlichen Erkenntniskraft.

Wenn wir diese untersuchen wollen, müssen wir auf unsere Wahrnehmungen, den Verstand und die Vernunft zurückgreifen. Diese drei müssen als ein *mixtum compositum* betrachtet werden. Sie setzen sich aus zwei verschiedenen Inputs zusammen, dem der Welt und dem des menschlichen Geistes selbst. Durch den stets notwendigen Input von uns selbst, von unserem menschlichen Geist, können wir die Welt nicht unabhängig von uns selbst wahrnehmen.

Genau dies wäre aber notwendig, um das Sein oder So-Sein der Dinge und der Welt erkennen zu können. Wir können also nicht sicher sein, ob unsere Erkenntnis der Welt möglicherweise durch den Input unseres eigenen Geistes verfälscht wird. Wir können nicht erkennen, ob das, was wir als So-Sein der Dinge und der Welt beschreiben, auf die Dinge und die Welt selbst oder eher auf unseren eigenen Input zurückzuführen ist. Das Sein oder So-Sein der Dinge und der Welt, wie sie unabhängig von unserer Erkenntnis sind, muss uns also notwendigerweise verschlossen bleiben.

Was aber ist der Input unseres Geistes? Nach Kant können wir die Dinge nur in einer Art und Weise wahrnehmen und denken, wie sie der Organisation unseres Verstandes bzw. des Geistes entspricht. Während die Sinnesorgane das Material oder den Inhalt liefern, organisiert der Geist diese Inhalte in einer bestimmten Form. Eine zentrale Form, die der Geist unserer Erkenntnis der Welt hinzufügt, ist die Kausalität, das Prinzip von Ursache und Wirkung.

Stellen Sie sich vor, Sie werfen einen Ball und er prallt an ein Auto. In diesem Fall sagen wir, der Wurf des Balles sei die Ursache und der Aufprall des Balles am Auto die Wirkung. Kant sagt nun, dass wir die Geschehnisse in der Welt nur in der Form von Ursache und Wirkung, als Kausalität wahrnehmen und denken können. Ob das allerdings in der Tat auch wirklich so ist, unabhängig von unser spezifischen Art und Weise der Erkenntnis der Welt bzw. von Ball und Auto, muss offen bleiben. Es ist nicht klar, ob Ballwurf und Auto wirklich in einem Kausalverhältnis zueinander stehen, unabhängig von unserer Erkenntnis. Oder ob wir ihre Beziehung nur in der mit uns und unserer Erkenntnis verbundenen Form der Kausalität erfassen, ihre wirkliche Beziehung, die möglicherweise nicht kausal ist, aber nicht erkennen können.

Natürlich stellt sich da brennend die Frage, welche Form von Beziehung stattdessen vorliegt, wenn es keine Kausalität ist. Doch jegliche Antwort auf diese Frage würde, nach Kant, die Erkenntnisgrenze überschreiten. Wir könnten zwar wild spekulieren, aber wir können weder wissen noch entscheiden, welche unserer spekulativen Ideen der Realität entspricht. Sie können ja spaßeshalber mal versuchen, sich das vorzustellen: Sie werfen den Ball, er prallt auf das Auto. Wie verhalten sich Ballwurf und Aufprall auf dem Auto, wenn es nicht kausal sein kann? Merken Sie, dass sich das nicht denken lässt? Es geht nicht. Das Gehirn steht still (in einem übertragenen Sinne) – es befindet sich an der Grenze seiner Erkenntnisfähigkeit. Hier ist eine Mauer, keine Mauer des Schweigens, sondern eine feste Mauer, an der wir nicht weiterkommen. So sehr wir auch über die Mauer hinwegzuschauen versuchen, wir schaffen es nicht zu erkennen, was jenseits davon liegt. Wir kommen nicht hinauf und über die Mauer hinweg zur anderen Seite, da es „das Gewicht" unseres eigenen Ich mitsamt des Gehirns verhindert. Sie sind zu schwer, wir können aber auch nicht ohne sie klettern. Unser eigenes Ich und das Gehirn ermöglichen uns somit einerseits, die Welt wahrzunehmen, und andererseits machen sie es uns unmöglich, uns selbst, unser Ich und sein Gehirn, unabhängig von uns selbst zu erkennen.

Was aber machen wir normalerweise, wenn wir auf eine Mauer stoßen, hinter der es etwas äußerst Interessantes geben dürfte? Wir nehmen immer wieder neu Anlauf, um sie zu überwinden. Wir suchen immer wieder andere Stellen, von denen aus wir sie vielleicht durchdringen können. Dabei verfangen wir uns – wieder auf die Wissenschaft übertragen – in einem Labyrinth unserer eigenen Wege und Erkenntnisse. Und irgendwann sitzen wir fest: Weder eine Überwindung der Mauer noch ein Entrinnen aus dem Labyrinth scheinen mehr möglich.

Jenseits der Mauer zu schauen und sie somit zu überwinden, hieße, „die Welt an sich" zu erfassen. Nach Kant können wir „die Welt an sich" oder „die Dinge an sich" aber nicht erkennen. Dies wäre nur möglich, wenn wir die Dinge und die Welt unabhängig von der Organisation und Form, die der Geist unserer Erkenntnis hinzufügt, erfassen könnten. Dies ist jedoch unmöglich, da jegliche Erkenntnis an unseren Geist gebunden ist. Wir können der von unserem Geist auferlegten Form und

Organisation nicht entrinnen. Wir drehen uns im Kreis. Wollen wir den Geist selbst erkennen, müssen wir zwangsläufig auf unseren Geist selbst zurückgreifen, der das Instrument unserer Erkenntnis ist. Wir sind nicht mehr Gefangene in einer Höhle, wie bei Platon. Stattdessen sind wir Gefangene in unserem eigenen Geist, die uns von ihm auferlegte Form und Organisation unserer Erkenntnis legt uns die Fesseln an.

Kant hebt in seinem Denken die Grenzen unseres Erkenntnisvermögens hervor. Nur wenn wir uns der Limitationen unserer Erkenntnis bewusst sind, können wir grenzüberschreitende Aussagen und Fehlschlüsse vermeiden. Wir müssen unsere metaphysischen Thesen zum Sein und So-Sein der Dinge und der Welt und unsere Erkenntnis darüber einer Kritik unterziehen – bei Kant die Geburt seines berühmtesten Buches, der *Kritik der reinen Vernunft*.

Methodische Gedankenspiele

Wie aber lassen sich die Grenzen unseres Geistes abstecken? Eine Möglichkeit wäre, dass wir eine Perspektive außerhalb unseres Geistes selbst einnehmen. Dies wäre die Sicht eines Gottes, der umfassendes Wissen und einen kompletten Überblick über den Geist hat. Eine solche Sichtweise einzunehmen hieße jedoch, Gott zu spielen. Es würde ein Spiel bleiben, denn wirklich göttlich zu sein, ist uns aufgrund des Inputs unseres Geistes unmöglich. Wir können die Welt eben nie unabhängig von unserem Geist selbst und seinem Input erkennen. Ist die Kant'sche Annahme der Limitation unseres Geistes somit selbst illusionär oder zumindest nicht beweisbar? Können wir möglicherweise weder die Welt noch die Begrenztheit unseres Geistes selbst erkennen?

Kant entwickelt eine spezielle Methode, die uns einen indirekten Zugang zu unserem Geist und seinen Limitationen ermöglicht. Er nennt dies die transzendentale Methode. Er schaut sich unsere Fähigkeiten der Wahrnehmung und des Denkens an und stellt sich die Frage, wie solche Fähigkeiten der Wahrnehmung und des Denkens möglich sind, wie sie konstituiert werden. Welche Bedingungen müssen gegeben sein, damit wir die Welt so wahrnehmen können, wie wir sie wahrnehmen?

Stellen Sie sich dazu einmal vor, dass Sie Ihren Garten umgestalten wollen. Sie lieben Rotdornbuchen und überlegen: Welchen Boden müsste die Rotdornbuche haben, um gut wachsen zu können? Welche Bedingungen müssen gegeben sein, damit sie gedeiht – was für ein Grund und Boden muss vorhanden sein? Sie schauen sich Ihren Garten an und müssen feststellen, dass Sie keine Ahnung haben. Also probieren Sie es einfach aus: Sie pflanzen die Rotdornbuche und sie gedeiht, nun wissen Sie, dass der Boden in Ihrem Garten für Rotdornbuchen geeignet ist. Ihr Grund und Boden ist dabei das, was Kant als „notwendige Bedingung der Möglichkeit von Erkenntnis“ beschreibt. Und die prächtig wachsende Rotdornbuche ist die Analogie zu unserer Erkenntnis der Welt. Genauso wie Sie von dem erfolgreichen Wachsen der Buche auf den Boden rückschließen konnten, so schließt Kant von unserer Erkenntnis auf die dafür notwendigen Bedingungen zurück.

Was aber hat nun die transzendentale Methode mit dem Input unseres Geistes in unserer Erkenntnis zu tun? Wir können den Input der Welt verfolgen. Unsere Erkenntnis geht darüber hinaus, da zum Beispiel Bewusstsein nicht als Input von der Welt kommen kann. Wie aber können wir wissen, dass unser Geist zum Beispiel Bewusstsein als Input zu unserer Erkenntnis beisteuert?

Stellen Sie sich das Gegenteil vor. Wie müsste unsere Erkenntnis der Welt sein, wenn unser Geist keinen Input und somit kein Bewusstsein liefert? Können wir uns das überhaupt vorstellen? Es ist nicht möglich. Also kann es gar nicht anders sein, als dass der Geist selbst Bewusstsein als Input zu unserer Erkenntnis beiträgt. Die transzendentale Methode ist somit nichts anderes als ein Instrument für die Lokalisation des Inputs unseres Geistes in unserer Erkenntnis.

Kant und das Gehirn

Sie werden jetzt vielleicht einmal tief durchatmen und erschöpft sagen: „Puh, das ist harte Kost." Was sagt Kant denn nun wirklich, einfach ausgedrückt. Also, Kant sagt im Prinzip nichts anderes, als dass unsere Erkenntnis und unser Wissen immer eine Mischung, eben ein *mixtum compositum* aus beiden, dem Input unseres Geistes und dem Input der Welt, ist. Unser Geist selbst liefert einen Input für unsere Erkenntnis von der Welt. Und, so deprimierend es auch ist, keiner kann jemals beide Inputs vollständig und sicher voneinander trennen. Das wird ein und für alle Mal so bleiben, es ist prinzipiell unmöglich, wie es in der philosophischen Sprache ausgedrückt wird.

Was bedeutet das in Hinsicht auf die Möglichkeit, das Ich zu erkennen und im Gehirn zu lokalisieren? Genauso wie Kant unsere Erkenntnis als *mixtum compositum* aus geistigen und weltlichen Input beschrieben hat, so kann auch unsere gegenwärtige Erkenntnis des Ich als *mixtum compositum* aus Gehirn und Welt aufgefasst werden. Eine solche Mischung in unserer Erkenntnis des Ich steht aber der Erfassung des Ich im Wege. Um das Ich als solches, unabhängig von unserer Erkenntnis, zu erfassen, müssten wir es unabhängig von dem Input der Welt erkennen können. Nur dann könnten wir wirklich wissen, ob das Ich mit dem Gehirn und seinen neuronalen Prozessen, so wie wir sie wahrnehmen können, gleichgesetzt werden kann oder nicht. Da wir in unserer Erkenntnis des Ich neben dem Input des Gehirns aber auch immer schon einen Input der Welt haben, können wir beispielsweise nie wirklich wissen, ob das

Ich mit dem Gehirn gleichzusetzen ist oder nicht. Das *mixtum compositum* aus Gehirn und Welt in unserer Erkenntnis des Ich macht also eine Erfassung des Ich, so wie es selbst ist, unabhängig von unserer Erkenntnis des Ich, unmöglich.
Umgekehrt macht es in unserer Erkenntnis aber auch die Erfassung des Ich außerhalb des Gehirns, zum Beispiel als nicht-neuronaler Geist in der Welt, unmöglich. Wir können das Ich somit nur in der für uns möglicherweise spezifischen Erkenntnisform des *mixtum compositum* erkennen, nicht aber unabhängig davon. Deswegen können wir niemals wissen, das heißt sicher erkennen, ob das Ich im Gehirn selbst oder anderswo und ob es neuronaler oder geistiger Natur ist. Jede neurowissenschaftliche (genauso wie jede nicht-neurowissenschaftliche) Theorie des Ich ist daher zum Scheitern verurteilt.

Wie gehen wir jetzt damit um? Wenn das, was Kant als Input des Geistes beschrieben hat, auf unser Gehirn zurückgeführt werden könnte, dann bin ich mir sicher, dass auch Kant dem nicht hätte widerstehen könnte. Aber ist das wirklich so einfach möglich? Das Gehirn, das wir mit unseren Untersuchungsmethoden erkennen, kann nicht dieser Inputgeber sein, da etwas nicht zugleich Erkanntes und Bedingung des Erkennens selbst sein kann. Eine solche Doppelfunktion des Gehirns anzunehmen, es also als Erkanntes und Bedingung der Erkenntnis zugleich zu charakterisieren, führt zu Widersprüchen und Paradoxien. Dies ist zum Beispiel der Fall bei Schopenhauer, der, wie oben erwähnt, das Gehirn als Subjekt und Objekt der Erkenntnis beschreibt.
Lassen Sie mich diesen Widerspruch etwas näher beschreiben: Entweder ist der Apfelbissen in Ihrem Mund, oder Sie nehmen einen unversehrten Apfel wahr, der im Baum hängt. Beides, Apfel im Mund und Apfel im Baum, können Sie nicht zur gleichen Zeit wahrnehmen. Das zu versuchen, hieße, sich in einem

Zirkel, einem sogenannten Gehirn-Paradox (oder Apfel-Paradox, wenn Sie so wollen) zu verfangen. Genau das beschreibt Schopenhauer, ohne den Widerspruch selbst als solchen zu benennen – die Bezeichung Gehirn-Paradox stammt von späteren Philosophen.

Was müssen wir da jetzt schlussfolgern? Sind denn dann nicht auch Kants eigene Behauptungen unhaltbar? Können wir überhaupt etwas wissen? Bleibt nur der Skeptizismus? Nun wollen wir nicht gleich das Kind mit dem Bade ausschütten. Die Tatsache, dass wir Grenzen in unserer Erkenntnis der Welt aufweisen, heißt nicht, dass wir gar nichts erkennen können.

Bislang bleibt nur festzuhalten: Alle Versuche, das Ich zu lokalisieren und festzunehmen, scheinen zu scheitern. Auch das Gehirn, das gegenwärtig als Erlöser gefeiert wird, kann uns nicht von den Ketten des geheimnisvollen Ich befreien. Es ist lediglich ein anderes Gefängnis, eines, das uns neuronale und nicht mehr geistige oder mentale Ketten wie noch bei Descartes anlegt. Ketten bleiben aber Ketten, und Gefängnisse bleiben Gefängnisse, egal ob sie neuronaler oder mentaler Art sind.

Neurowissenschaftler werden sich nun zu einem letzten Widerspruch aufraffen: Das Gehirn können wir doch so erkennen, wie es ist, das Gehirn an sich (wie es Kant sagen würde), unabhängig von unserer Erkenntnis. Und wenn das möglich ist, dann können wir auch erkennen, dass das Ich nichts als das Gehirn ist. Das ist dann aber keine Illusion mehr, sondern Wahrheit. Dann hätten wir das Ich gestellt, nämlich als Gaukelei des Gehirns.

Sinnvoll? Nein, ist es nicht. Dieser Argumentation liegt genau der Fehler, den Kant so brillant beschrieben hat, zugrunde. Vertreter dieses Gedankengangs sagen mehr über das Gehirn aus, als sie wirklich wahrnehmen und erkennen können. Wir können unser Gehirn niemals unabhängig von uns selbst und unserer Umwelt wahrnehmen. Wir können also das Gehirn „an sich“ nicht erkennen. Möglicherweise ist es sogar unser eigenes Gehirn, das es uns aufgrund seiner spezifischen Organisation und seiner Codierung der Stimuli unmöglich macht, es unabhängig vom Ich und der Umwelt wahrzunehmen.

Unsere Erkenntnis bleibt auf das Gehirn für sich (wie Kant es sagen würde) beschränkt, also auf das Gehirn, so wie wir es im Rahmen unserer Erkenntnismöglichkeiten und -grenzen erkennen können. Im Unterschied dazu können wir das Gehirn an sich (wie Kant es sagen würde) nicht erkennen, da dies hieße, das Gehirn unabhängig von der für uns spezifischen Form der Erkenntnis erkennen zu können. Dies aber ist unmöglich, da wir das Gehirn nicht ohne unseren eigenen Erkenntnisapparat und seine spezifische Form der Erkenntnisgewinnung wahrnehmen können. Denn sobald der eigene Erkenntnisapparat im Spiel ist, sind wir natürlich auch seinen Möglichkeiten und Grenzen ausgeliefert.

Wer hat schon mal sein eigenes Gehirn als Gehirn wahrgenommen? Wir nehmen Stimuli und Ereignisse wie einen Regenschauer oder ein Donnergewitter in der Umwelt wahr, nicht aber das Neuronengewitter, das während des Donnergewitters in unserem Gehirn tobt. Donnergewitter oder Neuronengewitter, das ist hier also keine Frage. In unserer Wahrnehmung hat der Donner stets den Vorrang vor den Neuronen.

Wenn wir nur Donnergewitter wahrnehmen, nicht aber das möglicherweise dieser Wahrnehmung zugrunde liegende Neuronengewitter, dann müssen wohl auch unserer Erkenntnis des Ich Grenzen gesetzt sein. Wenn wir unser Gehirn selbst nicht wahrnehmen können, können wir niemals hundertprozentig sicher sein, ob die Beziehung, die wir zur Umwelt haben, wirklich auf der einen Seite zum Gehirn führt. Wir können also nur vermuten, dass das Ich eine Beziehung zwischen Gehirn und Umwelt ist. Aber wir werden es aufgrund der Grenzen unserer Wahrnehmung niemals beweisen können, wir können uns nicht hundertprozentig sicher sein, ob es wirklich so ist oder nicht. Unser Gehirn ist also ein wunderbares Organ. Es ermöglicht uns die Wahrnehmung der Umwelt. Zugleich aber ist es auch ein limitierendes Organ, das uns Grenzen in unserer Wahrnehmung und Erkenntnis unserer selbst, unseres Ich setzt.

Wir sollten Kant und das Gehirn zusammenbringen, dann können wir vielleicht wirklich etwas über das Gehirn und seinen Zusammenhang mit unserer menschlichen Erkenntnis und unserem Ich lernen. Wenn wir die Neurowissenschaft mit der Philosophie kombinieren, ohne dass sich Letztere zur Sklavin der Ersteren macht, dann hätten wir vielleicht eine Chance, dem Ich auf die Schliche zu kommen. Eine kritische Neurophilosophie ist gefragt, keine naive mehr.

Wie aber könnte das aussehen? Wenn wir dem Ich auf die Spur kommen wollen, müssen wir uns seine verschiedenen Beziehungen anschauen, wie es die Philosophie schon immer tat. Sowohl die Neurowissenschaftler als auch die sogenannten Neurophilosophen tendieren dazu, das Ich einfach in das Gehirn zu schieben. Aber, das hat unsere logisch-konzeptuelle Spurenanalyse in den letzten Kapiteln gezeigt: Dies beruht auf und führt zu Fehlschlüssen. Es kommt zu einer Verwechslung von Konzept und Fakt sowie von Ganzem und Teil, wenn die Konzepte des Ich mit den neuronalen Fakten des Gehirns gleichgesetzt werden.

Die naive Spurensuche nach dem Ich im Gehirn muss also durch eine kritische Fährtenanalyse des Ich in seinen verschiedenen Beziehungen zur Umwelt ersetzt werden. Kritische Beziehungsanalyse statt naiver Gehirnanalyse. Wenn wir das Ich im Gehirn selbst vermuten, überschreiten wir die Grenzen unserer Erkenntnismöglichkeiten und somit auch die unseres Gehirns. Wir können also nur versuchen, die Grenzen unserer Erkenntnis des Ich neu auszuloten und zu markieren. Dabei können wir auch untersuchen, ob das Gehirn selbst einen Beitrag zur Konstitution dieser Grenzen, zum Beispiel mittels seiner neuronalen Formatierung oder Codierung, leistet. Die Neurowissenschaft wird dann zunächst eher eine neuronale Grenzsuche als eine neuronale Ich-Suche sein. Wie bei einer Grenzbesichtigung im wirklichen Leben meist auch, sind die Beauftragten hier zu zweit: Der Neurowissenschaftler untersucht die Grenze zwischen Gehirn und Ich gemeinsam mit dem (sich dieser Grenze als Grenze bewusst werdenden) Neurophilosophen.

Identifikation und Erkenntnis des Ich

Was das Ich nicht ist

Nichts ist endgültig aufgelöst – und doch haben wir eine Menge erkannt. Lassen Sie mich bis hierhin kurz zusammenfassen. Das Ich legt verschiedene Kostüme an, für uns scheint es so, als ob das Ich ständig Karneval feiert, das ganze Jahr über, die gesamte Geschichte hindurch. Und welche Größen gingen dem nicht schon auf den Leim! Platon, von Aquin, Descartes und und und. Dementsprechend schwierig ist es, das Ich zu identifizieren. Man weiß nie, ob man es mit dem Ich selbst oder wieder nur mit einem seiner Kostüme zu tun hat. Das Hauptproblem unserer wissenschaftlichen Ermittlungen besteht also darin, zwischen einem Kostüm und dem Ich selbst zu unterscheiden.

Dieser Trennung geht man in den letzten Jahren verstärkt nach, denn plötzlich scheinen hochmoderne Methoden eine Antwort aufzuzeigen. Die Wissenschaft vom Gehirn, die Neurowissenschaft, rückt zunehmend in das Zentrum der Aufmerksamkeit. Sie und die neu entstandene Neurophilosophie behaupten, dass das Ich im Gehirn ist. Es gebe handfeste Beweise dafür, dass das Ich nichts anderes als ein bloßer neuronaler Prozess in unserem Gehirn ist. Das Ich wird als eine Illusion des Gehirns dargestellt.

Neurowissenschaftler und Neurophilosophen vermuten das Ich, genauer ausgeführt, im Bewusstsein. Denn wir haben das Bewusstsein von unserer Umwelt und von uns selbst als Ich. Das Ich wird mit Bewusstsein gleichgesetzt. Nun zeigen die Ergebnisse der Hirnforschung, dass das Bewusstsein von der Umwelt und vom Ich mit der Aktivität in bestimmten Hirnregionen einhergeht. Es sind spezifische Regionen dort und spezifische Zellen, sogenannte Neuronen, die ihre Aktivität ändern, wenn wir in einem bewussten Zustand sind. Bewusstsein ist somit Aktivität in einer bestimmten Hirnregion oder sogar nur in einem bestimmten Neuron.

Einige Neurowissenschaftler behaupten, dass Bewusstsein mit der Aktivität von Rückkopplungsmechanismen, sogenannten Feedbackschlaufen, zwischen verschiedenen Hirnregionen zusammenhängt. Andere nehmen wiederum die globale Ausweitung der Aktivität über verschiedenste Hirnregionen hinweg als ein typisches Merkmal der Erzeugung eines bewussten Zustands im Gehirn an. Aufgrund entsprechender Befunde lokalisieren die Neurowissenschaftler und Neurophilosophen das Bewusstsein und somit auch das Ich im Gehirn. Das Ich ist Gehirn, und damit eine Illusion.

Doch damit ist der Krimi nicht zu Ende. Denn wenn das Ich in der Tat eine Illusion ist, dann sollte es mit der Auslöschung des Bewusstseins verschwinden. Aber im Fall von Komapatienten, bei denen das Bewusstsein ausgefallen ist, war das Ich nicht komplett verschwunden. Obwohl die Patienten keinerlei Bewusstsein hatten, zeigte sich in neurowissenschaftlichen Untersuchungen, dass ihr Ich doch noch in gewisser Weise erhalten ist. Dies zeigte sich insbesondere in den Reaktionen auf bestimmte Ereignisse in der Umwelt. So reagierten sie zum Beispiel sichtbar berührt, wenn ihnen die Stimmen ihrer eigenen Kinder präsentiert wurden. Das Ich-Gefühl manifestierte sich auch in einer Reaktion des Gehirns zu hoch ich-bezüglichen Stimuli, wie zum Beispiel dem Hören des eigenen Namens.

Dies wirft verschiedene Fragen auf, die wir jedoch möglicherweise aufgrund der skizzierten Grenzen unserer Erkenntnis nicht beantworten können. Versteckt sich das Ich im Gehirn hinter dem Bewusstsein? Steckt das Ich vielleicht in einem Unterbewusstsein im Sinne der Psychoanalyse, hinter dem Bewusstsein? Oder ist es ein frei schwebender Geist, wie schon von Descartes postuliert, der mit dem Gehirn interagiert? Nein, wohl kaum. Doch eine bloße Illusion, nichts als Gehirn ist es auch nicht, denn das Gehirn, das wir beobachten können, ist nur ein weiteres Kostüm des Ich. Diese Kostüme bestehen aus verschiedenen Inhalten, mental, neuronal etc. – jeder spezifische Inhalt des Ich stellt sich letztendlich als ein bloßes Kostüm heraus. Das Ich ist also nicht ein bestimmter Inhalt. Das anzunehmen hieße, die Kostüme des Ich mit dem Ich selbst zu verwechseln.

Das Ich stellt sich aber in Inhalten dar. Wir können es nur in der Form von Inhalten erkennen. Daher lässt sich sinnvollerweise der Frage nachgehen, was einen Inhalt zu einem solchen werden lässt. Ein Inhalt braucht eine bestimmte Formatierung, Organisation oder einen Code. Auch ein Karneval wird als solcher durch eine bestimmte Organisation und Struktur ermöglicht. Davon können Ihnen die Organisatoren in Köln und in Rio de Janeiro sicher eine lange Geschichte erzählen. Das Ich ist also nicht ein bestimmter Inhalt, sondern möglicherweise eine bestimmte Struktur, Formatierung oder Organisation.

Was wir als Ich bezeichnen, entspricht somit eher einem Code. Dem Code des Gehirns, nach dem es die Stimuli der Umwelt formatiert und organisiert.
Auch die neuesten Ergebnisse der Neurowissenschaften und der Neurophilosophie, wie beispielsweise die Annahme, dass das Ich in den Mittellinienstrukturen aufgehe, zeigen eigentlich nichts anderes als weitere Kostüme des Ich. Das Ich selbst aber bleibt dahinter verborgen. Man darf also schlussfolgern, dass die Modelle und Konzepte des Ich, die diese Wissenschaften nutzen, nicht tauglich sind, um das Ich wirklich aufzuspüren. Es sind Modelle der verschiedenen Kostüme des Ich, nicht aber des Ich selbst. Die Neurowissenschaft ist wie so viele andere Disziplinen vor ihr eher eine Kostümschau des Ich. Sie setzt die stolze Tradition des wissenschaftlichen Karnevals fort, wenn auch in einem neuen Kontext, einem neuronalen.

Was das Ich ist

Um von diesem unbefriedigenden Stand weiterzukommen, schauten wir uns bei unserer Fahndung nach dem Ich in anderen Wissenschaften nach alternativen Konzepten um, zum Beispiel in der Biologie, und hier speziell der Wissenschaft der Abwehr von körperfremden Stoffen, der Immunologie. So kamen wir zu Modellen des Ich, die es als eine Organisationsstruktur der Beziehung zwischen dem eigenen Organismus und der Umwelt zeigen könnte. Die Beziehung zwischen Organismus und Umwelt muss strukturiert und organisiert werden, damit sie stabil bleibt, was dem Organismus bestmöglich das Überleben sichert. Ist das Ich also eine Beziehung, die Beziehung zwischen Organismus und Umwelt?
Nun standen wir vor einem neuen Problem. Wir können das Gehirn, den Organismus und die Umwelt beobachten und erkennen. Aber, und das ist entscheidend, wir können weder

Gehirn und Organismus noch Umwelt unabhängig von ihrer Beziehung zueinander und somit von uns selbst erkennen. Alles, was wir erkennen können, ist die Beziehung zwischen ihnen und somit ihre Beziehung zu uns, nicht aber die Glieder dieser Beziehung, das heißt Gehirn, Organismus und Umwelt, unabhängig von ihrer Beziehung zueinander. Wir sind hier somit an die Grenzen unserer eigenen Erkenntnisfähigkeit (und somit auch die Grenzen der für uns möglichen Erkenntnis des Ich) gestoßen. Natürlich wollen wir gern Aussagen in Hinsicht auf die Natur des Ich machen, wir wollen wissen, ob es im Gehirn neuronal realisiert ist oder in der Welt als nicht-neuronaler Geist lokalisiert ist. Das festzulegen aber hieße, die Grenze illegal zu überschreiten. „Stopp!“, sagt dann der aus Königsberg stammende (neuro)philosophische Grenzbeamte, „hier überschreiten Sie das Territorium der für Sie möglichen Erkenntnis.“ Jenseits der Grenzen der eigenen Erkenntnisfähigkeit können wir nur noch vermuten und Annahmen machen, die mehr oder weniger wahrscheinlich sind. Eine Annahme, die aufgrund der vorliegenden Befunde eine hohe Wahrscheinlichkeit hat zuzutreffen, ist die, nach der die Struktur und Organisation, die das Ich ausmacht, möglicherweise in der Beziehung zwischen Gehirn und Umwelt besteht. Wenn das so ist, dann sollte bei einer Beziehungsstörung, einer Beziehungskrise zwischen Gehirn und Umwelt, das Ich Schaden nehmen.

Dieser Spur sind wir gefolgt. Was steckt hinter den Extrem- oder Ausnahmezuständen des Ich? Was können uns Erkrankungen wie Depression und Schizophrenie sagen? Diese psychiatrischen Zustände sind der verzweifelte Versuch des Ich, die Beziehung zwischen Gehirn und Umwelt und somit sich selbst zu stabilisieren. Was von außen als Erkrankung und Defizit erscheint, ist eine Leistung des Ich, sich mittels der Gehirn-Umwelt-Beziehung selbst zu stabilisieren und in der Umwelt wieder zurechtzufinden. Phänomene wie Depression und Schizophrenie konnten also als Evidenz herangezogen werden, die die Annahme des Ich als Beziehung zwischen Gehirn und Umwelt unterstützen und sie wahrscheinlicher werden lassen.

Noch einmal genauer: Bei psychiatrischen Erkrankungen wie Depression oder Schizophrenie liegen Veränderungen in der Umwelt und/oder im Gehirn vor, die die Beziehung zwischen Gehirn und Umwelt destabilisieren. Das Ich versucht nun mit allen Mitteln, diese Beziehung neu zu stärken. Es versucht, diese Beziehung zu retten, da es in ihr und durch sie lebt. Selbst wenn sich Gehirn oder Umwelt abnorm verändern, versucht das Ich, deren Beziehung aufrechtzuerhalten, denn es braucht sie wie der Organismus die Luft zum Atmen. Der Preis für diese Stabilisierung unter allen Umständen kann also sogar eine Depression oder Schizophrenie sein.

Wenn das Ich in der Tat eine Gehirn-Umwelt-Beziehung ist, dürfte man erwarten, dass Veränderungen in der Umwelt mit Veränderungen im Gehirn einhergehen und umgekehrt. Wir zogen hierzu Ergebnisse der sogenannten transkulturellen Neurowissenschaften heran. Diese untersucht, wie sich kulturelle Unterschiede im Gehirn manifestieren. Und die Ergebnisse belegen in der Tat unsere Vermutung: Kulturelle Unterschiede gehen mit neuronalen Unterschieden einher. Eine solch wechselseitige Abhängigkeit zwischen Gehirn und Umwelt ist nur möglich, wenn die Stimuli, die das Gehirn von der Umwelt empfängt, so formatiert, kodiert oder organisiert werden, dass es sich auf sie beziehen und sich nach ihnen richten kann. Es muss also eine Beziehung vorliegen. Diese kann als die Ausrichtung des Gehirns auf die Stimuli der Umwelt durch das Konzept des Ich beschrieben werden. Wir müssen vermuten, dass das Ich, zumindest so wie wir es erkennen können, dann nichts anderes als genau diese Beziehung, die Beziehung zwischen Gehirn und Umwelt, ist. Diese Ergebnisse haben also

die Annahme des Ich als Gehirn-Umwelt-Beziehung zunehmend bestätigt.
Zusammenfassend können wir sagen, dass das Ich eine Gehirn-Umwelt-Beziehung ist. Als solche muss sie von den verschiedenen Kostümen des Ich getrennt werden. Das Ich als Gehirn (oder als Geist oder als Schatten in der Höhle) aufzufassen hieße, das Kostüm mit dem Träger darunter zu verwechseln.

Das Ich als die Grenze unserer Erkenntnis

Was wir als Beobachter und Untersucher als Gehirn und Umwelt ansehen (und erkennen können) und eindeutig als unterschiedliche Kategorien voneinander trennen, ist aus der Sicht des Ich nicht getrennt. Das Ich will zuallererst die Beziehung zwischen Gehirn und Umwelt stabil halten, es zahlt dafür jeden Preis. Es nimmt so verschiedene Rollen an, und diese können wir als außenstehende Beobachter nur in Form der Kategorien von Gehirn und Ich fassen und beschreiben. Es besteht also eine Differenz zwischen dem, was wir vom Ich erkennen können und dem Ich selbst, wie es unabhängig von dieser Erkenntnis ist. Diese Differenz beschreibt bereits Immanuel Kant, wenn er sagt, dass wir nicht wissen können, ob das, was wir erkennen, wirklich dem Gegenstand selbst entspricht, so wie er unabhängig von unserer Erkenntnis ist.
So auch beim Ich. Wir haben eindeutig zeigen können, dass das, was häufig für das Ich gehalten wird, lediglich ein Kostüm des Ich ist. Wir können aber nicht sicher wissen, ob das Ich wirklich so ist, wie wir nun annehmen, ob es zum Beispiel tatsächlich eine Gehirn-Umwelt-Beziehung ist. Wir können es nicht sicher wissen, wir können es lediglich aufgrund der bestehenden Fakten und Evidenzen annehmen bzw. schlussfolgern.
Die Fahndung nach dem Ich zeigt uns somit vor allem eines auf: die Grenzen unserer eigenen Erkenntnis. Das Ich zeigt uns,

dass die Unterscheidung zwischen Gehirn und Ich mehr mit uns als untersuchende und erkennende Personen als mit dem Ich selbst zu tun hat. Das Ich zeigt uns somit die Differenz zwischen unserer eigenen Erkenntnis und dem von uns möglicherweise unabhängigen Gegenstand der Erkenntnis auf.

Wir können das Ich letztendlich nicht unabhängig von seinen Kostümen erfassen und erkennen. Daher wird uns immer verborgen bleiben, was das Ich nun wirklich ist, unabhängig von uns und unserer Erkenntnis. Aber immerhin, so viel können wir sagen: Das Ich zeigt uns die Grenzen unserer Erkenntnis auf. Das Ich selbst markiert genau diese Grenze, diesseits davon können wir verschiedene Kostüme des Ich erkennen und jenseits davon haben wir keinen Zugang mehr.

Das Ich ist also möglicherweise nicht nur, wie hier angenommen und vermutet, eine Beziehung zwischen Gehirn und Umwelt, sondern auch eine Grenze, die Grenze zwischen möglicher und unmöglicher Erkenntnis. Wenn wir uns das eingestehen, haben wir schon viel über das Ich gelernt, mehr jedenfalls, als wenn wir einem seiner Kostüme, und sei es noch so bunt (oder so verlockend wie das neuronale), verfallen. Die Fahndung nach dem Ich ist somit zu einer Untersuchung unserer Grenzen geworden, zu einer Grenzerfahrung.

Heißt das aber, dass wir in einen Skeptizismus verfallen müssen, dass wir also gar nichts erkennen und wissen können? Es gibt einen Ausweg. Und auch den hat uns Immanuel Kant gezeigt. Wir können indirekt von unserer Erkenntnis von dem, wie und was wir erkennen können, auf die hierfür notwendigen Bedingungen schließen, die diese und unsere Erkenntnis im Allgemeinen überhaupt erst möglich machen. Zusammen mit den Ergebnissen der Neurowissenschaftler stoßen wir dann auf die Gehirn-Umwelt-Beziehung.

Die Illusion besteht also nicht darin, dass wir eigentlich kein Ich haben, wie die (naiven) Neurophilosophen und Neurowissenschaftler behaupten. Stattdessen besteht die Illusion darin, dass wir glauben, das Ich immer wieder in einem bestimmten Ort wie dem Gehirn oder einem Geist lokalisieren zu müssen. Diese Illusion der Lokalisation des Ich ist eine Täuschung, weil sie die Grenzen unserer Erkenntnis und somit auch des Gehirns überschreitet.

Friedensvertrag mit dem Ich

„Dass ich mich noch mal mit Kant befassen muss …“
„Ist doch halb so schlimm, oder?“, tröstet die Kriminalpsychologin ihren Kollegen.
„Zumindest springt er für uns in die Bresche und beweist, dass wir in diesem Fall keine Chance hatten.“

Neurophilosophie und Gemüsebrei

Ist es wirklich so unproblematisch, die These von Kant in unserem Kontext anzuwenden? Man könnte mir eine Fehlanwendung von Kant diagnostizieren. Kants Methode der indirekten Schlussfolgerung von einem Begriff oder Konzept zum anderen wird hier einfach auf die Ergebnisse und Fakten der Neurowissenschaften übertragen. Entsteht da nicht eine schlechte Mischung aus philosophischen Konzepten und neurowissenschaftlichen Fakten und somit ein ungenießbarer neurophilosophischer Brei?
Nein, es ist kein Brei. In einem Brei können Sie die einzelnen Bestandteile nicht mehr voneinander unterscheiden, deswegen wird der Brei Brei genannt. Das aber trifft nicht auf meine Argumentation, sondern eher auf die Ansätze der heutigen, von mir naiv genannten Neurophilosophen zu. Sie erzeugen einen

neurophilosophischen Brei, der für beide, Neurowissenschaftler wie Philosophen, ungenießbar ist.

Lassen Sie uns dazu zunächst tiefer in den Brei eintauchen – natürlich sinnbildlich gesprochen. Wofür ist er gut? Ein Säugling benötigt Brei, vor allem, da er noch keine Zähne hat, um festere Nahrung zu zerteilen. Sobald er aber älter ist, kann er auch differenziertere Speisen zu sich nehmen, bei denen die Bestandteile voneinander getrennt werden können. Wie wäre es mit einem Gemüseeintopf oder einem Kartoffel-Blumenkohl-Auflauf? In beiden Gerichten sind die verschiedenen Bestandteile fein säuberlich voneinander getrennt und als solche erkennbar. Und doch, so werden Sie sagen, sind sie auch miteinander verknüpft, durch die Suppenflüssigkeit im Falle des Eintopfs und die fest gewordene Soße oder das geronnene Ei im Auflauf.

Mein Interesse zielt nun weniger auf die Bestandteile selbst, das Gemüse oder die Kartoffeln, sondern auf das, was sie zusammenhält. Denn die gleiche Frage stellt sich auch im Falle der Neurophilosophie. Auf der einen Seite haben wir nun nach all dem bislang Beschriebenen neurowissenschaftliche Fakten und auf der anderen philosophische Konzepte, das sind die Bestandteile. Die gewonnenen Daten und Fakten über die Abhängigkeit der neuronalen Aktivität vom Kontext und das Konzept der Gehirn-Umwelt-Beziehung. Nun gibt es mehrere Möglichkeiten: Man könnte sagen, dass man das Konzept der Gehirn-Umwelt-Beziehung aus den Fakten ableitet und es mit ihnen gleichsetzt. Dann aber verwischt man die grundlegenden Unterschiede zwischen Konzepten und Fakten – und endet in einem neurophilosophischen Einheitsbrei, so wie die heutigen Neurophilosophen. Oder man trennt beide, Fakt und Konzept, fein säuberlich und sagt, dass sie nichts miteinander zu tun haben. Dann kommt es zu neurowissenschaftlichem Kohl und philosophischen Kartoffeln.

Beide Gerichte sind aber unbefriedigend. Wer isst schon gern einen Einheitsbrei? Und wer isst schon gern puren Blumenkohl und trockene Kartoffeln? Ein neues, besseres Rezept muss her. Und so liegt es nahe, beide Bestandteile, Konzepte und Fakten, in einem Gemüseeintopf oder einem Auflauf miteinander zu kombinieren. Nötig ist dafür etwas, was die eher trockenen Einzelteile verbindet, eine gute Brühe oder eine schmackhafte Auflaufsoße. Neurowissenschaftliche Fakten und philosophische Konzepte werden so systematisch und kontinuierlich miteinander verknüpft, ohne dass sich ihre Bestandteile, wie im Fall des Breis, ineinander auflösen.
Was ist das Rezept für eine neurophilosophische Gemüsesuppe oder einen ebensolchen Auflauf? Aufgrund der Grenzen unserer Erkenntnis, sozusagen die Grenzen unser Kochkünste, haben wir keinen direkten Zugang zu dem, was Konzepte und Fakten zusammenhält und miteinander verknüpft. Das einzige, was wir tun können, ist, beide ständig miteinander abzugleichen, wieder und wieder, in einer Art sich ständig wiederholender Prozedur. Durch jeden Vergleich lernen wir wieder etwas Neues. Wir entwickeln neue Ideen für bessere Experimente, und deren Fakten vergleichen wir dann wieder mit unseren Konzepten. Die Konzepte werden den neu gewonnenen Fakten angepasst und entsprechend modifiziert. Dieses wiederum führt zu neuen Ideen für Experimente und so weiter. Wir haben es hier also mit dem zu tun, was Konzept-Fakt-Zirkularität genannt werden kann.
Und was bedeutet das für den Koch? Er muss ständig wach bleiben und immer neu abschmecken. Sind Kohl und Kartoffeln im richtigen Verhältnis? Fehlt noch etwas? War es jetzt zu viel Zwiebel, sodass noch etwas mehr Kartoffel dazu sollte, um den Geschmack auszugleichen?
Wenn Konzepte und Fakten partout nicht zueinander passen, wenn sie wie ein falscher Schlüssel zum richtigen Schloss oder umgekehrt sind, muss weiter angepasst werden. Vorzugsweise

wird man am Schlüssel feilen, zumindest wenn er zu groß ist. Passen die in den Neurowissenschaften erhobenen Fakten zum Konzept des Ich? Oder ist der Schlüssel zu klein für das Schloss? Letzteres scheint der Fall zu sein, wenn die Neurophilosophen behaupten, dass das Gehirn das Ich sei. Das Gehirn mitsamt seiner neuronalen Fakten, also das Gehirn, wie wir es beobachten und erkennen können, ist ein zu kleiner Schlüssel für das sehr viel größere Schlüsselloch der Tür zum Konzept des Ich. Heißt das, dass wir keine Chance haben, diese Tür des Ich zu öffnen? Was machen Sie im Falle von Schlüssel und Schloss? Sie versuchen es mit einem größeren Schlüssel, Sie passen den Schlüssel an das Schlüsselloch an. Das machen Sie so lange, bis der Schlüssel schließlich passt, was Sie ganz leicht daran merken, dass es funktioniert, das heißt, dass sich die Tür öffnet. Wir werden es also merken, wenn sich die Tür bewegt. Dann haben wir offenbar Schlüssel und Schloss, Fakt und Konzept, erfolgreich aneinander angeglichen. Ob sich in dem Raum hinter der Tür dann wirklich das Ich befindet, das können wir nicht wissen. Wir können es lediglich annehmen und vermuten. Je besser Schlüssel und Schloss bzw. Fakten und Konzepte ineinander passen, desto leichter sich die Tür also öffnen lässt, desto wahrscheinlicher ist, dass sich hinter der Tür wirklich das Ich befindet.

Einem solchen Vorgehen zuzustimmen heißt nicht weniger, als die Trennung zwischen Natur- und Geisteswissenschaft in Frage zu stellen. Denn diese Trennung ist eine Trennung zwischen Fakt und Konzept. Die Naturwissenschaften beschäftigen sich mit Fakten, die Geisteswissenschaften mit Konzepten. Wie aber kann man diese langjährige Trennung, die sich als so erfolgreich erwiesen hat, unterlaufen und einfach behaupten, dass Konzepte und Fakten miteinander abgeglichen werden können und sogar sollten?

Die Unterschiedlichkeit zwischen Natur- und Geisteswissenschaften wird hierdurch nicht in Frage gestellt. Lediglich die Trennung beider mitsamt dem immer noch vorherrschenden rigiden Parallelismus darf meiner Ansicht nach bezweifelt werden. Das ist es, wogegen hier angegangen wird. Wir benötigen eine systematische Methode, um Konzepte und Fakten miteinander vergleichen und einander angleichen zu können. Ist das zu viel verlangt? Konzepte sollen nicht in die Fakten aufgelöst werden, wie es die gegenwärtigen Neurophilosophen behaupten. Umgekehrt sollen auch die Fakten nicht in die Konzepte aufgelöst werden, so wie es die Philosophen lange behauptet haben. Es sollen lediglich Konzepte und Fakten miteinander ver- und abgeglichen werden.

Nun aber könnte man einwenden, dass doch schon Kant gesagt hat, dass wir nicht erkennen können, ob Fakten und Konzepte identisch sind oder nicht. Doch die Unmöglichkeit zu erkennen, ob zwei Dinge identisch sind oder nicht, schließt nicht die Möglichkeit aus, sie miteinander zu vergleichen. Die Grenzen unserer Erkenntnis in Hinsicht auf Konzepte und Fakten machen also deren Vergleich nicht unmöglich. Stellen Sie sich vor, Sie stehen im Supermarkt vor dem Gemüsestand und unweit daneben ist der Fischstand. Ihre sechsjährige Tochter sagt: „Schau mal, Mami, dort ist ja ein komischer Fisch, der ist rot und hat einen langen grünen Schwanz. Das ist ein Karottenfisch." Sie schütteln den Kopf. Ihre Tochter hat offenbar die Kategorie Gemüse mit der Kategorie Fisch verwechselt.

Aber Ihre Tochter ist nicht nur dümmer als Sie, sondern auch schlauer. Sie hat die Kategorien Fisch und Gemüse verwechselt, als sie das Karottenbündel als Karottenfisch bezeichnet hat, das ist richtig. Sie hat aber die Karotten in ihrer Erscheinung mit dem Fisch verglichen, und aufgrunddessen hat sie dann die Schlussfolgerung zum Karottenfisch gemacht. Auf diesen Vergleich zwischen Karottenbündel und Fisch, darauf kommt es mir an. Denn das ist ein sehr stimmiger Ansatz. Dieser Vergleich zwischen Fisch und Karottenbündel entspricht genau dem Vergleich zwischen Konzept und Fakt. Genauso wie Ihre kleine Tochter versucht hat, Fisch und Karottenbündel miteinander zu vergleichen, können Konzepte und Fakten miteinander verglichen werden. Ohne allerdings die Schlussfolgerung Ihrer Tochter, nämlich „Das ist ein Karottenfisch" zu ziehen, denn die liegt jenseits unserer möglichen Erkenntnis und der Kategorien, die wir anwenden müssen, um etwas erkennen und vergleichen zu können.

Neurophilosophie als transdisziplinäre Methodik

„Erstaunlich, was wir so alles herausgefunden haben. Nicht, dass ich das alles unbedingt wissen wollte, aber es ist interessant." Der Kommissar sieht wieder ganz zufrieden aus.
„Ja, ich finde es sogar verkraftbar, dass sich das Ich nicht finden lässt", bestätigt die Psychologin. „Allerdings: Was machen wir mit unserem Professor? Und dem drohenden ICH?"
In diesem Moment kommt der Professor, begleitet von einem uniformierten Polizisten, zur Tür herein. „Ich kann Ihnen Erfreuliches berichten. Ich habe mich mit dem Phantom geeinigt. Wir haben uns an der Grenze zwischen Philosophie und Neurowissenschaft getroffen und beschlossen, die gegenseitigen Grenzen zu markieren und zu respektieren. Das ICH wird mich nicht mehr bedrohen."
Aufatmen in der Runde. Die Kriminalpsychologin sagt erstaunt: „Ja, das sind doch mal Neuigkeiten. Dann ist der Fall gelöst. Ein Grenzvertrag als Friedensvertrag. Wie ist es denn dazu gekommen?"
Froh und erleichtert wirkend legt der Professor ein paar Blätter Papier auf den Tisch: „Das ist der entscheidende Auszug aus unserer letzten Korrespondenz."

Professor: Habe ich das richtig verstanden? Sie sind ja radikal! Sie wollen einfach den jahrhundertealten Gegensatz zwischen Geisteswissenschaften und Naturwissenschaften, der sich heute im Gegensatz zwischen Philosophie und Neurowissenschaften zeigt, aufbrechen bzw. unterminieren. Wollen Sie eine neue Wissenschaft entwickeln?

ICH: Ja, ich schlage in der Tat vor, eine wirklich transdisziplinäre Form der Wissenschaft zu entwickeln. Wir müssen in der Zukunft Methoden entwickeln, um Konzepte und Fakten direkt miteinander zu vergleichen, ohne darüber hinausreichende Schlussfolgerungen zu ziehen. Wir brauchen also eine transdisziplinäre Methodik. Die Suche nach dem Code des Gehirns, dem neuronalen Code, muss mit der Entwicklung einer transdisziplinären Methodik einhergehen, die Konzepte und Fakten miteinander verknüpft. Eine solche Methodik hat das Ziel, Konzepte und Fakten miteinander zu verbinden und in Beziehung zu setzen. Sie steht damit nicht im Gegensatz zu Natur- und Geisteswissenschaften, die sich entweder auf Fakten oder auf Konzepte fokussieren. Eher muss eine solche transdisziplinäre Methodik als eine Ergänzung der intradisziplinären Methoden von Natur- und Geisteswissenschaften gesehen werden.

Professor: Nun wird es wieder mysteriös. Intradisziplinär versus transdisziplinär. Andere reden von Interdisziplinarität. Das sind doch alles nur Metaphern.

ICH: Stellen Sie sich ein Paar vor, bei dem es heftig kriselt. Beide haben versucht, eine Einzeltherapie zu machen, um ihre Beziehung aufrechterhalten zu können. Sowohl sie als auch er haben eine

Therapie durchlaufen, die zwar zu einer individuellen Besserung geführt hat, nicht aber zu einer Verbesserung des Klimas in der Beziehung selbst. Was ist die Lösung? Beide können sich entweder voneinander trennen und ihre eigenen Wege gehen. Oder beide können versuchen, sich einer Paartherapie zu unterziehen.

Professor: Nun gleiten Sie aber völlig ab. Wollen wir beide zusammen zum Psychiater gehen, oder was? Zumindest würde ich Sie dann mal zu Gesicht bekommen, Sie Phantom!

ICH: Nun mal langsam. Gehirn und Ich bzw. Fakten und Konzepte entsprechen den Beziehungspartnern. Beide haben Beziehungsprobleme, weil sie sich nicht mehr richtig voneinander abgrenzen können. Das wissen Sie vielleicht aus eigener Erfahrung. Wenn man sich nicht mehr vom Partner abgrenzen kann, verliert man seine eigene Identität, und dann klappt es auch miteinander nicht mehr. Genauso ist es gegenwärtig mit den Neurowisenschaften und der Philosophie. Sie durchlaufen eine Beziehungskrise.
Nun zur Therapie. Erst mal Einzelsitzungen. Die haben sie schon durchlaufen. Beide Therapien waren erfolglos in Hinsicht auf die Beziehung, die letztlich auch die Beziehung zwischen Ich und Gehirn ist. Also doch Trennung? Beide gehen getrennte Wege, die Philosophie kehrt zurück zu den Geisteswissenschaften und die Neurowissenschaften zu den Naturwissenschaften. Also alles wie gehabt?
Nein, das hieße, eine Chance zu vergeben. Eine Chance auf Erneuerung der Beziehung, die dann zu neuen Ufern aufbrechen und auch die beteiligten Partner positiv beeinflussen kann. Also der Versuch einer Paartherapie? Eine Paartherapie von Philosophie und Neurowissenschaften, bei der beide gemeinsam auf der Couch sitzen. Dafür muss aber erst mal ein Kontakt jenseits von Beschimpfungen und gegenseitigen Übernahmeversuchen hergestellt werden.

Der Paartherapeut versucht also Gemeinsamkeiten zu entdecken. Und potentielle Gemeinsamkeiten können sich nur durch einen ständigen und sich stetig wiederholenden Vergleich erkennen lassen. Also müssen Konzepte und Fakten ständig und somit iterativ miteinander verglichen werden. Ein solch systematischer Vergleich ist dann der Kern einer wirklich transdisziplinären Methodik. Und das ist genau das, was ich hier vorschlage. Eine transdisziplinäre Methodik ist somit nichts anderes als eine Paartherapie zwischen Philosophie und Neurowissenschaften oder, wenn Sie es in einem größeren Rahmen sehen wollen, zwischen Natur- und Geisteswissenschaften.

Professor: Alles schön und gut. Klingt gut auf dem Papier. Aber was sagt die Realität? Kann uns eine solche transdisziplinäre Methodik weiterhelfen, das Ich zu verstehen und es aufzufinden? Schließlich habe ich noch nicht aufgegeben, Sie, das Phantom, zu entlarven. Was hilft uns das alles weiter, wenn wir das Ich selbst sowieso nicht erkennen können?

ICH: Nun verfallen Sie mal nicht von der Manie des Neurowissenschaftlers in die Depression des Philosophen! Wir haben doch viel gelernt und erkannt auf unserem Weg. Wir wissen, dass wir neue Methoden entwickeln müssen. Methoden, die weniger an uns selbst und unseren eigenen Erkenntniskategorien orientiert sind. Statt vom Untersucher abhängige Methoden benötigen wir vom Untersucher unabhängige Methoden, die dann vielleicht mehr dem Ich selbst als seinen Kostümen entsprechen. Wir brauchen also Methoden zur Erfassung des Ich, die dem Ich näher als seinen verschiedenen Kostümen sind. Bislang sind unsere Methoden zu sehr, ja fast ausschließlich an den Kostümen des Ich orientiert. Sei es die Methode der Beobachtung, durch die die Neurowissenschaften das Ich im Kostüm der neuronalen Fakten des Gehirns erfassen. Oder sei es die logisch-konzeptuelle

Analyse der Philosophie, die das Ich im Kostüm der Konzepte und Begriffe untersucht.
Durch einen ständigen systematischen Vergleich zwischen Konzepten und Fakten können wir möglicherweise, zumindest teilweise, der Gebundenheit an uns selbst als Untersucher, und somit der Untersucher-Abhängigkeit, entkommen. Es ist also der Versuch, den von uns selbst mittels unserer Erkenntnisgrenzen kreierten Kostümen des Ich zu entkommen und das Ich selbst besser zu erkennen. Warum also sollten wir resigniert und frustriert sein? Im Gegenteil, wir sollten uns befreit fühlen. Befreit von dem Müll unserer eigenen Erkenntnis und den ständigen Grenzüberschreitungen können wir jetzt richtig an die Arbeit gehen.

Professor: Was würde das für mich als Neurowissenschaftler bedeuten?

ICH: Sie werden neue Experimente in den Neurowissenschaften entwickeln müssen, um das Gehirn besser erfassen zu können. Dabei werden Sie sich weniger auf das Gehirn allein fokussieren, sondern auf seine Beziehung zur Umwelt. Wie muss das Gehirn die Stimuli von der Umwelt kodieren, um eine so enge Beziehung zur Umwelt aufbauen zu können? Sie werden sich also auf die Suche nach dem Code des Gehirns, dem neuronalen Code, begeben, und untersuchen, wie das Gehirn die Stimuli formatiert und kodiert.

Professor: Na, damit kann ich doch leben. Das gefällt mir gut.

ICH: Weiterhin werden Sie neue Methoden für die Beziehung zwischen Konzepten und Fakten entwickeln müssen. Sie und andere werden systematisch transdisziplinäre Methoden weiterentwickeln, um die verschiedenen Formen der Gehirn-Umwelt-Beziehung und somit das Ich selbst besser erfassen zu können. Sie starten den Versuch, das Ich unabhängig von unseren eigenen Erkenntnisgren-

zen und somit unabhängig von den Kostümen unseres eigenen Ich zu erfassen.

Professor: Das wäre doch eher eine Aufgabe für eine zukünftige Neurophilosophie, oder?

ICH: Ja, das ist richtig. Das wäre dann aber nicht mehr eine Neurophilosophie in der heutigen Form, die ich nur naiv nennen kann, sondern eher eine Neurophilosophie, die sich der eigenen Erkenntnisgrenzen voll bewusst ist, einer kritischen Neurophilosophie.

Professor: Das alles gefält mir erstaunlich gut. Wie aber erkennen und messen Sie, ob Sie Ihr Ziel erreicht haben?

ICH: Ob es ultimativ gelingen wird, das Ich selbst unabhängig von seinen Kostümen zu erfassen, muss erst mal offenbleiben. Und vielleicht bleibt es für immer offen. Denn selbst wenn es Ihnen gelingt, können Sie dieses Gelingen möglicherweise als solches nicht erkennen. Anders als in der Welt des Kochens können Sie in der Welt der Erkenntnis nicht wissen, wann das Gericht, der Gemüseeintopf oder der Auflauf, fertig ist.

Professor: Das ist wieder die Frage nach den Grenzen unserer Erkenntnis.

ICH: Ja, so kann man es nennen. Es ist ein zentrales Ziel einer kritischen Neurophilosophie, die Grenzen unserer eigenen Erkenntnis genau auszuloten. Was können wir erkennen und was können wir nicht erkennen? Was können wir in Bezug auf das Gehirn erkennen und was nicht? Sie versuchen also, die Grenzen unserer eigenen Erkenntnis in Hinsicht auf die Gehirn-Umwelt-Beziehung genau zu markieren und zu definieren. Sie werden somit nicht nur Neurowis-

senschaftler, sondern immer auch Neurophilosoph sein, ein Grenzgänger an den Grenzen zwischen möglicher und unmöglicher Erkenntnis auf der Basis des uns gegebenen Gehirns.

Professor: Sie meinen also, dass unser Gehirn selbst die Grenze zwischen möglicher und unmöglicher Erkenntnis markiert? Sehr geehrtes ICH, diesmal muss ich Ihnen Recht geben. Das ist zutiefst beeindruckend, es stellt die Neurowissenschaften in den breiteren Kontext einer kritischen Neurophilosophie und grenzt sie gleichzeitig sowohl von einer naiven Neurophilosophie als auch von der traditionellen Philosophie ab. Sie geben dem Gehirn und der Neurophilosophie in der Tat eine zentrale Rolle, vielleicht sogar noch viel zentraler, als die heutige Neurophilosophie, die naive, es annimmt. Sie sagen also, dass ich, mein Ich, durch seinen eigenen Ansatz, das Ich im Gehirn zu lokalisieren, den Wert des Gehirns selbst künstlich eingeschränkt und begrenzt habe. Ich habe damit durch das Überschreiten der Erkenntnisgrenzen meines Ich die Beteiligung des Gehirns an der Konstitution genau dieser Grenzen unterschlagen.

ICH: Ja, genauso ist es. Ich danke Ihnen für diesen Austausch und es tut mir leid, dass ich ihn mir auf eine nicht ganz faire Weise ermogelt habe. Sie haben nun die zentrale Rolle des Gehirns für die Philosophie und Neurophilosophie in beeindruckender Weise beschrieben und dargestellt. Ich ziehe somit meine Drohungen gegen Sie zurück und werde Sie in Zukunft in Ruhe lassen. Sie sollen Zeit und Frieden haben für die Erforschung der Grenzen unserer Erkenntnis und des Beitrags, den das Gehirn dazu leistet. Ich biete Ihnen einen Friedensvertrag an. Ein solcher Friedensvertrag ist auch eine Art Grenzvertrag, da er die Grenzen zwischen möglicher und unmöglicher Erkenntnis auf der Grundlage unseres Gehirns markiert. Und damit markiert er auch die Grenzen zwischen Philosophie, Neurowissenschaften und Neurophilosophie.

Professor: Ja, wie kann ich dem widerstehen?! Aufgefordert zu werden, die Beteiligung des Gehirns an unserer Erkenntnis mitsamt ihrer Grenzen zu untersuchen und dem Gehirn somit auch eine zentrale Rolle in der Philosophie zukommen zu lassen. Sie lassen mich also in Zukunft in Ruhe und schreiben mir keine Drohmails mehr?

ICH: Versprochen ist versprochen. Friedensvertrag ist Friedensvertrag.

Professor: Okay. Ich kann die Art und Weise, wie Sie mit mir Kontakt aufgenommen haben, nicht gutheißen. Dabei bleibe ich. Aber zugleich habe ich diesem Austausch wertvolle Erkenntnisse zu verdanken. Also: Frieden.

Epilog: Eine kritische Neurophilosophie

Sie wollen die Auflösung des Falles ICH? Sie meinen, dass Sie als Leser ein Anrecht darauf haben, jetzt zu erfahren, wer und was denn nun das Phantom war, das sich ICH nennt und Drohbriefe schrieb? Ich kann Sie gut verstehen. Ich, das Ich des Autors, habe Ihnen nur eine Teilauflösung geliefert: Das Phantom und der Neurowissenschaftler haben einen Friedensvertrag geschlossen. Das wurde dadurch möglich, dass der Professor seine eigenen Grenzen erkannt hat, die Grenzen seiner Erkenntnis des Ich. Er hat verstanden, dass er das Gehirn eben nicht unabhängig von sich selbst und seiner Beziehung zur Umwelt als Gehirn erkennen kann. Das aber wäre notwendig, um das Ich im Gehirn lokalisieren zu können. Und nun muss ich Sie fragen: Wie könnte ich als Autor und als Wissenschaftler diesen Schritt wieder rückgängig machen und mir anmaßen, dass ich wüsste, wer oder was das Ich ist?
Reale Existenz versus reale Illusion – der Neurowissenschaftler maßte sich an, darüber entscheiden zu können. Und das, obwohl er selbst doch auch nur ein Gehirn besitzt, das dieselben Grenzen aufweist wie alle anderen Gehirne. Oder hat ein Professor ein Superhirn? Um die Frage nach dem Ich entscheiden zu können, müsste er Gott sein. Und das, so viel steht fest, ist er ganz sicher nicht.
Auch unser Phantom ist natürlich nicht Gott. Wer aber ist das ICH, das mit seinen Drohmails die gesamte Handlung des Buches ausgelöst hat? Eines ist klar: Es wird kein Neurowissenschaftler sein, denn dann würde es nicht so kritisch gegenüber den Ergebnissen der Neurowissenschaften sein. Also ein Philosoph? Auch das ist eher unwahrscheinlich, da es mindestens ebenso kritisch den Ein- und Verengungen der philoso-

phischen Diskussionen mitsamt ihren Konzepten gegenübersteht.

Am ehesten, und das werden Sie schon vermutet haben, könnte es sich bei dem Phantom um einen Neurophilosophen handeln. Genau richtig. Es ist Ihnen sicher nicht entgangen, dass ich dieser Figur des Buches viele Züge von mir gegeben habe. Ich habe ihr die Ergebnisse meines jahrzehntelangen Forschens sowohl in der Philosophie wie auch in der Neurowissenschaft geborgt und sie gebeten, dieses wertvolle Pulver im wissenschaftlichen Ringen mit dem Neurowissenschaftler zu „verschießen". Das schien mir eine gute Möglichkeit, dieses Ausfechten von Ansichten auch für den interessierten Laien verständlich und zudem ein bisschen unterhaltsam zu gestalten. Dabei konnte mir das Phantom sehr schön helfen. Es nahm also die Rolle des Kritikers ein, nicht einfach negativ und ablehnend, sondern auch positiv und vor allem konstruktiv. Genau das war die Funktion des Phantoms, es sollte traditionelle und zum Teil angefaulte Gedankenmuster aufbrechen und neue, frische, weiterführende anregen. Genau so verstehe ich schließlich auch meine Forschungsarbeit.

Natürlich ist auch der Neurowissenschaftler, der anfangs vom ICH bedroht wird, eine Kunstfigur. In sie habe ich zugegebenermaßen ein bisschen viel von der Begeisterung einfließen lassen, die viele gegenwärtige Neurowissenschaftler (und auch Neurophilosophen) für das Gehirn aufbringen. In all ihrer Begeisterung für das Gehirn und die neuen Untersuchungsmethoden, die bildgebenden Verfahren, schießen sowohl viele Neurowissenschaftler als auch die von mir so genannten naiven Neurophilosophen über das eigentliche Ziel hinaus. Das besteht ja darin, das Gehirn und seine Funktionsweise zu erklären. Sie aber wollen nicht nur das Gehirn selbst, sondern plötzlich „alles andere" und somit auch das Ich erklären. Ich gebe zu, dass ich die Zusammenhänge etwas überspitzt dargestellt habe. Dieser Kunstgriff diente mir dazu, die Quintessenz von dem deutlich zu machen, was ich an der heute üblichen Neurophilosophie ebenso kritisiere wie an der gegenwärtigen Neurowissenschaft. Inhaltlich brauche ich diese Kritik nicht noch einmal begründen, meine Sicht dürfte Ihnen nach sieben Kapiteln zum Thema hinlänglich bekannt sein.

Den Trick der Bedrohung eines Neurowissenschaftlers zu wählen, naja, das ist vielleicht nicht so nett. Aber, der Psychiater in mir, der von seinen Patienten häufig das eigene Ich gespiegelt bekommt, hat dafür eine gute Erklärung parat, die dem Ganzen weiteren Tiefgang gibt. Denn letztlich ist es ja so: Der Professor hat Aussagen gemacht, die jenseits seiner (und unser aller) Erkenntnisfähigkeit liegen. Damit ist er weit über die Grenzen des Gehirns hinausgegangen und gewissermaßen in fremdes Territorium eingedrungen. Das Ich muss sich natürlich bedroht fühlen, wenn es plötzlich als Illusion dargestellt wird. Und deswegen hat es, zum Phantom erhoben, den Spieß umgedreht und dem Bedroher seine eigenen Drohgebärden gespiegelt.

Damit macht das Phantom genau das, was der Neurowissenschaftler tut. Seine Forschungsarbeit bedroht das Ich in seiner Existenz, wenn er es auf das Gehirn zurückführt. Genau dasselbe macht das Phantom dann auch, wenn es das Ich des Forschers bedroht. Bedrohung gegen Bedrohung. Das Phantom lässt den Neurowissenschaftler das Ausmaß der von ihm ausgehenden Bedrohung gegen das Ich verstehen, indem es ihn erleben lässt, was es heißt, als Ich bedroht zu sein. Dieser von mir eingeführte stilistische Kniff der Gegenbedrohung dient also dazu, die Konsequenzen der Bedrohung des Ich durch die Neurowissenschaft sichtbar zu machen. Manchmal muss man eben zu etwas radikaleren Mitteln greifen, zumindest stilistisch, um Verborgenes ans Tageslicht zu bringen.

Das alles aber konnte aufgelöst und durch einen Friedensvertrag ersetzt werden, sobald der Professor die Grenzen seiner

Erkenntnis und somit auch die Grenzen seines Gehirns anerkannte. Der zwischen beiden Kontrahenten geschlossene Friedensvertrag ist ein Grenzvertrag. Der Professor stimmt zu, die Grenze zwischen möglicher und unmöglicher Erkenntnis zu wahren. Damit stimmt er gleichzeitig zu, die Grenze zwischen Ich und Gehirn anzuerkennen, ebenso die Grenze zwischen Philosophie und Neurowissenschaft. Aber hier geht es nicht nur um die Akzeptanz der Grenze, sondern darum, dass der Professor einen Grenzverkehr akzeptiert, für den entsprechende, für beide Seiten annehmbare Regeln etabliert werden müssen. Die Neurophilosophie ist letztlich für einen solchen Regelkatalog zuständig.

Gegenwärtig fehlen die Regeln für diesen Grenzverkehr, für eine wirkliche und kritische Neurophilosophie. Ein solches Regelwerk muss die Gemeinsamkeiten und Unterschiede zwischen den angrenzenden Ländern, Philosophie und Neurowissenschaft, sauber herauspräparieren. Solange dies nicht gegeben ist, besteht die kontinuierliche Gefahr der beiderseitigen Grenzüberschreitung. Das ist zum Beispiel der Fall, wenn die Neurowissenschaft meint, die Philosophie vereinnahmen zu müssen, so wie es gegenwärtig in der naiven Neurophilosophie geschieht. Es geschah auch, und sogar über lange Zeiträume hinweg, wenn die Philosophie meinte, die Naturwissenschaften vereinnahmen zu können.

Solange der Grenzverkehr zwischen Neurowissenschaften und Philosophie nicht klar und eindeutig geregelt ist, besteht diese Gefahr der Grenzüberschreitung. Die Neurophilosophie bleibt dann naiv und missachtet die Grenzen der möglichen Erkenntnis und somit letztendlich auch die Grenzen dessen, was sie so hoch und heilig verehrt: des Gehirns. Genau dagegen wehre ich mich als Wissenschaftler – dafür schickte ich das Phantom, das ICH, in den Ring, das den Neurowissenschaftler zu einem Dialog zwang.

Ich weiß, ich muss mich von Ihnen fragen lassen, ob ich als Autor etwa so eine Kriminalgeschichte enden lassen kann. Mit lauter wissenschaftlichen und für den Laien vielleicht sogar manchmal pseudowissenschaftlich anmutenden „Ausreden“. Als Krimileser dürfen Sie erwarten, dass ich das Phantom dingfest mache. Dass ich Ihnen beispielsweise sage, dass das Phantom eine von Körper und Geist unabhängige Entität oder Substanz ist. Oder dass das Ich der Strahl und die Manifestation Gottes im menschlichen Körper ist. Oder dass ich Ihnen sage, dass das Phantom unser Gehirn ist, so wie es der Professor behauptet hat. Oder, noch spezifischer, dass ich Ihnen sage, dass das Phantom eine bestimmte Region im Gehirn ist, zum Beispiel die kortikalen Mittellinienstrukturen. Oder – da ich all das ausführlich begründet abgelehnt habe – eine andere Definition liefere, was das Ich denn nun ist.
Ich werde Ihnen nichts von alledem liefern. Es ist mir schlichtweg nicht möglich. Ich will Sie (und mich) ja nicht belügen. Und zu meinem Glück kann ich hier anführen, dass das Buch ja eben doch kein richtiger Krimi ist, sondern ein im weitesten Sinne geistesgeschichtliches Sachbuch. Verfolgen Sie also einmal die menschliche Geistesgeschichte, da wurden die verschiedensten Vorschläge für eine Definierung des Ich gemacht. Das Ich war Geist, Monade, Substanz, Gott. Und jetzt, zum gegenwärtigen Zeitpunkt der Geschichte gilt es als das Gehirn. Alle Wissenschaftler meinten, die endgültige Lösung des Rätsels um das Ich gefunden zu haben. Und alle wurden entkräftet.
Gegenwärtig arbeiten Forscher wie ich daran, die heute beliebte Idee zu entkräften, dass das Ich nur eine Illusion ist. Das ist auch vom Alltagsdenken her ganz leicht nachzuvollziehen. Beispielsweise könnten Sie als Leser sagen: „Wer hat denn dieses Buch gelesen? Mein Gehirn hat es nicht gelesen, mein Ich hat es gelesen, mittels meines Gehirns.“ Und während Sie dieses Buch gelesen haben, haben Sie vielleicht Emotionen ge-

spürt. Sie waren an manchen Stellen ärgerlich auf den Autor, der die Sachverhalte so kryptisch schildert, dass man eigentlich nichts versteht. An anderen Stellen waren Sie dagegen erfreut, dass sich Ihnen eine Welle von Erkenntnissen erschloss. Und nun fragen Sie sich: „Wer hat das alles durchgemacht und erlebt? Das war doch mein Ich, nicht mein Gehirn, oder?“
Sie verwahren sich also dagegen, Ihr Ich als bloße Illusion entlarven zu lassen. Ihr Ich existiert, Sie erleben es täglich, daran zweifeln Sie nicht, und wenn es die Neurowissenschaftler und Neurophilosophen noch so häufig in Luft oder besser gesagt in neuronale Zustände auflösen wollen. Selbst wenn Sie das hinter den Spuren Ihres Ich Liegende nicht erfassen und erkennen können, so können Sie doch sagen, dass die Spuren dieses Ich real sein müssen, denn sonst würden Sie sie nicht tagtäglich erleben. Aber wenn die Spuren des Ich real sind, kann dann das dahinterliegende Ich eine bloße Illusion sein?
Genau an diesem Punkt kommt der kritische Neurophilosoph ins Spiel. Er, der – Sie ahnen es schon – viel Kant gelesen hat, sagt Ihnen, dass Sie genau diese Frage nicht entscheiden können, weil Sie es nicht erkennen können. Sie können die Spuren Ihres Ich wahrnehmen, daran besteht kein Zweifel. Aber Sie können nicht erkennen, was hinter diesen Spuren steckt, ob sich da wirklich ein real existierendes Ich verbirgt. Sie können also nicht hinter sich selbst bzw. hinter Ihr eigenes Ich blicken, da Sie in Ihrem eigenen Ich mitsamt dem Gehirn und der Beziehung zur Umwelt gefangen sind. Sie können aus dieser Beziehung nicht weglaufen, die Beziehung zwischen Gehirn und Umwelt ist eben keine Beziehung wie jede andere, wo Trennung und Scheidung möglich sind. Sie bleiben, wenn wir das Grimm'sche Märchen hinzuziehen wollen, immer der umherhastende Hase und müssen den Traum vom Sieg über den Igel ad acta legen. Wo auch immer Sie hingerannt kommen, der Igel ist schon da. Sie als Hase begegnen dem Igel, dem Ich, in ir-

gendeiner Form, in einem bestimmten Kostüm. Diese verschiedenen Kostüme des Ich entsprechen den verschiedenen Igeln, also zumindest dem Igel und seiner Frau, die den Hasen narren. Da Sie als Hase in Ihrem Wettlauf mit dem Ich nun immer nur irgendwelchen Kostümen, also den Igeln, begegnen, müssen Letztere immer schon vorher da sein. Sie als Hase haben also keine Chance, die Igel zu überholen.

Ein neurowissenschaftlicher Oberhase sonnt sich in dem Gefühl, den Igel endgültig überrundet und gestellt zu haben – nichts anderes als Gehirn. Aber, wie in diesem Buch ausführlich diskutiert wurde, ist das eben auch nur ein Trugschluss. Denn auch das Gehirn ist wieder nur ein Kostüm des Ich, nicht aber das Ich selbst. Auch der neurowissenschaftlich gewiefte Oberhase läuft dem Igel hinterher und hat keine Chance, ihn jemals einzuholen.

Nun werden Sie sagen, dass der Vergleich mit Hase und Igel hinkt. Während im Grimm'schen Märchen Hase und Igel unabhängig voneinander sind, ist genau diese Unabhängigkeit im Fall des Ich nicht gegeben. Das Ich als Hase schickt im übertragenen Sinne in dem Moment, wo es das Ich erkennen möchte, die verschiedenen Igel selbst ins Rennen. Genauer gesagt, durch seinen Willen, sich selbst als Ich zu erkennen, wird das Ich zum Hasen und kreiert dabei seinen eigenen Gegner im Wettlauf mit sich selbst: die verschiedenen Igel als die Kostüme des Ich. Man kann also sagen, dass das Ich die Suche nach sich selbst als einen Wettlauf zwischen Hase und Igel selbst inszeniert. Das Ich des Suchenden, des dem Ich Nachjagenden, hat die Kostüme für das Gesuchte entworfen und verfängt sich so in sich selbst, seinem Ich.

Sie können sich nicht von Ihrem eigenen Gehirn und seiner Beziehung zur Umwelt trennen, denn dann, so ohne Gehirn, könnten Sie gar nichts mehr erkennen. Sie sind also auf Gedeih und Verderb mit Ihrem Gehirn verbunden und somit auch an die Beziehung Ihres Gehirns zur Umwelt gefesselt. Nur dadurch können Sie überhaupt erst die Spuren Ihres Ich in der Beziehung zur Umwelt erkennen und ein Ich erleben. Nichts ist ohne Preis. Der Preis für die mögliche Erkenntnis der Spuren Ihres Ich ist, dass Sie die Natur Ihres Ich, das möglicherweise dahintersteckt, nicht erkennen können. Ist das Gehirn also auch der Gefängniswärter unserer Erkenntnis? Ja, das Gehirn legt unserer Erkenntnisfähigkeit Ketten an, macht sie aber durch diese Ketten auch überhaupt erst möglich. Das Gehirn selbst ist allerdings nicht das Gefängnis. Es ist die Beziehung zwischen Gehirn und Umwelt, die es uns unmöglich macht, hinter diese Beziehung selbst zu blicken und möglicherweise das Ich als bloßen Gehirnprozess zu entlarven.

Würde ich Ihnen zur Auflösung der Krimihandlung die Natur des Ich offenlegen, würde ich genau denselben Fehler machen, wie ihn gegenwärtig die Neurowissenschaftler wie unser bedrohter Herr Professor begehen. Dann doch lieber die Anerkennung der Grenzen zwischen möglicher und unmöglicher Erkenntnis, zwischen Gehirn und Ich sowie zwischen Philosophie und Neurowissenschaft. Ich bin ebenfalls dafür, einen Grenzvertrag zu schließen, der ein Friedensvertrag ist. Die genauen Regeln für den Grenzverkehr, die dabei nötig werden, zu entwickeln, sehe ich als Aufgabe der kritischen Neurophilosophie an, die noch etabliert werden muss. Ist nicht ein friedlicher Grenzaustausch mit Anerkennung der eigenen Grenzen besser als ständiger Streit mit Unfrieden und Bedrohungen? Zumindestens ich ziehe eine systematische Regelung des Grenzverkehrs mit einem entsprechenden Friedensvertrag in Form einer kritischen Neurophilosophie vor.

Um deutlich zu machen, was auf dem Spiel steht, hat mein Autoren-Ich – nicht ganz so friedlich – das Mittel der Bedrohung gewählt. Somit konnte deutlich werden, wie unvereinbar sich existentielle Bedrohung und friedlicher Grenzverkehr gegenüberstehen. Und die Bedrohung ist in der Tat existentiell: Der bedrohte Professor hat Angst um sich und die Familie, die Existenz seines eigenen Ich und das der Mitglieder seiner Familie steht auf dem Spiel. Aber es ist nicht nur das Ich des Professors, das bedroht ist. Auch das Ich als Phänomen, als Phantom gewissermaßen, fühlt sich bedroht in seiner Existenz, wenn es zur Illusion erklärt und durch das Gehirn ersetzt wird. Die Bedrohung in beide Richtungen wahrzunehmen, brachte den Professor letztlich dazu, die Grenze zwischen Neurowissenschaften und Philosophie anzuerkennen und in einen Friedensvertrag einzuwilligen.

Macht ein friedlicher Grenzverkehr nun die weitere neurowissenschaftliche Forschung zum Ich unmöglich? Nein, das hieße, den Grenzvertrag als Sperrvertrag misszuverstehen. Ein bilateraler Grenzvertrag eröffnet immer auch neue Möglichkeiten für beide Seiten, und somit für Neurowissenschaften und Philosophie. Die Neurowissenschaften können zum Beispiel nach genau den neuronalen Mechanismen suchen, die es uns verunmöglichen, das Ich selbst, unabhängig von seinen verschiedenen Kostümen, zu erkennen. Welche neuronalen Mechanismen sind es, die unsere Suche nach dem Ich immer wieder zu einem für uns nicht gewinnbaren Wettlauf zwischen Hase und Igel werden lassen? Eine Antwort, die weiter vertieft werden müsste, ist, dass das Gehirn selbst immer schon relational ist, also eine Beziehung zur Umwelt aufweist.

Für die Philosophie eröffnet der bilaterale Grenzverkehr die Frage, wie sie ihre Konzepte und Begriffe gestalten muss, um sie einer solchen Erkenntnislage und somit unseren Fähigkeiten und Unfähigkeiten auzupassen. Eine Antwort hier war die Entwicklung des Konzeptes einer kritischen Neurophilosophie, die Konzepte und Fakten bilateral miteinander verknüpft.

Aber jeder Friedensvertrag hat auch seinen Preis. In unserem Fall besteht er darin, dass wir einsehen müssen, die Natur des

Phantoms, des ICH wie des Ich, nicht erkennen zu können. Aber das nehme ich gern in Kauf, zumal mir sogar dies neue Erkenntnisse über das Gehirn und das Ich und somit über mich selbst bringen kann. Wir können also von der Erkenntnis der Grenzen unserer Erkenntnis sogar profitieren. Wir können nicht nur die Grenzen selbst erkennen, wir lernen daraus sogar noch sehr viel über das Ich und auch über das Gehirn: Wie funktioniert es und wie kodiert, formatiert und organisiert es die Stimuli von Körper und Umwelt … Das ist es offenbar, was der Professor am Ende als lohnende Aussicht erkannt hat und weswegen er einem Friedensvertrag zugestimmt hat. Und genau das erhoffe ich mir in der näheren Zukunft auch von den Neurowissenschaftlern und Neurophilosophen.

All das finde ich überhaupt nicht ernüchternd. Denn wenn man einmal die Grenzen der eigenen Erkenntnis bei der Untersuchung des Gehirns akzeptiert hat, wenn man sie berücksichtigt und somit kritische Neurophilosophie betreibt, dann ist es ein nicht endendes Faszinosum. Dann geht es um Spuren und Fährten, genau gesagt um die Trennung von wahren und falschen Spuren und Fährten. Falsche Fährten sind meist solche, die wir uns als Untersucher, als Detektive und Kommissare selbst legen, indem wir das Vorhandene falsch interpretieren. Fährten stellen sich als richtig und wahr heraus, wenn sie unabhängig von unserer Wahrnehmung und Interpretation bleiben und somit einer kritischen Untersuchung standhalten.

Kritische Neurophilosophie ist somit nichts anderes als das Aufsuchen von Spuren und Fährten unseres Ich. Die beiden tapferen Fahnder aus dem Kriminalkommissariat haben daher einen guten Job gemacht, auch wenn sie am Ende die Handschellen nicht auspacken konnten. Die Erforschung des Gehirns und unseres Ich kann mindestens so spannend sein wie ein Krimi – sie selbst ist tagtäglich eine neurophilosophische Kriminalgeschichte, die Fahndung nach dem Ich.

Danksagung

An dieser Stelle möchte ich, mein Autoren-Ich, eine kurze Danksagung anschließen. Erst einmal möchte ich mich bei Ihnen als Leserin oder Leser bedanken, da Sie mir Ihr Vertrauen entgegengebracht haben, indem Sie das Buch zur Hand genommen haben. Auch wenn ich Ihnen keine endgültige Lösung, keinen großen Befreiungsschlag und keine scheinbare Erleuchtung präsentiert habe, so hoffe ich dennoch, dass Sie etwas mitnehmen konnten – und sei es nur eine Art Grenzbewusstsein.

Ein solches Grenzbewusstsein war auch von zentraler Bedeutung für die Entstehung dieses Buches. Sie müssen sich Folgendes vorstellen: Ein in der Universität verankerter und sozialisierter Neurowissenschaftler und Philosoph schreibt mit einem Mal ein nicht-akademisches Buch für ein breiteres, nicht-akademisches Publikum, ein Buch, das zudem ein paar Krimielemente enthalten sollte. Ein solches Unternehmen erfordert ein Bewusstsein für die eigenen Grenzen, das vor allem durch Dialoge mit den Menschen jenseits dieser Grenzen entsteht. Ein solcher Dialog kann manchmal selbst zu einem Krimi werden, wodurch sich die Entstehungsgeschichte dieses Buches in manchen Phasen paradoxerweise der Thematik der Rahmenhandlung angenähert hat. Ich möchte daher allen Beteiligten an dieser Stelle herzlich danken, für ihre Geduld, ihre Dialogbereitschaft und den offenen Umgang, den wir alle miteinander finden konnten.

Genauer gesagt möchte ich Stefan Linde, der mich aufgespürt und „entdeckt" hat, und der Verlagsleiterin Karin Stuhldreier vom Irisiana Verlag ganz herzlich danken. Ein ebenso herzlicher Dank gilt Diane Zilliges, meiner Lektorin, die das Buch nicht nur redaktionell exzellent betreut hat, sondern durch ihre Hinweise auch mein Verständnis für das Schreiben eines solchen Sachbuchs erheblich erweitert und vertieft hat. Auch möchte ich den anderen Beteiligten vom Irisiana Verlag wie der Lektorin Birte Schrader und den vielen anderen dort, die beispielsweise das wunderschöne Cover entworfen haben, danken – vor allem für ihre offene Aufnahme meiner Ideen und meines Konzepts.

Neben den Menschen in der Buchbranche möchte ich auch den verschiedenen Mitgliedern meiner wissenschaftlichen Arbeitsgruppe danken, die meine häufigen Fragen, mein bohrendes Nachhaken und immer wieder nächtliche Einsätze ertragen mussten. Hier zu nennen sind insbesondere Alexander Heinzel, Moritz deGreck, Simone Grimm, Felix Bermpohl, Bjoern Enzi, Christine Wiebking, Fan Yen, Takashi Nakao, Niall Duncan und Pengmin Quin. Jaak Panksepp als wissenschaftlichem Kollaborationspartner, der zu einem Freund geworden ist, möchte ich an dieser Stelle danken. Immer wenn ich Fragen über das Gehirn und seine Funktion habe und nicht weiter weiß, dann erfolgt ein Anruf in die USA zu ihm, denn er hat immer eine Idee, die mich weiterbringt. Danke, danke, lieber Jaak, du hast mein Verständnis des Gehirns wesentlich geprägt, und ich wünsche dir viel Glück bei der Therapie deiner Erkrankung!
Meine treue und mir wohlgesinnte Magdeburger Sekretärin, Daniela Nowak, die in schweren Zeiten immer zu mir gestanden hat, möchte ich in meinen Dank mit einschließen. Einen großen Dank möchte ich auch an meine neue Arbeitsstelle, das Institute of Mental Health Research an der Universität Ottawa in Kanada, insbesondere Zul Merali, den dortigen Leiter, richten, da mir dort ein großes Vertrauen entgegengebracht wird und mir in einer sehr großzügigen Art und Weise erlaubt wird, meine Forschung im Grenzbreich zwischen Philosophie, Neurowissenschaft und Psychiatrie fortzusetzen und weiterzuentwickeln.

Den vielen Diskussionspartnern über die Jahre hinweg möchte ich auch danken, insbesondere Dieter Birnbacher von der Philosophischen Fakultät der Universität Düsseldorf, der anders als viele andere Philosophen der Neurophilosophie immer sehr offen und undogmatisch gegenüberstand und mich philosophisch wesentlich gefördert hat. Ein anderer Kollaborationspartner, dem ich zu Dank für seine offene Aufnahme und Förderung meiner Forschung verpflichtet bin, ist Mark Solms, der Neuropsychoanalytiker.
Last but not least möchte ich meinem Partner, John Sarkissian, danken, der es nicht immer leicht hat mit jemandem, der meinte, jetzt neben der Neurowissenschaft, der Philosophie und der Psychiatrie, noch ein viertes Fass aufmachen und dieses Buch schreiben zu müssen, und das ausgerechnet in den Irrungen und Wirrungen eines transkontinentalen Umzugs von Deutschland nach Kanada. Herzlichen Dank!

Glossar

Bildgebende Verfahren: Diese Techniken erlauben es, die Aktivität des Gehirns gewissermaßen online zu untersuchen. Entweder werden die anatomischen Strukturen gemessen, wie in der Computertomographie (CT) oder der Magnetresonanztomographie (MRT), oder die neuronale Aktivität in den verschiedenen Regionen, wie bei der funktionellen Magnetresonanztomographie (fMRT). Eine andere Möglichkeit besteht darin, verschiedene biochemische Substanzen mittels der Magnetresonanzspektroskopie (MRS) oder der Positronenemmissionstomographie (PET) zu messen. Auch zeitliche Abläufe der elektrischen Aktivität im Gehirn können untersucht werden, mit der Elektroenzephalographie (EEG) oder der Magnetenzephalographie (MEG). Die Bezeichnung „bildgebende Verfahren" rührt daher, dass die Regionen des Gehirns während der Untersuchungen auf dem Bildschirm sichtbar werden und einzelne Areale farbig aufleuchten, während der Proband in einer Röhre liegt und über einen Bildschirm oder Lautsprecher Stimuli erhält.

Bottom-up-Modulation: Dies beschreibt die Einflussnahme von funktionell niederen Hirnregionen wie zum Beispiel sensorischen Hirnregionen auf funktionell höhere Hirnregionen, die für komplexe kognitive Prozesse verantwortlich sind, wie zum Beispiel der frontale Kortex.

Cingulärer Kortex: Eine Region, die sich direkt in der Mittellinie des Gehirns über den Hirnhöhlen von vorn nach hinten zieht und somit vordere bzw. anteriore und hintere bzw. posteriore Anteile aufweist.

Depression: Ein psychiatrisches Krankheitsbild, das mit verschiedenen Symptomen wie extreme Traurigkeit, Antriebslosigkeit, Appetitlosigkeit, suizidalen Gedanken, Schlaflosigkeit und hoher innerer Unruhe einhergeht. So muss der medizinische Begriff der Depression vom eher landläufigen Gebrauch („Ich bin heute depressiv") abgegrenzt werden, der dann eher mit Traurigkeit und schlechter Stimmung gleichzusetzen ist.

Dorsomedialer präfrontaler Kortex: Eine Region in der Mittellinie des Gehirns, die im vorderen Teil direkt über dem vorderen Teil des cingulären Kortex liegt.

Emotionen: Emotionen beschreiben Gefühlszustände, die positiv oder negativ erlebt werden können. Neurowissenschaftlich werden Emotionen als ein komplexes Amalgam aus subjektiven Gefühlszuständen, bestimmten kognitiven Zuständen oder Gedanken, Verhaltensweisen und körperlichen Veränderungen aufgefasst.

Feedbackschlaufen: Als *reentrant circuits* werden Verbindungen im Gehirn bezeichnet, die in verschiedenen Regionen veränderte Informationen zur Ursprungsregion zurückleiten. So gibt es Verbindungen vom Thalamus, der selbst zahlreiche Informationen von subkortikalen Hirnregionen empfängt, die wiederum Input vom Kortex bekommen, zurück zum Kortex.

fMRT: Die Abkürzung steht für die funktionelle Magnetresonanztomographie, eines der bildgebenden Verfahren, und bezeichnet eine Methode, die es erlaubt, die durch gezielte externe Stimuli und Aufgaben induzierte neuronale Aktivität des Gehirns zeitgleich auf dem Bildschirm zu verfolgen.

Frontalkortex: Hirnregion im vorderen Teil des Gehirns, es ist die Hirnregion direkt unter dem Schädel, wenn man sich von vorn an den Kopf fasst. Der Frontalkortex wird häufig als die höchste und letztendlich alles integrierende Hirnregion angesehen.

Globaler Arbeitsbereich: *Global workspace*, ein Begriff für die Verteilung von Informationen von bestimmten Hirnregionen an alle anderen Areale. Das Gehirn arbeitet somit global und setzt alle seine Regionen ein, dies soll vor allem nach Bernard Baars entscheidend zur Entstehung des Bewusstseins beitragen.

Hippokampus: Hirnregion an der rechten und linken Seite im Inneren des Gehirns. Sie ist entscheidend für das Gedächtnis, vor allem für dessen autobiographische Funktion.

Immunologie: Lehre von den Abwehrvorgängen im Körper, es wird untersucht, wie der Organismus fremde Stoffe, die nicht zu ihm gehören, abwehrt.

Koma: Zustand der Bewusstlosigkeit, zum Beispiel nach Unfällen, bei denen das Gehirn betroffen ist.

Konzept: Konzepte sind eine Grundkomponente der Philosophie und beschreiben Begriffe in einer bestimmten Bedeutung als Bezeichnung für einen genau definierten Sachverhalt.

Korrelation: Begriff aus der Statsitik, der ein bestimmtes Verfahren zur Überprüfung des Zusammenhangs zwischen zwei unterschiedlichen Variablen beschreibt. Festgestellt wird als Korrelation die lineare Beziehung zwischen den

Variablen, womit noch nichts über die Kausalität zwischen beiden ausgesagt ist.

Kortex: Hirnrinde, äußere Oberfläche des Gehirns, die direkt unter der Schädelkalotte liegt.

Mastermind: Im hier verwendeten Sinne schlaue Person oder göttlich-allmächtige Kraft, die alles organisiert und ausgehend von einem nur ihr bekannten Plan im Hintergrund die Fäden zieht.

Mittellinienstrukturen: Begriff für die Regionen in der Mittellinie des Gehirns. Er beschreibt sowohl diese Areale im Kortex, die sogenannten kortikalen Mittellinienstrukturen, als auch Regionen, die unterhalb des Kortex liegen, die subkortikalen Mittellinienstrukturen.

NCC: *Neural correlates of consciousness*, gängige Bezeichnung für Hirnregionen und neuronale Mechanismen, die das Bewusstsein hervorbringen sollen.

Neuronen: Begriff für die Zellen im Gehirn.

Neurophilosophie: Diese relativ junge Wissenschaft untersucht den Zusammenhang zwischen ursprünglich philosophischen Konzepten, wie zum Beispiel das Konzept des Ich, und den neuronalen Funktionen im Gehirn. Dabei haben sich unterschiedliche Strategien ergeben. Einige Vertreter halten die philosophischen Konzepte für komplett überflüssig und reduzieren alle Inhalte auf die neuronalen Funktionen des Gehirns. Das führt letztendlich zur Elimination der philosophischen Konzepte und der Philosophie selbst, so wie es vor allem angloamerikanische Autoren wie

Patricia Churchland vorschlagen. Dieses Vorgehen bezeichne ich als „naive Neurophilosophie“.
Eine andere Möglichkeit ist es, sich der grundsätzlichen Unterschiede zwischen philosophischen Konzepten und neuronalen Funktionen bewusst zu sein, was eine Reduktion oder Elimination im Sinne der naiven Neurophilosophie verbietet. Was dies allerdings nicht verbietet, ist der Versuch, eine Beziehung zwischen philosophischen Konzepten und neuronalen Funktionen zu entwickeln, ohne erste auf Letztere zu reduzieren. Hierzu müssen Regeln für eine systematische Beziehungssetzung entwickelt werden, da ansonsten entweder Vereinnahmung mit Elimination oder Parallelismus ohne Beziehung droht.
Die Entwicklung solcher Regeln für einen systematischen Grenzverkehr zwischen Neurowissenschaften und Philosophie ist das, was ich als „kritische Neurophilosophie“ befürworte.

Neurowissenschaft: Dieser Forschungszweig beschäftigt sich mit dem Gehirn und untersucht seine Funktionsweise von der genetischen über die biochemische bis zur psychologischen Ebene. Dementsprechend ist die Neurowissenschaft eine Verbindung verschiedener Disziplinen.

PET: Positronemmissionstomographie, eines der bildgebenden Verfahren, bei dem mittels nuklearmedizinsicher Techniken mit radioaktiven Substanzen bestimmte biochemische Substanzen im Gehirn dargestellt werden können.

Philosophie: Der Begriff beschreibt wortwörtlich die „Liebe zur Weisheit“. Als Wissenschaft nahm die europäische Philosophie im antiken Griechenland ihren Ursprung. Seither gilt sie als die Suche nach den letzten Wahrheiten und Weisheiten des Menschen, unseres Verstandes, unseres Geistes und einer möglichen Seele.

Schizophrenie: Psychiatrische Krankheit, die mit Halluzinationen (zum Beispiel Stimmenhören) und Ich-Spaltung sowie mentaler Konfusion einhergeht.

Thalamus: Hirnregion mit verschiedenen Kernen, die direkt unterhalb der Hirnrinde liegt. In diesem Areal laufen die verschiedensten Informationen aus anderen Hirnregionen zusammen und werden zurück zum Kortex geführt.

Top-down-Modulation: Dieser Begriff beschreibt die Einflussnahme von funktionell höheren Hirnregionen, die für komplexe kognitive Prozesse verantwortlich sind, wie zum Beispiel der frontale Kortex, auf funktionell niedere Hirnregionen wie zum Beispiel sensorische Hirnregionen.

Ventormedialer präfrontaler Kortex: Vorn liegende Region in der Mittellinie des Gehirns, die mit Emotionen und unserem Selbstgefühl in Verbindung gebracht wird.

Literatur

Ausgewählte Literatur

Bennett, M. R., Hacker, P. M. S.: *Philosophical Foundations of Neuroscience.* Oxford Blackwell; 2003.

Churchland, P. S.: *Neurophilosophy. Toward a Unified Science of the Mind-Brain.* Cambridge, MA: MIT Press; 1986.

Damasio, A.: *Descartes' Irrtum. Fühlen, denken und das menschliche Gehirn.* Berlin: List; 2004.

ders.: *Der Spinoza-Effekt. Wie Gefühle unser Leben bestimmen.* Berlin: List; 2005.

Edelman, G. M., Tononi, G.: *Gehirn und Geist. Wie aus Materie Bewusstsein entsteht.* München: C. H. Beck; 2002.

LeDoux, J. E.: *Das Netz der Persönlichkeit. Wie unser Selbst entsteht.* München: dtv; 2002.

Metzinger, T.: *Subjekt und Selbstmodell.* Paderborn: Mentis; 1999.

Northoff, G.: *Neuropsychiatrie und Neurophilosophie.* Paderborn: Mentis; 1997.

ders.: *Das Gehirn. Eine neurophilosophische Bestandsaufnahme.* Paderborn: Mentis; 2000.

ders.: *Der Chamäleon-Effekt.* Gehirn & Geist 3/2009:14 ff.

Roth, G.: *Fühlen, Denken, Handeln.* Frankfurt a. M.: Suhrkamp; 2007.

Searle, J. R.: *Geist. Eine Einführung.* Frankfurt a. M.: Suhrkamp; 2006.

Singer, W.: *Der Beobachter im Gehirn.* Essays zur Hirnforschung. Frankfurt a. M.: Suhrkamp; 2007.

Quellennachweise und weiterführende Literatur

Erstes Kapitel: Frühe Spuren des Ich im Bewusstsein

Aquin, T. v.: *Über die Einheit des Geistes. De Unitate Intellectu.* Lateinisch/Deutsch. Übersetzt von Wolf-Ulrich Klünker. Stuttgart: Freies Geistesleben; 1987.

Baars, B. J.: *A cognitive theory of consciousness.* New York: Cambridge University Press; 1988.

ders.: *Some Essential Differences between Consciousness and Attention, Perception, and Working Memory.* Conscious Cogn. 1997 Jun; 6(2/3):363–71.

ders.: *Metaphors of consciousness and attention in the brain.* Trends Neurosci. 1998 Feb; 21(2):58–62.

Crick, F.: *The recent excitement about neural networks.* Nature. 1989 Jan 12; 337(6203):129–32.

ders.: *The astonishing hypothesis: the scientific search for the soul.* New York: Maxwell Macmillan International; 1994.

Crick, F., Jones, E.: *Backwardness of human neuroanatomy.* Nature. 1993 Jan 14; 361(6408):109–10.

Crick, F., Koch, C.: *Are we aware of neural activity in primary visual cortex?* Nature. 1995 May 11; 375(6527):121–123.

dies.: *Consciousness and neuroscience.* Cereb Cortex. 1998 Mar; 8(2):97–107.

dies.: *Constraints on cortical and thalamic projections: the no-strong-loops hypothesis.* Nature. 1998 Jan 15; 391(6664):245–50.

Descartes, R.: *Meditationes de prima philosophia.* Lateinisch/Deutsch. Herausgegeben von Lüder Gäbe. Hamburg: Meiner; 1992.

Edelman, G. M.: *The remembered present: a biological theory of consciousness.* New York: Basic Books; 1989.
ders.: *Theories and measures of consciousness: An extended framework.* PNAS. 2006; 103(28):10799–804.
Edelman, G. M., Tononi, G.: *A universe of consciousness: how matter becomes imagination.* New York: Basic Books; 2000.
Koch, C.: *The Quest for Consciousness: A Neurobiological Approach.* Englewood: Roberts and Co.; 2004.
Platon: *Der Staat (Politeia).* Ditzingen: Reclam; 1982.
Damasio, A.: *Feelings of emotion and the self.* Ann N Y Acad Sci. 2003 Oct; 1001:253–61.
ders.: *Mental self: The person within.* Nature. 2003 May 15; 423(6937):227.
ders.: *On some functions of the human prefrontal cortex.* Ann N Y Acad Sci. 1995 Dec 15; 769:241–51.
Gallagher, I. I.: *Philosophical conceptions of the self: implications for cognitive science.* Trends Cogn Sci. 2000 Jan; 4(1):14–21.
Gillihan, S. J., Farah, M. J.: *Is self special? A critical review of evidence from experimental psychology and cognitive neuroscience.* Psychol Bull. 2005 Jan; 131(1):76–97.
Legrand, D., Ruby, P.: *What is self-specific? Theoretical investigation and critical review of neuroimaging results.* Psychol Rev. 2009 Jan; 116(1):252–82.
Northoff, G., Heinzel, A., de Greck, M., Bermpohl, F., Dobrowolny, H., Panksepp, J.: *Self-referential processing in our brain. A meta-analysis of imaging studies on the self.* Neuroimage. 2006 May 15; 31(1):440–57.
Northoff, G., Panksepp, J.: *The trans-species concept of self and the subcortical-cortical midline system.* Trends Cogn Sci. 2008 Jul; 12(7):259–64.
Singer, T.: *The neuronal basis and ontogeny of empathy and mind reading: review of literature and implications for future research.* Neurosci Biobehav Rev. 2006; 30(6):855–63.

Singer, T., Kiebel, S. J., Winston, J. S., Dolan, R. J., Frith, C. D.: *Brain responses to the acquired moral status of faces.* Neuron. 2004 Feb 19; 41(4):653–62.

Singer, T., Seymour, B., O'Doherty, J., Kaube, H., Dolan, R. J., Frith, C.D.: *Empathy for pain involves the affective but not sensory components of pain.* Science. 2004 Feb 20; 303(5661):1157–62.

Singer, T., Seymour, B., O'Doherty, J. P., Stephan, K. E., Dolan, R. J., Frith, C. D.: *Empathic neural responses are modulated by the perceived fairness of others.* Nature. 2006 Jan 26; 439(7075):466–9.

Tauber, A. I.: *The immune self: theory or metaphor?* Immunol Today. 1994 Mar; 15(3):134–6.

ders.: *Historical and philosophical perspectives concerning immune cognition.* J Hist Biol. 1997 Fall; 30(3):419–40.

ders.: *Conceptual shifts in immunology: comments on the »two-way paradigm«.* Theor Med Bioeth. 1998 Sep; 19(5):457–73.

ders.: *The elusive immune self: a case of category errors.* Perspect Biol Med. 1999 Summer; 42(4):459–74.

ders.: *Moving beyond the immune self?* Semin Immunol. 2000 Jun; 12(3):241–8; discussion 57–344.

ders.: *The biological notion of self and nonself.* Stanford Encyclopedia of Philosophy; 2006 [updated 2006; cited]; Erhältlich unter: http://plato.stanford.edu/entries/biology-self/.

Zweites Kapitel: Irrungen und Wirrungen

Damasio A.: *Der Spinoza-Effekt. Wie Gefühle unser Leben bestimmen.* Berlin: List; 2005.

ders.: *Feelings of emotion and the self.* Ann N Y Acad Sci. 2003 Oct; 1001:253–61.

ders.: *Mental self: The person within.* Nature. 2003 May 15; 423(6937):227.

ders.: *Descartes' Irrtum. Fühlen, denken und das menschliche Gehirn.* Berlin: List; 2004.

ders.: *On some functions of the human prefrontal cortex.* Ann N Y Acad Sci. 1995 Dec 15;769:241–51.

Gallagher, I. I.: *Philosophical conceptions of the self: implications for cognitive science.* Trends Cogn Sci. 2000 Jan; 4(1):14–21.

Gillihan, S. J., Farah, M. J.: *Is self special? A critical review of evidence from experimental psychology and cognitive neuroscience.* Psychol Bull. 2005 Jan; 131(1):76–97.

Legrand, D., Ruby, P.: *What is self-specific? Theoretical investigation and critical review of neuroimaging results.* Psychol Rev. 2009 Jan; 116(1):252–82.

Northoff, G., Heinzel, A., de Greck, M., Bermpohl, F., Dobrowolny, H., Panksepp, J.: *Self-referential processing in our brain. A meta-analysis of imaging studies on the self.* Neuroimage. 2006 May 15; 31(1):440–57.

Northoff, G., Panksepp, J.: *The trans-species concept of self and the subcortical-cortical midline system.* Trends Cogn Sci. 2008 Jul; 12(7):259–64.

Singer, T.: *The neuronal basis and ontogeny of empathy and mind reading: review of literature and implications for future research.* Neurosci Biobehav Rev. 2006; 30(6):855–63.

Singer, T., Kiebel, S. J., Winston, J. S., Dolan, R. J., Frith, C. D.: *Brain responses to the acquired moral status of faces.* Neuron. 2004 Feb 19; 41(4):653–62.

Singer, T., Seymour, B., O'Doherty, J., Kaube, H., Dolan, R. J., Frith, C.D.: *Empathy for pain involves the affective but not sensory components of pain.* Science. 2004 Feb 20; 303(5661):1157–62.

Singer, T., Seymour, B., O'Doherty, J. P., Stephan, K. E., Dolan, R. J., Frith, C. D.: *Empathic neural responses are modulated by the perceived fairness of others.* Nature. 2006 Jan 26; 439(7075):466–9.

Tauber, A. I.: *The immune self: theory or metaphor?* Immunol Today. 1994 Mar; 15(3):134–6.
ders.: *Historical and philosophical perspectives concerning immune cognition.* J Hist Biol. 1997 Fall; 30(3):419–40.
ders.: *Conceptual shifts in immunology: comments on the »two-way paradigm«.* Theor Med Bioeth. 1998 Sep; 19(5):457–73.
ders.: *The elusive immune self: a case of category errors.* Perspect Biol Med. 1999 Summer; 42(4):459–74.
ders.: *Moving beyond the immune self?* Semin Immunol. 2000 Jun; 12(3):241–8; discussion 57–344.
ders.: *The biological notion of self and nonself.* Stanford Encyclopedia of Philosophy; 2006 [updated 2006; cited]; Erhältlich unter: http://plato.stanford.edu/entries/biology-self/.

Drittes Kapitel: Spuren und Fährten diesseits des Bewusstseins

Ahumada, J. L.: *Commentary on ,The concept of the self and the self representation'.* Neuro-psychoanalysis. 2002; 4(1):24–25.
Bacal, H. A.: British object-relations theorists and self psychology: some critical reflections. Int J Psychoanal. 1987; 68(Pt 1):81–98.
Brockman, R.: *Self, object, neurobiology.* Neuro-psychoanalysis. 2002; 4:87–99.
Di, H. B., Yu, S. M., Weng, X. C., Laureys, S., Yu, D., Li, J. Q., Qin, P. M., Zhu, Y. H., Zhang, S. Z., Chen, Y. Z.: *Cerebral response to patient's own name in the vegetative and minimally conscious states.* Neurology. 2007 Mar 20; 68(12):895–9.
Fonagy, P., Gergely, G., Target, M.: *The parent-infant dyad and the construction of the subjective self.* J Child Psychol Psychiatry. 2007 Mar-Apr; 48(3–4):288–328.

Giacino, J. T., Kalmar, K., Whyte, J.: *The JFK Coma Recovery Scale-Revised: measurement characteristics and diagnostic utility.* Arch Phys Med Rehabil. 2004 Dec; 85(12):2020–9.

Kotchoubey, B., Lang, S., Herb, E., Maurer, P., Birbaumer, N.: *Reliability of brain responses to the own name in healthy subjects and patients with brain damage.* In: Moore, N. C., Arikan, M. K. (editors). Brainwaves and Mind: Recent Advances. New York: Kjellberg; 2004.

Laureys, S., Perrin, F., Faymonville, M. E., Schnakers, C., Boly, M., Bartsch, V., Majerus, S., Moonen, G., Maquet, P.: *Cerebral processing in the minimally conscious state.* Neurology. 2004 Sep 14; 63(5):916–8.

Mann, D. W.: *Ownership: a pathography of the self.* Br J Med Psychol. 1991 Sep; 64 (Pt 3):211–23.

Mazzini, L., Zaccala, M., Gareri, F., Giordano, A., Angelino, E.: *Long-latency auditory-evoked potentials in severe traumatic brain injury.* Arch Phys Med Rehabil. 2001 Jan; 82(1):57–65.

Mentzos, S.: *Neurotische Konfliktverarbeitung. Einführung in die psychoanalytische Neurosenlehre unter Berücksichtigung neuer Perspektiven.* München: Kindler Verlag; 1982.

Metzinger, T.: *Subjekt und Selbstmodell.* Paderborn: Schoeningh; 1993.

ders.: *Conscious experience.* Paderborn: Schoeningh; 1995.

ders.: *Ich-Störungen als pathologische Formen mentaler Selbstmodellierung.* In: Northoff, G. (Hrsg.): *Neuropsychiatrie und Neurophilosophie.* Paderborn: Mentis; 1997.

ders.: *Neural correlates of consciousness : empirical and conceptual questions.* Cambridge MA: MIT Press; 2000.

ders.: *The subjectivity of subjective experience: A representationalist analysis of First-Person Perspective.* Voluntary Action and Free Will; Delmenhorst; 2000.

ders.: *Being No One. The Self-Model Theory of Subjectivity.* Cambridge, MA: MIT Press; 2003.

ders.: *Empirical perspectives from the self-model theory of subjectivity: a brief summary with examples.* Prog Brain Res. 2008; 168:215–45.

ders.: *Why are out-of-body experiences interesting for philosophers? The theoretical relevance of OBE research.* Cortex. 2009 Feb; 45(2):256–8.

Owen, A. M., Coleman, M. R.: *Functional neuroimaging of the vegetative state.* Nat Rev Neurosci. 2008 Mar; 9(3):235–43.

Owen, A. M., Coleman, M. R., Boly, M., Davis, M. H., Laureys, S., Pickard, J.D.: *Detecting awareness in the vegetative state.* Science. 2006 Sep 8; 313(5792):1402.

Owen, A. M., Menon, D. K., Johnsrude, I. S., Bor, D., Scott, S. K., Manly, T., Williams, E. J., Mummery, C., Pickard, J. D.: *Detecting residual cognitive function in persistent vegetative state.* Neurocase. 2002; 8(5):394–403.

Paus, T.: *Primate anterior cingulate cortex: where motor control, drive and cognition interface.* Nat Rev Neurosci. 2001 Jun; 2(6):417–24.

Perrin, F., Schnakers, C., Schabus, M., Degueldre, C., Goldman, S., Bredart, S., Faymonville, M. E., Lamy, M., Moonen, G., Luxen, A., Maquet, P., Laureys, S.: *Brain response to one's own name in vegetative state, minimally conscious state, and locked-in syndrome.* Arch Neurol. 2006 Apr; 63(4):562–9.

Schiff, N. D., Giacino, J. T., Kalmar, K., Victor, J. D., Baker, K., Gerber, M., Fritz, B., Eisenberg, B., Biondi, T., O'Connor, J., Kobylarz, E. J., Farris, S., Machado, A., McCagg, C., Plum, F., Fins, J. J., Rezai, A.R.: *Behavioural improvements with thalamic stimulation after severe traumatic brain injury.* Nature. 2007 Aug 2; 448(7153):600–3.

Schnakers, C., Perrin, F., Schabus, M., Majerus, S., Ledoux, D., Damas, P., Boly, M., Vanhaudenhuyse, A., Bruno, M. A., Moonen, G., Laureys, S.: *Voluntary brain processing in disorders of consciousness.* Neurology. 2008 Nov 11; 71(20):1614–20.

Signorino, M., D'Acunto, S., Angeleri, F., Pietropaoli, P.: *Eliciting P300 in comatose patients.* Lancet. 1995 Jan 28; 345(8944):255–6.

Solms, M., Kaplan-Solms, K.: *Neuro-Psychoanalyse. Eine Einführung mit Fallstudien.* Stuttgart: Klett-Cotta; 2003.

Solms, M., Turnbull, O.: *Das Gehirn und die innere Welt.* Düsseldorf: Patmos; 2007.

Staffen, W., Kronbichler, M., Aichhorn, M., Mair, A., Ladurner, G.: *Selective brain activity in response to one's own name in the persistent vegetative state.* J Neurol Neurosurg Psychiatry. 2006 Dec; 77(12):1383–4.

Stolorow, R. D.: *An intersubjective view of the therapeutic process.* Bull Menninger Clin. 1993 Fall; 57(4):450–7.

Stolorow, R. D., Atwood, G. F.: *Deconstructing the myth of the neutral analyst: an alternative from intersubjective systems theory.* Psychoanal Q. 1997 Jul; 66(3):431–49.

Teasdale, G., Jennett, B.: *Assessment of coma and impaired consciousness. A practical scale.* Lancet. 1974 Jul 13; 2(7872):81–4.

Wade, D. T., Johnston, C.: *The permanent vegetative state: practical guidance on diagnosis and management.* BMJ. 1999 Sep 25; 319(7213):841–4.

Winnicott, D. W.: *The maturational processes and the facilitating environment.* Madison, Connecticut: International University Press; 1965.

ders.: *Playing and reality.* New York: Basic; 1971.

ders.: *Through paediatrics to psycho-analysis.* New York: Basic; 1975.

Viertes Kapitel: Geiselnahme des Geistes durch das Gehirn

Bennett, M. R., Hacker, P. M. S.: *Philosophical Foundations of Neuroscience.* Oxford Blackwell; 2003.

Churchland, P. M.: *Scientific realism and the plasticity of mind.* New York: Cambridge University Press; 1979.
ders.: *Reduction, qualia, and the direct introspection of brain states.* Journal of Philosophy. 1985; 82:8–28.
ders.: *Matter and consciousness : a contemporary introduction to the philosophy of mind* Cambridge MA: MIT Press; 1988.
ders.: *A neurocomputational perspective : the nature of mind and the structure of science.* Cambridge MA: MIT Press; 1989.
Churchland, P. M, Churchland, P. S.: *Functionalism, qualia, and intentionality.* Philosophical Topics. 1981; 23(1):121–44.
dies.: *Intertheoretic reduction: a neuroscientist's field guide.* In: Bechtel, W., Mandik, P., Mundale, J., Stufflebeam, R. S. (editors): *Philosophy and the neurosciences* Oxford: Blackwell; 2001; 419–31.
dies.: *McCauley's demand for a co-level competitor.* In: Bechtel, W., Mandik, P., Mundale, J., Stufflebeam, R. S. (editors): *Philosophy and the neurosciences.* Oxford: Blackwell; 2001; 457–66.
dies.: *Neural worlds and real worlds.* Nat Rev Neurosci. 2002 Nov; 3(11):903–7.
Churchland, P. S.: *Neurophilosophy. Toward a Unified Science of the Mind-Brain.* Cambridge, MA: MIT Press; 1986.
dies.: *Self-representation in nervous systems.* Science. 2002 Apr 12; 296(5566):308–10.
dies.: *A neurophilosophical slant on consciousness research.* Prog Brain Res. 2005; 149:285–93.
Churchland, P. S., Sejnowski, T. J.: *The computational brain.* Cambridge MA: MIT Press; 1992.
McGinn, C.: *Can we solve the mind-body problem?* Mind. 1989; 98:349–66.
ders.: *The problem of consciousness: essays towards a resolution.* Cambridge MA: Blackwell; 1991.
ders.: *The mysterious flame: conscious minds in a material world.* New York: Basic Books; 1999.

Nagel, T.: *What is it like to be a bat?* The Philosophical Review. 1974; 83:435–50.

ders.: *Mortal questions.* Cambridge; New York: Cambridge University Press; 1979.

ders.: *The limits of objectivity.* In: McMurin, S. M. (editor): *The Tanner Lectures on Human Value* Cambridge: Cambridge University Press; 1980; 75–139.

ders.: *The objective self.* In: Ginet, C., Shoemaker, S. (editors): *Knowledge and mind.* Oxford: Oxford University Press; 1983.

ders.: *The view from nowhere.* New York: Oxford University Press; 1986.

ders.: *What does it all mean?: a very short introduction to philosophy.* New York: Oxford University Press; 1987.

ders.: *Conceiving the impossible and the mind-body problem.* Philosophy. 1998; 73:337–52.

ders.: *The psychophysical nexus.* In: Boghossian PA, Peacocke C, (editors): *New essays on the a priori.* Oxford: Clarendon; 2000.

Northoff, G.: *Das Gehirn. Eine neurophilosophische Bestandsaufnahme.* Paderborn: Mentis; 2000.

ders.: *Philosophy of the Brain. Advances in Consciousness Research.* Amsterdam: John Benjamins Publishing; 2004.

ders.: *Why do we need a philosophy of the brain?* Trends Cogn Sci. 2004 Nov; 8(11):484–5.

Searle, J. R.: *What is an intentional state?* Mind. 1979; 88:72–94.

ders.: *Minds, brains, and programms.* Behav Brain Sci. 1980; 3(3):417–57.

ders.: *Minds, Brains and Science.* Cambridge MA: Harvard University Press; 1984.

ders.: *The rediscovery of the mind.* Cambridge MA: MIT Press; 1992.

ders.: *The mystery of consciousness.* New York: The New York Review of Books; 1997.

ders.: *How to study consciousness scientifically.* Philos Trans R Soc Lond B Biol Sci. 1998; 353(1377):1935–42.
ders.: *Consciousness.* Annu Rev Neurosci. 2000; 23:557–78.
ders.: *Mind: A Brief Introduction.* New York: Oxford University Press; 2004.
Searle, J. R., Dennett, D. C., Chalmers, D. J.: *The mystery of consciousness* New York: New York Review of Books; 1997.

Fünftes Kapitel: Der Ausnahmezustand des Ich

Beck, A. T., Ward, C. H., Mendelson, M., Mock, J., Erbaugh, J.: *An inventory for measuring depression.* Arch Gen Psychiatry. 1961 Jun; 4:561–71.
Beck, A. T., Weissman, A., Lester, D., Trexler, L.: *The measurement of pessimism: the hopelessness scale.* J Consult Clin Psychol. 1974 Dec; 42(6):861–5.
Boeker, H., Hell, D., Budischewski, K., Eppel, A., Hartling, F., Rinnert, H., von Schmeling, F., Will, H., Schoeneich, F., Northoff, G.: *Personality and object relations in patients with affective disorders: idiographic research by means of the repertory grid technique.* J Affect Disord. 2000 Oct; 60(1):53–9.
Grimm, S., Beck, J., Schuepbach, D., Hell, D., Boesiger, P., Bermpohl, F., Niehaus, L., Boeker, H., Northoff, G.: *Imbalance between left and right dorsolateral prefrontal cortex in major depression is linked to negative emotional judgment: an fMRI study in severe major depressive disorder.* Biol Psychiatry. 2008 Feb 15; 63(4):369–76.
Grimm, S., Boesiger, P., Beck, J., Schuepbach, D., Bermpohl, F., Walter, M., Ernst, J., Hell, D., Boeker, H., Northoff, G.: *Altered negative BOLD responses in the default-mode network during emotion processing in depressed subjects.* Neuropsychopharmacology. 2009 Mar; 34(4):932–843.

Grimm, S., Ernst, J., Boesiger, P., Schuepbach, D., Hell, D., Boeker, H., Northoff, G.: *Increased self-focus in major depressive disorder is related to neural abnormalities in subcortical-cortical midline structures.* Hum Brain Mapp. 2008 Dec 31.

Grunebaum, M. F., Keilp, J., Li, S., Ellis, S. P., Burke, A. K., Oquendo, M. A., Mann, J. J.: *Symptom components of standard depression scales and past suicidal behavior.* J Affect Disord. 2005 Jul; 87(1):73–82.

Heckers, S.: *Making progress in schizophrenia research.* Schizophr Bull. 2008 Jul; 34(4):591–4.

ders.: *Neurobiology of schizophrenia spectrum disorders.* Ann Acad Med Singapore. 2009 May; 38(5):431–2.

Ingram, R. E.: *Self-focused attention in clinical disorders: review and a conceptual model.* Psychol Bull. 1990 Mar; 107(2):156–76.

Mayberg, H., Depression, I. I.: *Localization of pathophysiology.* Am J Psychiatry. 2002 Dec; 159(12):1979.

Mayberg, H. S.: *Modulating dysfunctional limbic-cortical circuits in depression: towards development of brain-based algorithms for diagnosis and optimised treatment.* Br Med Bull. 2003; 65:193–207.

Northoff, G.: *What catatonia can tell us about »top-down modulation«: a neuropsychiatric hypothesis.* Behav Brain Sci. 2002 Oct; 25(5):555–77; discussion 78–604.

Northoff, G., Kotter, R., Baumgart, F., Danos, P., Boeker, H., Kaulisch, T., Schlagenhauf, F., Walter, H., Heinzel, A., Witzel, T., Bogerts, B.: *Orbitofrontal cortical dysfunction in akinetic catatonia: a functional magnetic resonance imaging study during negative emotional stimulation.* Schizophr Bull. 2004; 30(2):405–27.

Northoff, G., Richter, A., Bermpohl, F., Grimm, S., Martin, E., Marcar, V. L., Wahl, C., Hell, D., Boeker, H.: *NMDA hypofunction in*

the posterior cingulate as a model for schizophrenia: an exploratory ketamine administration study in fMRI. Schizophr Res. 2005 Jan 1; 72(2–3):235–48.
Phillips, M. L., Drevets, W. C., Rauch, S. L., Lane, R.: *Neurobiology of emotion perception II: Implications for major psychiatric disorders.* Biol Psychiatry. 2003 Sep 1; 54(5):515–28.
Rimes, K. A., Watkins, E.: *The effects of self-focused rumination on global negative self-judgements in depression.* Behav Res Ther. 2005 Dec; 43(12):1673–81.
Treynor, W., Gonzales, R., Nolen-Hoeksema, S.: *Rumination reconsidered: a psychometric analysis.* Cognitive Therapy and Research. 2003; 27:247–59.

Sechstes Kapitel: Der Normalzustand des Ich

Azari, N. P., Nickel, J., Wunderlich, G., Niedeggen, M., Hefter, H., Tellmann, L., Herzog, H., Stoerig, P., Birnbacher, D., Seitz, R. J.: *Neural correlates of religious experience.* Eur J Neurosci. 2001 Apr; 13(8):1649–52.
Beauregard, M., Paquette, V.: *Neural correlates of a mystical experience in Carmelite nuns.* Neurosci Lett. 2006 Sep 25; 405(3):186–90.
Borg, J., Andree, B., Soderstrom, H., Farde, L.: *The serotonin system and spiritual experiences.* Am J Psychiatry. 2003 Nov; 160(11):1965–9.
Brefczynski-Lewis, J. A., Lutz, A., Schaefer, H. S., Levinson, D. B., Davidson, R. J.: *Neural correlates of attentional expertise in long-term meditation practitioners.* Proc Natl Acad Sci USA. 2007 Jul 3; 104(27):11483–8.
Damasio A.: *Der Spinoza-Effekt. Wie Gefühle unser Leben bestimmen.* Berlin: List; 2005.
ders.: *Feelings of emotion and the self.* Ann N Y Acad Sci. 2003 Oct; 1001:253–61.

ders.: *Mental self: The person within.* Nature. 2003 May 15; 423(6937):227.

ders.: *Descartes' Irrtum. Fühlen, denken und das menschliche Gehirn.* Berlin: List; 2004.

ders.: *On some functions of the human prefrontal cortex.* Ann N Y Acad Sci. 1995 Dec 15;769:241–51.

Han, S., Northoff, G.: *Culture-sensitive neural substrates of human cognition: a transcultural neuroimaging approach.* Nat Rev Neurosci. 2008 Aug; 9(8):646–54.

Hankey, A.: *Studies of advanced stages of meditation in the tibetan buddhist and vedic traditions. In: a comparison of general changes.* Evid Based Complement Alternat Med. 2006 Dec; 3(4):513–21.

Hedden, T., Ketay, S., Aron, A., Markus, H. R., Gabrieli, J. D.: *Cultural influences on neural substrates of attentional control.* Psychol Sci. 2008 Jan; 19(1):12–7.

Holzel, B. K., Ott, U., Hempel, H., Hackl, A., Wolf, K., Stark, R., Vaitl, D.: *Differential engagement of anterior cingulate and adjacent medial frontal cortex in adept meditators and non-meditators.* Neurosci Lett. 2007 Jun 21; 421(1):16–21.

Kelly, B. D.: *Buddhist psychology, psychotherapy and the brain: a critical introduction.* Transcult Psychiatry. 2008 Mar; 45(1):5–30.

Kjaer, T. W., Bertelsen, C., Piccini, P., Brooks, D., Alving, J., Lou, H. C.: *Increased dopamine tone during meditation-induced change of consciousness.* Brain Res Cogn Brain Res. 2002 Apr; 13(2):255–9.

Kozasa, E. H., Radvany, J., Barreiros, M. A., Leite, J. R., Amaro, E.: *Preliminary functional magnetic resonance imaging Stroop task results before and after a Zen meditation retreat.* Psychiatry Clin Neurosci. 2008 Jun; 62(3):366.

Lazar, S. W., Kerr, C. E., Wasserman, R. H., Gray, J. R., Greve, D. N., Treadway, M. T., McGarvey, M., Quinn, B. T., Dusek, J. A., Benson, H., Rauch, S. L., Moore, C. I., Fischl, B.: *Meditation expe-*

rience is associated with increased cortical thickness. Neuroreport. 2005 Nov 28; 16(17):1893–7.

LeDoux, J.: *The emotional brain: the mysterious underpinnings of emotional life.* New York: Simon & Schuster; 1996.

ders.: *Synaptic Self. How our brains become who we are.* New York: Viking; 2002.

Lin, Z.: *Self-Construal Primings Modulates Visual Activity Underlying Global/Local Perception.* Biological Psychology. 2008; 77:93–97.

Lutz, A., Brefczynski-Lewis, J., Johnstone, T., Davidson, R. J.: *Regulation of the neural circuitry of emotion by compassion meditation: effects of meditative expertise.* PLoS ONE. 2008; 3(3):e1897.

Lutz, A., Slagter, H. A., Dunne, J. D., Davidson, R. J.: *Attention regulation and monitoring in meditation.* Trends Cogn Sci. 2008 Apr; 12(4):163–9.

Nan, Y., Knosche, T. R., Zysset, S., Friederici, A. D.: *Cross-cultural music phrase processing: an fMRI study.* Hum Brain Mapp. 2008 Mar; 29(3):312–28.

Nisbett, R. E., Masuda, T.: *Culture and point of view.* Proc Natl Acad Sci USA. 2003 Sep 16; 100(19):11163–70.

Nisbett, R. E., Miyamoto, Y.: *The influence of culture: holistic versus analytic perception.* Trends Cogn Sci. 2005 Oct; 9(10):467–73.

Northoff, G.: *Philosophy of the Brain. Advances in Consciousness Research.* Amsterdam: John Benjamins Publishing; 2004.

ders.: *Are our emotional feelings relational? A neurophilosophical investigation of the James-Lange theory. Phenomenology and the Cognitive Sciences.* (Im Druck)

ders.: *The relational brain. A neurosocial theory of brain function.* (Im Druck)

Northoff, G., Bermpohl, F.: *Cortical midline structures and the self.* Trends Cogn Sci. 2004 Mar; 8(3):102–7.

Northoff, G., Bermpohl, F., Schoeneich, F., Boeker, H.: *How can we bridge between psychoanalysis and neuroscience?* First-Person Neuroscience. Psychtherapy and Psychosomatics. 2007; 76:141–53.

Northoff, G., Heinzel, A., Bermpohl, F., Niese, R., Pfennig, A., Pascual-Leone, A., Schlaug, G.: *Reciprocal modulation and attenuation in the prefrontal cortex: an fMRI study on emotional-cognitive interaction.* Hum Brain Mapp. 2004 Mar; 21(3):202–12.

Northoff, G., Heinzel, A., de Greck, M., Bermpohl, F., Dobrowolny, H., Panksepp, J.: *Self-referential processing in our brain. A meta-analysis of imaging studies on the self.* Neuroimage. 2006 May 15; 31(1):440–57.

Northoff, G., Panksepp, J.: *The trans-species concept of self and the subcortical-cortical midline system.* Trends Cogn Sci. 2008 Jul; 12(7):259–64.

Orme-Johnson, D. W,, Schneider, R. H., Son, Y. D., Nidich, S., Cho, Z. H.: *Neuroimaging of meditation's effect on brain reactivity to pain.* Neuroreport. 2006 Aug 21; 17(12):1359–63.

Pagnoni, G., Cekic, M.: *Age effects on gray matter volume and attentional performance in Zen meditation.* Neurobiol Aging. 2007 Oct; 28(10):1623–7.

Pagnoni, G., Cekic, M., Guo, Y.: *»Thinking about not-thinking«: neural correlates of conceptual processing during Zen meditation.* PLoS ONE. 2008; 3(9):e3083.

Panksepp, J.: Affective Neuroscience: *The Foundations of Human and Animal Emotions.* New York: Oxford University Press; 1998.

ders.: *The preconscious substrates of consciousness: affective states and the evolutionary origins of the self.* Journal of Consciousness Studies. 1998; 5:566–82.

ders.: *At the interface of the affective, behavioral, and cognitive neurosciences: decoding the emotional feelings of the brain.* Brain Cogn. 2003; 52(1):566–82.

ders.: *The neuroevolutionary and neuroaffective psychobiology of the prosocial brain.* In: Dunbar, R. I. M., Barrett, L. (editors): *The Oxford Handbook of Evolutionary Psychology.* Oxford, UK: Oxford University Press; 2007.

Panksepp, J., Northoff, G.: *The trans-species core SELF: The emergence of active cultural and neuro-ecological agents through self-related processing within subcortical-cortical midline networks.* Conscious Cogn. 2008 May 14.

Rolls, E. T.: *The brain and emotion.* New York: Oxford University Press; 1999.

ders.: *The orbitofrontal cortex and reward.* Cereb Cortex. 2000 Mar; 10(3):284–94.

ders.: *Precis of The brain and emotion.* Behav Brain Sci. 2000 Apr; 23(2):177–91; discussion 92–233.

Sacks, O., Hirsch, J.: *A neurology of belief.* Ann Neurol. 2008 Feb; 63(2):129–30.

Schjodt, U., Stodkilde-Jorgensen, H., Geertz, A. W., Roepstorff, A.: *Rewarding prayers.* Neurosci Lett. 2008 Oct 10; 443(3):165–8.

Shimomura, T., Fujiki, M., Akiyoshi, J., Yoshida, T., Tabata, M., Kabasawa, H., Kobayashi, H.: *Functional brain mapping during recitation of Buddhist scriptures and repetition of the Namu Amida Butsu: a study in experienced Japanese monks.* Turk Neurosurg. 2008 Apr; 18(2):134–41.

Sui, J., Han. S.: *Self-construal priming modulates neural substrates of self-awareness.* Psychol Sci. 2007 Oct; 18(10):861–6.

Tan, L. H., Laird, A. R., Li, K., Fox, P. T.: *Neuroanatomical correlates of phonological processing of Chinese characters and alphabetic words: a meta-analysis.* Hum Brain Mapp. 2005 May; 25(1):83–91.

Wiech, K., Farias, M., Kahane, G., Shackel, N., Tiede, W., Tracey, I.: *An fMRI study measuring analgesia enhanced by religion as a belief system.* Pain. 2008 Oct 15; 139(2):467–76.

Wuerfel, J., Krishnamoorthy, E. S., Brown, R. J., Lemieux, L., Koepp, M., Tebartz van Elst, L., Trimble, M. R.: *Religiosity is associated with hippocampal but not amygdala volumes in patients with refractory epilepsy.* J Neurol Neurosurg Psychiatry. 2004 Apr; 75(4):640–2.

Zhu, Y., Zhang, L., Fan, J., Han, S.: *Neural basis of cultural influence on self-representation.* Neuroimage. 2007 Feb 1; 34(3):1310–6.

Siebtes Kapitel: Ein friedlicher Grenzvertrag mit Regelungen zum Grenzverkehr

Bennett, M. R., Hacker, P. M. S.: *Philosophical Foundations of Neuroscience.* Oxford Blackwell; 2003.

Brefczynski-Lewis, J. A., Lutz, A., Schaefer, H. S., Levinson, D. B., Davidson, R. J.: *Neural correlates of attentional expertise in long-term meditation practitioners.* Proc Natl Acad Sci U S A. 2007 Jul 3; 104(27):11483–8.

Brook, A.: *Kant and the Mind.* Cambridge MA: Cambridge University Press; 1997.

Gillihan, S. J., Farah, M. J.: *Is self special? A critical review of evidence from experimental psychology and cognitive neuroscience.* Psychol Bull. 2005 Jan; 131(1):76–97.

Kant, I.: *Kritik der reinen Vernunft.* Herausgegeben von Wilhelm Weischedel. Frankfurt a. M.: Suhrkamp; 1974.

ders.: *Prolegomena zu einer jeden künftigen Metaphysik, die als Wissenschaft wird auftreten können.* Hamburg: Meiner; 2001.

Legrand, D., Ruby, P.: *What is self-specific? Theoretical investigation and critical review of neuroimaging results.* Psychol Rev. 2009 Jan; 116(1):252–82.

Northoff, G.: *Das Gehirn. Eine neurophilosophische Bestandsaufnahme.* Paderborn: Mentis; 2000.

ders.: *Personale Identität und operative Eingriffe in das Gehirn.* Paderborn: Mentis; 2001.

ders.: *Philosophy of the Brain. Advances in Consciousness Research.* Amsterdam: John Benjamins Publishing; 2004.

ders.: *Why do we need a philosophy of the brain?* Trends Cogn Sci. 2004 Nov; 8(11):484–5.

ders.: *The relational brain. A neurosocial theory of brain function.* (Im Druck)

ders.: *Critique of the Brain.* (Im Druck)

Northoff, G., Heinzel, A., de Greck, M., Bermpohl, F., Dobrowolny, H., Panksepp, J.: *Self-referential processing in our brain. A meta-analysis of imaging studies on the self.* Neuroimage. 2006 May 15; 31(1):440–57.

Schlicht, T.: *Epistemic dualism. Kant and the mind-brain-problem.* Logical Analysis and History of Philosophy. 2007; 10:113–36.